붓다와 예수 상생의 길을 가다

붓다와 예수의
삶과 가르침을 통해 살펴 본
종교, 과학, 종교인의 상생

*Buddha and Jesus,
go on a win-win path*

김유수 지음
범일 스님 · 신윤섭 신부 감수

자연과 사람

펼치며

몇 년 전 부산의 한 성당에서 어떤 사람이 가톨릭 전례상 가장 신성시하는 성체를 밖으로 가지고 나와 훼손하는 일이 있었다. 그보다 몇 년 전에는 우리나라의 주요 사찰 중 하나인 해인사의 건물에 낙서를 하는 사건이 있었으며, 또 다른 사찰에서는 법당의 불상을 훼손하는 사건도 일어났다. 이외에도 각 종교에서 신성시하는 성물이나 성전을 훼손하는 일이 자주 발생하였다.

이뿐만 아니라 종교 간의 전쟁도 있었다. 16세기 프로테스탄트의 종교 개혁 이후 가톨릭과 개신교 사이에, 그리고 중세와 그 이전에는 가톨릭과 이슬람 사이에 대규모 종교 전쟁들이 있었다. 21세기를 살아가는 현재에도 종교 때문에 테러를 저지르거나 전쟁을 일으키기도 한다.

이처럼 종교인이 다른 종교를 비방하거나 심지어는 전쟁을 일으키는 등 종교 간의 분쟁은 왜 일어나는 것일까? 과연 종교 간의 상생은 불가능한 것일까?

이러한 종교 간의 비방과 전쟁들 외에도 16세기 이후 과학이 발전하면서 유일신교와 과학 사이에는 창조론과 우주론, 진화론을 두고 조금의 양보도 없는 치열한 논쟁이 벌어지고 있다.

　과학은 20세기 후반부터 더욱 급속히 발전하여 인공위성이 우주를 왕복하고 인터넷이 전 세계를 하나의 지구촌으로 연결하는 세상이 되었다. 21세기 들어서는 인공지능, 생명공학, 사이보그 공학 등이 발전하면서 인간이 백 세를 넘어 오백 세, 심지어는 영원히 사는 방법을 연구하는 회사까지 탄생했다.

　이스라엘의 역사학자 유발 하라리는 그의 책 《호모 데우스》에서 미래의 인류는 불멸, 행복, 신성을 추구할 것이라고 했다. 호모 데우스는 '신적 인간', 또는 '신과 같은 인간'이란 의미로 호모 사피엔스 다음에 올 것이라고 유발 하라리가 예측하는 새로운 인간종을 뜻한다.

　이처럼 인류가 영원히 사는 방법을 연구할 정도로 과학이 발전하여 모든 정보가 공유되고 지구상의 사람들 사이가 이웃집처럼 가까워졌다. 그럼에도 불구하고 아직도 유일신을 믿는 일부 그리스도교는 우주론과 진화론에 대해 창조 과학, 지적 설계론 등으로 대응하며 과학과 논쟁 중이다. 이러한 종교와 과학의 팽팽한 줄다리기는 영원히 평행선을 그릴 수밖에 없는 것일까?

　여기서 우리가 주목할 점은 과학과 종교 사이의 갈등은 유일신을 믿는 서양의 일부 그리스도교와 과학 사이에서만 일어난다는 사실이다. 지구상의 또 다른 절반인 동양의 불교와 유교, 도교 등은 종교 간의 갈등은 물론이려니와 과학과도 다투지 않는다. 그래서 나는 서양의 유일신교와 과학의 다툼을 나의 다른 책에서 '그들만의 리그'라고 부르기도 했다.

　종교 간의 전쟁도 가톨릭과 이슬람, 가톨릭과 개신교 등 서양 종교

사이에서만 일어났다. 여기서 이슬람은 그 종교의 기원과 정서로 보아 서양으로 분류했다. 동양의 불교는 동양과 서양의 어느 종교와도 조그만 분쟁은 몰라도 큰 테두리의 종교 전쟁을 치르지는 않았다. 불교는 왜 타 종교와, 그리고 과학과도 다투지 않을까?

회사 생활 틈틈이 나는 물리학, 천문학, 생물학 등 과학 서적들을 읽으면서 우주의 탄생과 지구의 역사, 생명체의 진화 과정 등 '자연'과 '생명'에 관한 생각을 키웠다. 자연과 생명에 대한 관심은 '인간'으로 옮겨갔고, 인간에 대한 관심은 다시 '신'에 대한 관심으로 진화해갔다. 신에 대한 생각은 자연스럽게 나를 '종교'에 대한 관심으로 이끌어갔다.

종교에는 가톨릭을 포함한 그리스도교와 이슬람교, 유다교 등 서양의 유일신교와 불교, 도교, 유교 등 동양의 무신교가 있고 또 힌두교 등 여러 신을 믿는 다신교와 민족 종교 등 많은 갈래가 있다. 종교는 왜 이렇게 다양하며 인류에게 종교는 어떤 의미가 있는가?

이 많은 종교들 대부분은 자신의 종교가 보편타당하다고 생각한다. 여기서 '보편타당'이란 '모든 사람이 모든 시대에 모든 장소에서 믿어온 것'을 의미한다. 그렇다면 과연 '보편타당'한 종교는 무엇일까?

이 책의 제1부에서는 아함경과 성경을 중심으로 붓다와 예수의 탄생과 성장, 그리고 세상에 나서기까지를 살펴보았고, 제2부에서는 불교와 가톨릭에 대해서 붓다와 예수의 깨달음과 가르침, 기적과 비유, 제자와 가족, 붓다의 교화 45년과 예수의 공생활 3년, 그리고 닮은 부분, 다른 부분 등을 대비하며 살펴보았다.

붓다의 생애를 이해하기 위하여 일본의 불교학자 와타나베 쇼코가

쓰고 법정 스님이 번역한 《불타 석가모니》를 여러 번 숙독하였다. 사건이 일어난 연대가 정확히 기록되지 않은 불교 경전에서 와타나베가 연구한 붓다의 전기는 큰 도움이 되었다. 십이연기론, 사성제, 팔정도 등 불교의 가르침을 이해하는 데는 능인선원 인터넷 홈페이지의 '불교 입문'이 많은 도움을 주었다.

붓다 이후 불교가 대승불교, 소승불교와 또 다른 여러 갈래로 발전하였으나 붓다 시대 초기 불교의 가르침을 이해하는 데는 일본 불교학자 나카무라 하지메의 《최초의 불교는 어떠했을까》와 미국의 종교학자 케네스 첸의 《불교의 이해》로부터 많은 도움을 받았다. 방대한 아함경에 대해서는 고익진의 《한글 아함경》, 마성 스님의 《잡아함경 강의》, 범일 스님의 《여시아문 수트라》 등을 참고하였다.

신약 성경에 기록된 예수의 생애 역시 사건이 일어난 연대 기록이 없고 같은 내용이 다른 복음서에 서로 중복 서술되는 등 연도별 사건 파악이 쉽지 않으나, 이 문제는 가별 신부가 여러 문헌을 참고하여 엮어낸 《생활 성경》이 크게 도움이 되었다. 덕분에 신구약 성경 73권을 여러 번 통독하며 각 권별로 장과 절을 요약 정리하는 과정을 거쳤다.

성경 교재로는 한국천주교주교회의에서 상세한 주석을 달아 편찬한 《주석 성경》이 아주 큰 도움을 주었다. 히브리 경전을 직접 해설한, 본문보다 분량이 훨씬 많은 상세한 주석은 크나큰 도움이 되었다.

제3부에서는 종교와 과학의 관계, 종교와 종교 간의 관계, 종교인들의 화해 등 종교와 과학과 종교인의 상생에 대한 생각을 정리했다.

나는 성직자나 수도자도 아니고 종교학을 연구하는 학자도 아니다.

그런 내가 감히 이런 책을 낸다는 것은 너무 과한 욕심이 아닌가 하는 생각이 들기도 한다. 하지만 나는 종교인들 사이와 종교와 종교 사이에, 그리고 종교와 과학 사이에 서로 상생할 수 있는 내 나름대로의 생각을 다른 사람들과 나누고 싶은 생각에서 용기를 냈다.

이 책을 내는 데 많은 도움을 주시고 나의 글을 세심히 읽으면서 감수해 주신 서종사의 주지 범일 스님과 문호리성당의 주임사제 신윤섭(안셀모) 신부님께 감사드린다.

2020년 8월
북한강을 바라보며 문호리에서

목차

펼치며

제1부 : 붓다와 예수

1. 탄생

붓다의 탄생 15 / 예수의 탄생 20

불멸기원 25 / 서력기원 27

붓다 이전의 인도와 힌두교 29 / 예수 이전의 유다와 유다교 31

2. 성장

붓다의 어린 시절 34 / 예수의 어린 시절 37

붓다의 청년 시절 43 / 예수의 청년 시절 47

붓다의 출가 48 / 예수의 공생활 준비 53

3. 세상에 나서다

마왕의 붓다 유혹 57 / 사탄의 예수 유혹 59

붓다의 깨달음 60 / 예수의 단식 기도 62

붓다의 첫 설법 64 / 예수의 첫 전도 67

제2부 : 불교와 가톨릭

1. 붓다의 깨달음

일체법 71 / 삼법인 74 / 십이연기법 75 / 사성제 81 / 팔정도 83

현법열반 84 / 불교의 우주론 85

2. 예수의 가르침

천주존재 90 / 삼위일체 91 / 강생구속 92 / 상선벌악 94

산상 설교 95 / 주님의 기도 105

3. 기적과 비유

붓다의 기적 109 / 예수의 기적 116

붓다의 비유 124 / 예수의 비유 138

4. 제자와 가족들

붓다의 십대 제자 152 / 예수의 열두 사도 157

붓다의 귀향 163 / 예수의 귀향 165

5. 붓다의 교화 45년

중생 교화에 나서다 168 / 죽림정사 169 / 기원정사 171

프라세나지트 왕과 말리카 비 173 / 대림정사 174 / 교단의 설립 175

슈도다나 왕의 사망 177 / 비구니 교단 설립 178

기녀 비구니 암바팔리 180 / 육사외도와 민족 종교 182

붓다에 대한 모함 183 / 데바닷타의 모반 186 / 석가족의 멸망 188

입적 전의 일들 190 / 생을 마치다 192

6. 예수의 공생활 3년

자신을 드러내다 195 / 본격적인 전도 여행 198 / 안식일 논쟁 199

생명의 빵 200 / 베드로의 고백 202 / 영광스러운 변모 203

수난과 부활의 예고 204 / 예수를 따르려면 205 / 죄 많은 여인들 207

부자와 하늘 나라 209 / 바리사이들과 율법 학자들 211

예수의 정체성 213 / 예수를 죽이려는 이유 214 / 예루살렘 입성 215

최후의 만찬 216 / 겟세마니 기도 217 / 사형 선고 219

예수의 죽음 220 / 부활과 승천 222

7. 닮은 부분

아시타 선인과 시메온 예언자 225 / 마왕의 유혹과 사탄의 유혹 226

팔정도와 산상 설교 227 / 기적의 능력 227 / 비유 가르침 228

죽음 앞의 갈등 229 / 마지막 제자와 마지막 구원 231

8. 다른 부분

깨달음의 종교 233 / 믿음의 종교 234

고통으로부터 해탈 236 / 원죄로부터 구원 236

불교의 탄생론 237 / 가톨릭의 창조론 239

불교와 과학 240 / 가톨릭과 과학 241

제3부 : 종교, 과학, 종교인

1. 우주의 간단한 역사

우주의 탄생 245 / 지구의 역사 246

생명의 탄생 247 / 생명의 진화 247

인간의 진화 248 / 생각과 언어의 기원 250

2. 종교와 과학

영혼과 내세관 251 / 자연 숭배의 원시 종교 252

도구의 사용 253 / 자연 관찰의 원시 과학 253

신화, 그리고 종교와 과학 254 / 종교와 과학의 발전 256

3. 과학과 불교

불교의 우주론 258 / 현대 과학과 불교 259

4. 과학과 가톨릭

중세의 지구중심설 261 / 근대의 태양중심설 262

화해의 시작 263 / 현대 과학의 수용 264 / 분쟁의 끝 265

5. 종교, 과학, 종교인

종교가 종교인 이유 267 / 과학이 과학인 이유 269

종교와 과학의 미래 270 / 종교의 과학 수용, 과학의 종교 존중 272

보편타당한 종교는 없다 273

이웃 종교 존중 275 / 이웃 종교와 대화 276

닫으며

제1부
붓다와 예수

1. 탄생
2. 성장
3. 세상에 나서다

1. 탄생

붓다의 탄생

석가모니 붓다, 즉 고다마 싯다르타는 기원전 624년에 고대 인도의 카필라국 왕자로 태어났다. 아버지는 슈도다나 왕이며 어머니는 마야 왕비이다.

전해오는 이야기에 의하면 석가모니의 전생이었던 보살은 이미 무수한 전생을 거쳐 오면서 선한 공덕을 쌓았으므로 과거불인 연등불(燃燈佛)로부터 수기를 받고 도솔천에 올라가 신들을 가르치며 장차 이 세상에 붓다로 오는 것이 예정되어 있었다. 수기(受記)는 붓다가 그 제자에게 내생에 붓다가 되리라고 하는 예언을 의미한다.

그리하여 보살이 태어날 시기와 장소 및 부모가 될 사람들을 두루 살펴보니, 당시 카필라국의 슈도다나 왕과 마야 왕비가 가장 적당한 것으로 드러났다. 보살은 자신의 후임 미래불로 미륵보살에게 수기를 준 후에 세상에 내려갈 때를 기다렸다. 때가 되자 보살은 도솔천의 신들과 작별하고 여섯 개의 상아를 가진 흰 코끼리의 모습으로 마야 왕비의 태안으로 들어갔다.

카필라국의 슈도다나 왕과 마야 왕비는 슬하에 태자가 없어 오랫동안 근심하던 중이었다. 어느 날 마야 왕비는 여섯 개의 상아를 가진 흰 코끼리 한 마리가 오른쪽 옆구리를 통해 태 안으로 들어오는 꿈을 꾸었다. 이 꿈 이야기를 들은 슈도다나 왕이 점성가에게 물어보니, 점성가는 앞으로 태어날 왕자는 세계를 통치할 전륜성왕이 되거나 붓다가 되어 세상 사람들을 널리 구제할 것이라고 예언하였다. 전륜성왕(轉輪聖王)은 법륜(法輪), 즉 붓다의 불법의 바퀴를 굴리는 성스러운 임금이란 뜻이다.

해산달이 되어 마야 왕비는 친정인 콜리국으로 가다가 어느 동산에서 갑자기 산기를 느껴 곁에 있던 나뭇가지를 붙잡고 해산하게 되었는데 석가모니의 전생인 보살은 마야 왕비의 오른쪽 옆구리를 통하여 나왔다.

꿈속에서 왕비의 오른쪽 옆구리를 통하여 들어갔던 흰 코끼리가 해산날에 역시 오른쪽 옆구리를 통하여 카필라국의 태자로 태어난 것이다. 태자가 태어난 동산은 마야 왕비의 친정 근처에 있었으므로 친정어머니의 이름을 따서 룸비니동산으로 불린다.[1] 룸비니동산은 지금의 네팔 지역 히말라야산맥의 작은 언덕에 있다.

태자는 태어나자마자 사방으로 각각 일곱 발자국씩 걸으면서 "천상천하 유아독존 삼계개고 아당안지(天上天下 唯我獨尊 三界皆苦 我當安之)!"라고 크게 외쳤다고 한다. '하늘 위와 하늘 아래에서 오직 나 혼자만이 높으니 온 세상의 모든 고통을 내가 편안하게 하겠다'는 뜻이다.

태자의 출생 소식은 즉시 카필라국에 있는 슈도다나 왕에게 전달되었다. 이 소식을 들은 왕은 곧 가신들을 모아 회의를 열고 태자의 이름을 싯다르타로 지었는데 이는 '모든 것이 다 이루어진다'라는 뜻이다.

고다마는 석가족의 성이다.

　불교에서는 붓다는 한 사람이 아니고 과거에 여러 붓다가 있었고 미래에 올 붓다도 예정되어 있다고 한다. 즉 이 세상은 하늘과 땅이 시작하여 끝나는 성주괴공(成住壞空)을 무수히 되풀이하는데, 이때마다 붓다가 한 사람씩 나타난다고 한다. 그리하여 과거의 무수한 세월 동안 무수한 붓다가 있었으며 미래에 태어날 붓다도 이미 예정되어 있다고 한다.

　붓다가 되기 전의 상태를 보살이라 하는데 과거의 붓다는 보살 중 한 사람을 선택하여 다음 세상에 올 붓다의 사명을 부여한다. 석가모니 붓다는 과거불인 연등불로부터 수기를 받은 후 붓다로서 태어날 때가 오자 미륵보살에게 미래불의 수기를 주고는 마야 왕비의 몸에서 태어나기로 결정한 것이다.

　연등불로부터 수기를 받은 이야기를 포함하여 싯다르타의 전생에 관한 많은 이야기가 전설로 전해져 오는데, 팔리어 경전에는 547가지의 전생 이야기가 기록되어 있다고 한다.[2]

　이 중에서 연등불에게 연꽃을 공양한 청년, 아홉 빛깔의 사슴, 원숭이와 왕, 굶주린 범과 왕자 등 몇 가지의 전생 이야기를 소개한다.[3]

> 아득한 옛날 수메다라고 하는 청년이 수행을 하고 있었다. 수메다는 연등불께서 세상에 나오셨다는 이야기를 듣고 연등불에게 연꽃을 공양하고자 하였으나 마을에 있던 꽃들은 모두 팔린 뒤였다. 연꽃을 구하지 못해 헤매던 중 마침 연꽃을 가지고 있던 고삐라는 왕녀를 만났는데, 그녀는 수메다가 자신과 결혼해 준다면 연꽃을 팔겠다고 제안을 하였다. 그러나 수행자인 수메다는 현생에서는 결혼할 수 없으니 내생에 결혼하겠다고 약속하고는 그녀가 가

진 일곱 개의 연꽃 중에서 다섯 개를 사서 연등불께 공양하였다. 연등불이 도착하자 모든 사람이 연꽃을 바쳤으나 수메다의 연꽃이 연등불을 가장 장엄하게 하였다. 이를 본 연등불이 그에게 말했다. "그대는 지금부터 91겁이 지나면 붓다가 되어 석가모니로 불릴 것이니라." 그리고 연등불이 진흙탕 길을 갈 때 수메다는 자신의 머리카락을 길에 깔아 편히 지나가게 하였다. 연등불로부터 수기를 받은 이 수메다 청년이 후에 석가모니 붓다가 되었으며 왕녀 고삐가 석가모니의 비였던 야소다라의 전생이라고 한다.

먼 옛날에 아홉 가지 빛깔을 가진 사슴이 살고 있었다. 어느 날 이 아홉 빛깔 사슴은 큰물에 휩쓸려 내려가던 한 사나이를 구해 주었다. 그 사나이는 사슴에게 무엇이든 보답을 하고자 하였으나 사슴은 거절하며 대신, 자신을 만났다는 사실을 아무에게도 말하지 말 것을 당부하였다. 그 나라의 왕비가 아홉 빛깔을 가진 사슴의 가죽으로 만든 방석과 뿔로 만든 부채를 갖고 싶어 했기 때문이었다. 그 사나이는 아무에게도 말하지 않겠다고 굳게 약속을 하고 떠나갔다.

그러나 그 사나이는 왕이 아홉 가지 빛깔을 가진 사슴을 찾고 있다는 얘기를 듣고는 왕을 찾아가 자신이 그 사슴이 있는 곳으로 안내하겠다고 제안을 하였다. 그 사나이를 따라 아홉 빛깔 사슴이 있는 곳에 도착한 왕은 곧 그 사슴을 발견하고는 활을 들어 쏘려고 하였지만 이를 눈치 챈 사슴이 먼저 왕을 막아서며 그 사나이에 대한 사실을 왕에게 모두 고하였다. 그러자 노한 왕이 그 사나이에게 벌을 주고 사슴은 살려 주었다. 이 우화에 나오는 아홉 빛깔의 사슴이 석가모니의 또 다른 전생이다.

아주 먼 옛날에 원숭이 한 무리가 강가에서 맛있는 과일을 먹으며 평화롭게 살고 있었다. 어느 날 인간 세상의 왕이 맛있는 과일을 찾아 원숭이 무리가 살고 있는 곳까지 왔다. 원숭이 무리의 왕은 자기들에게 위험이 닥친 것을 알고 원숭이들을 강 건너편 안전한 곳으로 이동시키고자 하였다.

원숭이 왕은 강 쪽으로 뻗은 나뭇가지를 타고 올라가 강 건너편의 튼튼한 나뭇가지에 붙잡아 매어 놓고 다시 그 나뭇가지를 타고 와 이쪽 편 튼튼한 나뭇가지에 매려고 하였다. 그러나 가지가 짧아 이을 수 없게 되자 원숭이 왕은 자신의 몸을 나뭇가지 삼아 손으로는 튼튼한 나무를, 발로는 나뭇가지를 붙잡아 연결하고는 원숭이 무리들로 하여금 자신을 밟고 지나가 강 건너편으로 이동하게 하였다.

모든 원숭이들이 다 지나가고 마지막 남은 한 마리는 성질이 아주 고약한 녀석이어서 원숭이 왕을 밟고 지나가며 크게 짓밟아 원숭이 왕은 그만 물 한가운데에 떨어져 오도가도 못하게 되었다. 처음부터 이 광경을 지켜보고 있던 인간 왕은 뗏목을 이용하여 원숭이 왕을 구해서 치료해 주었으나 원숭이 왕은 그만 숨을 거두고 말았다. 원숭이 무리들을 구하기 위해 자신을 버린 이 원숭이 왕이 석가모니의 전생이라고 한다.

머나 먼 옛날, 자비심이 깊은 한 왕자가 있었다. 왕자는 홀로 수행하면서 선정에 들었는데, 깊은 선정 중에 자신의 과거 삶, 즉 전생에 대하여 알게 되었다. 왕자는 전생에 자신의 몸을 일천 번 희생하기로 서원을 하였는데 구백아흔아홉 번 몸을 희생하였고 이제 한 번 희생할 일이 남았다는 것이다.

어느 날 왕자가 선정에서 깨어나 살펴보니, 바로 앞 높은 절벽 아래에 호랑이가 새끼 일곱 마리를 낳은 것이 보였다. 그러나 혹독한 겨울 차가운 눈 속에서 먹을 것을 구하지 못해 새끼와 어미가 모두 굶어 죽을 처지에 처한 것을 알고는 자신의 몸을 호랑이들에게 먹이로 제공하기로 결심하였다. 그렇게 결심한 왕자는 호랑이들을 구하기 위해 자신의 몸을 과감히 절벽 아래로 던졌다. 이 왕자가 석가모니의 전생이라고 한다.

이와 같이 싯다르타는 탄생하기 전에 수많은 전생을 살면서 자기를 희생하는 많은 공덕을 쌓았고 그 결과 붓다가 되기 위해서 마야 왕비의 몸을 빌려 이 세상에 태어났다.

예수의 탄생

예수는 기원전 4년에 지금의 이스라엘 땅 베들레헴의 말구유에서 태어났다. 성경에 의하면 예수의 탄생은 하느님의 뜻에 따라 성령으로 말미암은 것이다.

루카 복음서에 의하면, 어느 날 하느님의 천사 가브리엘이 나자렛 고을의 마리아에게 나타나서 다음과 같이 인사하였다. "은총이 가득한 이여, 기뻐하여라. 주님께서 너와 함께 계시다."(루카 1,28) 갑작스럽게 나타난 천사의 인사에 마리아는 매우 놀랐다. 놀란 마리아는 한편으로 천사의 인사말 뜻을 곰곰이 생각했다. 보통 '주님께서 너와 함께 계시다'라는 표현은 구약 성경에서 하느님이 예언자에게 어떤 사명을 부여할 때 나오는 말이다. 마리아는 생각했다. '하느님께서 나에게 어떤 사명을 부여하시려는 것일까?'

천사는 하느님이 마리아에게 부여한 사명을 전달하였다. "보라. 이제 네가 잉태하여 아들을 낳으리니 그 이름을 예수라 하여라. 그분께서는 큰 인물이 되시고 지극히 높으신 분의 아드님이라 불리실 것이다."(루카 1,31-32)

하느님이 부여한 사명은 잉태하여 아들을 낳고 그 이름을 예수라고 하라는 것이다. '예수'라는 이름은 본래 '주님께서 구원하신다'는 의미의 히브리 이름인 여호수아 또는 예수아를 그리스 식으로 음역한 것이다. 따라서 예수는 '구원자'라는 뜻이다.[4]

당시 마리아는 요셉과 약혼한 사이였지만 아직 정식으로 결혼하기 전이었다. "저는 남자를 알지 못하는데, 어떻게 그런 일이 있을 수 있겠습니까?"(루카 1,34) 마리아는 아직 결혼 전이었으므로 요셉과 부부관계를 맺지 않은 동정녀였기에 그런 일은 불가능하였다.

마리아의 대답에 천사가 다시 말하였다. "성령께서 너에게 내려오시고 지극히 높으신 분의 힘이 너를 덮을 것이다. 그러므로 태어날 아기는 거룩하신 분, 하느님의 아드님이라고 불릴 것이다. 네 친척 엘리사벳을 보아라. 그 늙은 나이에도 아들을 잉태하였다. 아이를 못 낳는 여자라고 불리던 그가 임신한 지 여섯 달이 되었다. 하느님께는 불가능한 일이 없다." 마리아가 말하였다. "저는 주님의 종입니다. 말씀하신 대로 저에게 이루어지기를 바랍니다."(루카 1,35-38) 그러자 천사는 마리아에게서 떠나갔다.

엘리사벳은 마리아의 사촌으로 아론 집안 출신인데 늙은 나이임에도 하느님의 은총으로 아이를 잉태하고 있었다. 마리아는 하느님의 사명을 의심 없이 받아들이고 순종하였다. 나이 든 엘리사벳이 잉태한 것처럼 '하느님께는 불가능이란 없기' 때문이었다.

그후 마리아에게 태기가 일었다. 당시 유다에서는 약혼을 하면, 여자는 일 년 동안을 친정에서 보낸 뒤에 정식 결혼을 하는 것이 관습이었다. 그러나 약혼 자체가 이미 법률 관계를 포함한 결혼 관계의 시작을 의미하므로 정식 결혼 전에 출산한다는 것은 간음을 의미하고 이 사실이 세상에 알려지면 마리아에게는 큰 파멸이 닥쳐올 것이었다.

이를 눈치 챈 요셉은 남몰래 마리아와 맺은 약혼을 파기하려 하였다. 요셉은 의로운 사람이어서 마리아의 파멸을 원하지 않았기 때문이었다. 그러나 다시 주님의 천사가 요셉의 꿈에 나타나 말하였다. "다윗의 자손 요셉아, 두려워하지 말고 마리아를 아내로 맞아들여라. 그 몸에 잉태된 아기는 성령으로 말미암은 것이다. 마리아가 아들을 낳으리니 그 이름을 예수라 하여라." 잠에서 깨어난 요셉은 천사의 말을 듣고 마리아를 아내로 맞아들였다(마태 1,18-25).

마리아의 사촌 엘리사벳은 천사의 말대로 마리아보다 6개월 전에 세례자 요한을 임신한 상태였다. 엘리사벳의 남편은 즈카르야 사제였는데, 엘리사벳이 아이를 못 낳는 여자였으므로 두 사람 사이에는 나이가 들도록 아이가 없었다.

어느 날 즈카르야 차례가 되어 하느님 앞에서 사제 직무를 수행할 때 주님의 천사가 즈카르야에게 나타나 말하였다. "두려워하지 마라. 너의 청원이 받아들여졌다. 네 아내 엘리사벳이 너에게 아들을 낳아 줄 터이니, 이름을 요한이라 하여라."(루카 1,13)

즈카르야 사제가 하느님에게 무엇을 청원하였는지는 언급이 없지만 천사의 말로 보아 즈카르야는 아들을 낳기를 청원했던 것 같다. 그러나 천사는 나이 든 즈카르야에게 단순히 그의 아들을 낳게 해준다고 한 것은 아니었다. 천사가 이어서 다음과 같이 말하였기 때문이다. "그는 그분보다 먼저 와서 백성이 주님을 맞이할 준비를 하게 할 것이다."(루카 1,17)

즉 즈카르야에게 아들을 낳게 해주되 그 아들은 보통 아들이 아니라 주님을 맞이할 준비를 하는 아들이다. 즈카르야는 당시 유다인들이 믿고 있던 메시아를 보내주기를 청원했을 수도 있다.

스스로 청원했음에도 불구하고 즈카르야는 천사의 말을 믿지 못했다. "제가 그것을 어떻게 알 수 있겠습니까? 저는 늙은이이고 제 아내도 나이가 많습니다." 그러자 하느님의 뜻을 전한 가브리엘 천사는 "나는 너에게 이 기쁜 소식을 전하라고 파견되었다. 보라, 때가 되면 이루어질 내 말을 믿지 않았으니 이 일이 일어나는 날까지 너는 벙어리가 되어 말을 못하게 될 것이다."(루카 1,18-20)

이 기쁜 소식, 즉 주님보다 먼저 와서 주님을 맞이할 준비를 하는 아들의 탄생을 즈카르야가 '제가 그것을 어떻게 알 수 있겠습니까?' 하며 믿지 못하였으니 그는 벌을 받아 벙어리가 되었다. 그 아들은 나이 든 즈카르야와 엘리사벳의 아들로 태어나 주님의 길을 앞서 준비하는 역할을 하므로, 하느님은 즈카르야의 아들과 메시아를 보내달라는 청원에 동시에 응답한 셈이다.

이처럼 예수보다 먼저 잉태된 요한도 예수처럼 주님의 뜻에 따라 성령을 받고 잉태되었다. 다만, 예수의 경우와 달리 주님의 천사 가브리엘은 요한의 어머니가 될 엘리사벳에게 나타난 것이 아니라 아버지가 될 즈카르야 사제에게 나타났다.

마리아는 임신 중에 사촌인 엘리사벳을 방문하여 석 달 동안을 같이 지냈다. 마리아가 즈카르야의 집에 들어가 엘리사벳에게 인사를 하자 엘리사벳의 배 안에서는 아기가 뛰놀았다. 주님의 천사 가브리엘의 말대로 어머니 태중에서부터 성령으로 가득 차 있었던 것이다. 엘리사벳은 성령으로 가득 차 큰 소리로 외쳤다. "당신은 여인들 가운데에서 가장 복되시며 당신 태중의 아기도 복되십니다. 내 주님의 어머니께서 저에게 오시다니 어찌 된 일입니까?"(루카 1,42-43)

엘리사벳의 축하 인사에 대한 답으로 마리아가 부른 〈마니피캇(Magnificat, 마리아의 노래)〉이 알려져 있다. 이 〈마리아의 노래〉(루카 1,46-55)는 예수 어머니의 개인적인 감사의 마음과 계약을 이행하신 데 대한 하느님 백성 집단 전체의 감사의 마음을 노래한다.

마리아의 해산이 가까웠을 무렵, 로마 황제 아우구스투스가 유다 민족의 인구 조사를 명령하였다. 조사 방법은 모든 사람들이 자기 고향으로 가서 호적 등록을 하여야 하는 것이었다. 다윗의 자손인 요셉은 마리아와 함께 다윗의 고향인 베들레헴으로 호적 등록을 하러 갔다. 그들이 베들레헴에 머무는 동안 마리아가 해산하게 되었으나, 여관에는 그들이 들어갈 방이 없어 마구간에서 해산하고 말구유에 아기 예수를 모셨다(루카 2,1-7).

구약 성경의 여러 곳에서 예수의 탄생을 예언하지만 이사야 예언자의 예언이 잘 알려져 있다. "그러므로 주님께서 몸소 여러분에게 표징을 주실 것입니다. 젊은 여인이 잉태하여 아들을 낳고 그 이름을 임마누엘이라 할 것입니다."(이사 7,14) 이사야는 기원전 8세기경 남유다 왕국의 우찌야, 요탐, 아하즈, 히즈키야 임금 시대에 활동한 예언자이다. 남유다의 아하즈 임금이 이방인인 아람 임금의 침략으로 위기에 처했음에도 불구하고 주님에 대한 절대적인 신뢰가 부족함을 보고, 주님께서는 이사야 예언자의 예언을 통해 임마누엘을 보내 그들의 구원을 약속하였다. 임마누엘은 '하느님께서 우리와 함께 계시다'라는 뜻으로 예수의 탄생을 암시한다.

불멸기원

서기(西紀) 2020년은 불기(佛紀) 2564년이다. 불기는 불멸기원(佛滅紀元)의 약자로, 붓다가 탄생한 해가 아니라 입멸한 해를 기준으로 한다. 따라서 붓다는 지금부터 2,564년 전에 탄생한 것이 아니라 입멸하였다. 붓다가 80년을 살고 입멸하였기에 붓다는 그로부터 80년 전, 즉 지금부터 2,644년 전에 탄생하였다. 이를 서기로 환산해보면, 탄생 연도는 기원전 624년이 되며 입멸 연도는 기원전 544년이다.

고대 인도에서는 역사상 주요 사건에 대한 연도를 정확히 기재하지 않는 관습이 있었다. 따라서 붓다의 경우에도 그 탄생과 입멸 연도 등이 정확히 알려지지 않아서 연구하는 학자들에 따라 붓다의 입멸 연도는 기원전 544년, 기원전 483년, 기원전 386년 등으로 최대 160년 정도의 차이가 있다.

그 중에서 기원전 483년 입멸설이 전통적으로 널리 받아들여지고 있는데, 이는 스리랑카의 연대기와 인도 마우리아 왕조 왕들의 재위 기간, 그리고 그리스의 기록 등을 종합해서 얻은 결론이다.

스리랑카의 연대기를 살펴보면, 붓다가 입멸한 지 218년 뒤에 인도 마우리아 왕조의 아소카 왕이 즉위했음을 알 수 있다. 또 아소카 왕은 즉위하기 전부터 4년간 통치하였고 그의 선왕인 빈두사라 왕은 28년간 통치하였다. 또 빈두사라 왕의 선왕인 찬다굿타 왕은 24년간 통치했음을 알 수 있다. 이것이 사실이라면 찬다굿타 왕은 대략 붓다 입멸 후 162년에 왕좌에 올랐다고 할 수 있다(218-4-28-24=162).

찬다굿타 왕의 즉위 연도는 그리스의 기록을 살펴 추정할 수 있다. 인도를 정복했던 그리스의 알렉산더 대왕이 기원전 323년에 사망하자 인도제국은 해체되기 시작했다. 이 해체의 결과 찬다굿타는 마우리아 왕조를 창건하였다. 그가 새 왕조를 세우기 위해 자신의 세력을 구축하는 데 1~2년 정도의 기간이 걸렸을 것이라고 전제한다면 그의 즉위 연도는 기원전 321년경으로 잡는 것이 무난할 것이고, 그러면 붓다는 기원전 483년에 입멸했다고 할 수 있다. 현재 대부분의 서양 학자들이 이 추정 연도를 받아들이고 있다. 그러나 후에는 그보다 100년 뒤인 기원전 383년이 입멸 연도로 밝혀지기도 했다.

1956년부터 1957년까지 네팔의 수도 카트만두에서는 스리랑카, 인도, 타이, 라오스 등 동남아시아 불교국을 중심으로 세계불교도대회가 열렸다. 이 대회에서 스리랑카의 불교 사원의 전승에 근거를 두고 붓다의 생존 시기를 기원전 624년에서 기원전 544년으로 공식적으로 채택하였다. 그리고 불멸 후 2,500주년 행사를 1956년에 성대하게 거행함으로써 기원전 544년 붓다 입멸을 공식화하였다.[5]

현재 한국을 비롯한 중국, 일본 등 대승불교 지역에서는 불경의 한역

본 기록에 따라 음력 4월 8일을 붓다의 탄생일로 기념하며 1956년 세계불교도대회에서 공식 채택된 불멸기원 연대법을 사용한다. 따라서 서기 2020년 음력 4월 8일은 붓다 입멸 2,564주년 되는 해의 붓다 탄생일이다.

서력기원

서기(西紀)는 예수가 탄생한 해를 기준으로 한다. 서력기원(西曆紀元)을 사용하기 전 당시의 로마제국은 카이사르 시절에 만든 태양력인 율리우스력을 사용하고 있었는데, 그 기원은 로마를 건국한 해를 기준으로 하였다. 한편 지역에 따라서는 황제가 새로 즉위하면 그때부터 새로 계산한 햇수를 연대법으로 사용하기도 하였다. 우리나라에서 서기를 사용하기 전 '조선 시대 세종 25년' 등으로 연도를 계산하는 것과 같다.

루카 복음서에 나오는 '티베리우스 황제의 치세 제십오년'이라는 연도 계산은 시리아식 연대 표기법이며[6], 이 해는 로마 건국을 기원으로 하면 782년이 되는 해이다. 당시 시리아와 유다 모두 로마제국의 지배를 받았지만 유다는 시리아의 영향력 아래에 있었으므로 시리아식 연대 표기법을 사용하였다.

가톨릭은 서기 313년에 로마제국에서 공인되었지만 교회의 가장 중요한 기념일인 부활절을 날짜 계산의 오류로 지역마다 서로 다른 날에 기념하는 사태가 일어났다. 부활절은 춘분 이후에 오는 첫 번째 보름날 다음 일요일로 정해져 있었다. 그 이유는 부활절을 일요일로 고정시키기 위한 것이었다.

성경에 의하면 예수는 유다 달력으로 무교절(이날은 파스카와 겹친다)에 숨겼는데 이날은 보름날이자 금요일이었다. 그리고 예수는 죽은 지 사흘날인 일요일에 부활했다. 음력인 무교절(춘분 이후에 오는 보름날)은 매년 변하는데다가 부활절은 일요일로 고정되어 있으므로 이 부활절 날짜 계산이 엄청 복잡했다.

춘분 이후의 보름날을 계산하기 위해 태양력인 율리우스력과 음력인 유다력을 조합하여 날짜를 계산하면 19년 주기로 같은 날짜가 되풀이된다. 부활절을 일요일로 고정시키기 위해서 1주일이 7일인 요일 계산까지 고려하면, 같은 날짜 같은 요일이 정확히 되풀이되기 위해서는 4년 주기로 일곱 번, 즉 28년이 지나야 한다. 따라서 두 주기를 함께 고려하면, 532년 주기로 예수가 부활한 날짜가 춘분을 지난 보름달의 위상은 물론 요일까지 일치한다. 서부 프랑스 아키텐의 주교 빅토리우스가 이 주기를 발견하였으므로 빅토리우스 주기라고도 부른다.

로마의 대수도원장 디오니시우스는 당시의 역법으로 로마 황제 '디오클레티아누스 즉위 후 285년(현재의 서기 532년에 해당한다)'에 빅토리우스 주기의 부활절을 역으로 거슬러 올라 계산하다가 당시 사용하던 연대법으로부터 532년을 거슬러 올라간 해(디오클레티아누스 즉위 247년 전)가 바로 그 당시까지 예수가 탄생했다고 그들이 믿고 있었던 해임을 발견했다.

즉 디오니시우스가 부활절 계산을 하던 그해(디오클레티아누스 즉위 후 285년)가 바로 예수가 부활한 날과 달의 위상은 물론 요일까지 일치하는, 정확하게 532년 주기가 한 번 되풀이된 해였던 것이다. 이 놀라운 사실을 발견한 디오니시우스는 532년 주기가 처음 시작하는 해, 즉 예수가 탄생한 해를 주님의 해(Anno Domoni, A.D.) 1년으로 하고 그 이후

모든 연도를 A.D.를 기준으로 변환하였다.[7]

유럽의 그리스도교국들이 A.D.를 새로운 연대법으로 채택한 이후 유럽이 세계를 주도하게 됨에 따라 나머지 세계도 대부분 A.D.를 채택하였다. 그러나 후에 과학의 발전에 따라 좀 더 정확히 계산한 결과 예수 탄생년은 서력기원(A.D.) 1년이 아니라 기원전(B.C.) 4년으로 알려졌다.

현재 전 세계적으로 사용되고 있는 서기를 기준으로 불멸기원을 환산한 결과 싯다르타는 기원전 624년에 태어나서 기원전 544년에 입멸한 것이 된다. 만약 불기가 세계의 연대법으로 채택되었다면, 불기를 중심으로 예수 탄생 연도를 계산하면 언제일까? 불기 541년이다. 즉 석가모니 붓다가 예수보다 620년 먼저 태어났다.

붓다 이전의 인도와 힌두교

붓다가 태어날 당시인 기원전 6-7세기경 고대 인도의 북부 갠지스강 중·상류 지역에는 16대국으로 불리는 나라들이 분포하고 있었다. 이들 대부분은 인도로 진입해 온 아리아인들이 세운 나라이고 인도 토착 원주민이 세운 나라는 일부에 지나지 않았다.

붓다가 탄생한 카필라국은 이 16대국에 들지 못하는 토착 원주민의 소왕국 중 하나이며 당시의 16대국 중에서도 강력한 국가였던 아리아인의 마가다국과 코살라국 사이에 있었다.

아리아인들은 기원전 13세기경 인도의 북방으로부터 침입해 온 유목민이었다. 이들은 점차 동쪽으로 진격하여 기원전 10세기경에는 갠지스강 상류 및 중류 지역까지 영역을 넓혔다. 이들 아리아인들은 토착 민족과 경쟁을 하는 한편 서로 동화되기도 하였다.

한편 인도 신화에 의하면 이 세상은 알에서 생겨났다. 먼 옛날 황금알 하나가 태초의 바다 위에 둥둥 떠다니고 있었다. 이 황금알을 창조의 신 브라흐마가 둘로 쪼개자 갈라진 알껍데기는 각각 하늘과 땅이 되었다. 알의 막에서는 산과 구름과 안개가 생기고 혈관에서는 강이, 액체에서는 바다가 생겨났다.

최초의 인간은 브라흐마와 여신 사이에서 태어난 마누였다. 마누를 창조한 브라흐마는 마누에게 큰 홍수가 닥쳐올 것이니 배를 만들어 피하라고 알려주었다. 홍수가 지나가고 난 다음 마누는 배에서 나와 인류를 새로 퍼뜨림으로써 인류의 조상이 되었다.

이와 같은 신화에 등장하는 창조 이야기와는 별도로, 고대 인도 문화권에서는 다른 문화권과는 완전히 다른 우주관이 발달하였다. 우주를 창조하고 존속시키며 파괴하는 삼신이 있어 브라흐마 신은 우주를 일으키고 비슈누 신은 우주를 유지시키며 쉬바 신은 우주를 파괴한다는 것이다. 즉 세상이 한 번 창조되고 발전하다가 파괴되고, 또다시 창조되고 발전하다가 파괴되기를 무수히 되풀이한다는 것이다.

따라서 인간도 태어나 업(業)을 지으며 살다가 죽고, 다음 세상에 다시 태어난다고 생각하였다. 이 세상에 사는 동안 본인이 지은 업이 선한 업이면 좋은 세상에, 악한 업이면 나쁜 세상에 태어난다는 것이다. 이것을 삼계육도(三界六道) 윤회라고 하는데, 인간이 업에 따라 이렇게 계속 윤회하는 것을 인도인들은 고통이라 여겼고 우주의 영원한 진리를 깨달으면 이런 윤회의 굴레에서 벗어나 해탈하고 열반에 들게 되며 이를 구원이라고 생각하였다.

이러한 고대 인도의 사상은 기원전 13세기경 인도에 침입해 온 카스트 제도라는 강력한 신분제를 가진 아리아인들의 브라만교와 융화되어 힌두교로 발전하였다. 즉 붓다 탄생 이전의 인도에서는 윤회(輪廻, 삼사라), 업(業, 카르마), 진리(法, 다르마), 해탈(解脫, 비목사), 열반(涅槃, 니르바나) 등 힌두교의 사상이 널리 신봉되고 있었다.

인도인들은 이러한 끝없는 윤회에서 벗어나기 위한 수행법으로 요가와 고행을 하였고, 극단적인 고행을 통하여 모든 고통의 근원인 육체를 괴롭히면 그에 대한 보답으로 진리에 도달하고 해탈할 수 있다고 생각하였다. 붓다가 태어나던 시대에도 해탈하기 위하여 많은 수행자들이 요가 참선과 극심한 육체적 고행을 행하고 있었다.

예수 이전의 유다와 유다교

아브라함을 시조로 하는 유다인들은 기원전 10세기경 다윗 왕 시대에 통일된 왕국을 이루었다. 그러나 다윗의 아들인 솔로몬 대왕 이후 남유다와 북이스라엘, 두 개의 왕국으로 분리되었다.

기원전 722년, 북이스라엘이 앗시리아에 멸망하고 유다인들은 앗시리아로 끌려갔다가 돌아왔는데 이를 앗시리아 유배기라고 한다. 남유다도 기원전 587년 바빌론에 멸망하고 유다인들은 바빌론으로 끌려갔다가 바빌론을 정복한 페르시아의 키루스 왕에 의해 기원전 538년에 돌아왔다. 이 기간을 바빌론 유배기라고 한다.

바빌론 유배에서 귀환한 유다인들은 독립된 왕국을 이루지 못하다가 유다 마카베오의 투쟁을 거쳐 기원전 110년에 남유다 왕국에 이어 마지막 독립 왕조인 하스몬 왕조를 재건하였다. 그러나 이 하스몬 왕조는 기원전 63년 로마제국의 침략에 크게 패하여 로마제국의 지배를 받다가 기원전 40년에 로마제국으로부터 유다인의 왕으로 임명된 헤로데 왕에게 완전히 정복당하였다.

헤로데는 이두매아의 부유하고 유력한 가문 출신으로 유다인 측에서 보면 이방인이었다. 이 헤로데는 이름이 같은 아들인 헤로데 안티파스와 구분하기 위하여 대(大) 헤로데 왕으로 불리는데 기원전 40년부터 기원전 4년까지 유다를 통치하다가 죽었다. 대 헤로데는 예수를 경배하러 찾아온 동방 박사들의 이야기를 듣고 베들레헴의 남자 신생아들을 살해하게 한 바로 그 헤로데 왕이다.

기원전 4년 대 헤로데는 죽기 전에 유다 왕국을 셋으로 나누어 아들들에게 주었다. 유다와 사마리아 지역은 헤로데 아르켈라오스에게, 그 북쪽의 갈릴래아 지역은 헤로데 안티파스에게, 갈릴래아의 북동쪽에 있는 이투래아와 트라코니티스 지역은 헤로데 필리포스에게 나눠 주었다(루카 3,1).

유다인들은 여러 신을 모시는 다른 민족들과는 달리 인격신인 유일신과 창조론을 신봉하는 유다교를 믿었다. 유일신 하느님은 여러 민족들 중에서 이스라엘 민족을 선택하여 그들과 계약을 맺고 젖과 꿀이 흐르는 땅으로 그들을 이끌었다.

노아와 첫 계약을 맺은 하느님은 아브라함과 다시 계약을 맺으며 그들을 크게 번성시키겠다고 약속하고 계약의 표징으로 할례를 받게 했다. 이후 이스라엘 민족은 하느님이 약속한 가나안 땅으로 가면서 백성들의 계약 배반, 하느님의 응징, 백성들의 회개, 하느님의 용서 등이 반복되었다.

이집트 땅 탈출부터 가나안 정착, 판관 시대, 남유다와 북이스라엘 시대, 바빌론 유배 등에 이르기까지 이러한 배반, 응징, 회개, 용서의 과정은 여러 차례 되풀이되었다. 그때마다 이스라엘 민족의 예언자들이 하느님과 민족 사이를 중재하였다. 그리고 유다인들은 자신들을 구원하러 오기로 되어 있는 메시아를 기다리고 있었다.

2. 성장

붓다의 어린 시절

싯다르타 태자가 태어나고 이레 만에 마야 왕비가 세상을 떠나자 태자는 이모인 마하파자파티에 의해 양육되었다. 마하파자파티는 친언니인 마야와 함께 슈도다나 왕의 왕비가 되었으므로 싯다르타 태자의 이모이자 동시에 양모가 된다. 싯다르타 태자의 어머니와 양모는 석가족의 한 종파인 콜리국 수프라붓다 왕(선각왕, 善覺王)의 누이동생들이다.

고대 인도 북동쪽의 소왕국인 카필라국과 콜리국은 같은 시조로부터 갈라져 나온 혈족의 나라로서, 두 왕가는 결혼으로 맺어진 동맹국이었다. 카필라국의 슈도다나 왕은 콜리국의 수프라붓다 왕의 여동생 두 명과 결혼하였다. 수프라붓다 왕에게는 아들 제바달다와 딸 야소다라가 있었는데 아들 제바달다는 아버지의 뒤를 이어 왕이 되었고 딸 야소다라는 후에 싯다르타 태자의 부인이 됨으로써 싯다르타는 외사촌 누이와 결혼하였다.

싯다르타의 아버지인 슈도다나(정반, 淨飯) 왕의 동생, 즉 싯다르타의 삼촌들은 각각 슈크로다나(백반, 白飯) 왕, 도토다나(곡반, 斛飯) 왕, 아므

리토다나(감로반, 甘露飯) 왕이고 슈도다나의 여동생으로 감로 공주가 있다. 이처럼 슈도다나 왕 형제들의 이름이 다나(반, 飯)로 끝나는 것은 당시 카필라국이 벼의 주산지였음을 의미한다. 슈도다나 왕의 아버지, 즉 싯다르타 태자의 할아버지는 시하하누(사자협, 師子頰) 왕이다.

　마야 왕비의 친정 콜리국의 룸비니동산에서 태어난 싯다르타는 그가 소년 시절을 보낸 카필라국의 수도 카필라바스투로 돌아왔다. 당시의 관습대로 슈도다나 왕은 점성가들을 불러 싯다르타의 운명을 점치게 했는데 점성가들이 살펴 본 태자 싯다르타는 32상을 뚜렷하게 갖추고 있었다.
　32상이란 손, 발, 피부 등 온몸에서 볼 수 있는 것으로 본래 인도에서 좋다고 여겼던 신체의 특징을 말한다. 이 상을 갖춘 사람은 후에 전륜성왕이 되거나 붓다가 되어 중생을 구제할 운명을 타고났다고 한다. 이는 마야 왕비가 태자를 가졌을 때 점성가가 예언한 내용과 같다.
　그때 아시타라는 선인은 히말라야 산중에서 수도에 전념하고 있었다. 어느 날 여러 신들이 "붓다가 오셨다!" 하며 큰소리로 기뻐하는 소리를 듣고 천안통을 통하여 살펴보니 카필라국의 태자가 바로 그 사람이라는 것을 알 수 있었다. 아시타 선인은 즉시 제자를 데리고 카필라국의 왕을 찾아가 태자 뵙기를 청했다. 선인이 태자를 품에 안고 살펴보니 32상이 뚜렷할 뿐만 아니라 다른 어느 신들보다도 뛰어나게 빛나 보였다.
　"드디어 붓다가 이 세상이 태어나셨구나!" 아시타 선인은 태자를 안고 기쁨에 넘쳐 부르짖다가 이내 눈물을 흘리기 시작했다. 선인의 눈물에 다른 사람들도 따라서 눈물을 흘렸다. 이에 놀란 슈도다나 왕이 무슨 불길한 일이라도 있는지 아시타 선인에게 태자의 길흉을 알려주기를 청했다.

그러자 선인은 대답하기를, 자신이 눈물을 흘린 것은 태자의 길흉 때문이 아니라 자신이 나이가 많이 들어 죽을 때가 다 되어가므로 붓다의 바른 법도 듣지 못하고 후에 붓다를 뵐 수도 없어 그 은혜를 입을 수 없다는 것이 한스럽기 때문이라고 했다. 이어서 아시타 선인은 싯다르타 태자가 반드시 붓다가 될 것이라고 단언했다.[8]

싯다르타 태자는 양모의 보살핌 아래 무럭무럭 자랐다. 슈도다나 왕은 태자가 출가하여 붓다가 되기보다는 전륜성왕이 되기를 기대하였다. 따라서 태자가 출가 생각 없이 생활하도록 춘하추동 모든 계절에 꽃으로 화려하게 왕궁을 장식하였으며 태자의 시중을 드는 시녀들도 많이 배치하는 등 세심하게 배려하였다. 태자는 왕이 되기 위한 공부도 하고 달리기, 뜀뛰기, 힘겨루기, 활쏘기 등 무예도 연마하였다.

우리는 보통 붓다, 즉 고다마 싯다르타 태자가 깨달음을 얻어 붓다가 되고 불교를 창시했다고 알고 있다. 그러나 붓다의 탄생 이야기에서는 과거에 이미 수많은 붓다가 있었고 싯다르타 붓다도 과거불인 연등불로부터 수기를 받았으며 미륵보살에게 다음 세계의 붓다가 될 수기를 주고 이 세상에 태어났다고 한다.

또 태자가 태어나자 여러 신들이 '붓다가 오셨다!' 하고 기뻐했고 이를 들은 아시타 선인은 천안통으로 살펴보고 직접 눈으로 확인하러 찾아왔으며 태자를 보고는 붓다의 상인 32상이 뚜렷하다고 했다. 이는 태자가 태어나기 전부터 어떤 형태로든 불교의 전신인 민족 종교가 있었다는 의미라고 와타나베 쇼코는 자신의 책 《불타 석가모니》에서 말하고 있다.[9]

예수의 어린 시절

마리아는 다윗 집안의 요셉과 약혼한 사이였지만 아직 남자를 모르는 몸이었다. 그러므로 생물학적으로는 예수가 다윗의 자손이 될 수 없었지만, 당시 유다인들에게는 생물학적인 혈통보다 '이는 내 아들이다'라는 법적 인정이 더 중요하였다. 우리나라에서도 어느 집안에서 손이 끊어지게 되면 양자를 들여 호적에 올리고 그로 하여금 집안을 잇게 하는 관습이 있다. 생물학적으로 핏줄을 잇지는 못했지만 법적으로 인정하는 후손이다.

유다의 이러한 관습에 따라 마태오 복음서에는 '다윗의 자손이며 아브라함의 자손인 예수 그리스도의 족보'를 길게 나열하면서, 아브라함부터 다윗까지 14대, 다윗부터 바빌론 유배까지 14대, 바빌론 유배 이후에서 예수까지 14대라고 언급하고 있다(마태 1,1-17). 그러나 이러한 분류를 열왕기와 비교하면 몇 세대 빠진 것도 있고 14대로 세 등분한 이유도 분명하지 않으며 무슨 의도인지 아직도 특별한 정설이 없다.[10]

루카 복음서에서도 예수의 족보에 대해서 언급하고 있는데 예수에서부터 시작하여 거꾸로 아담에까지 거슬러 올라간다(루카 3,23-38). 헤아려보면 아담부터 예수까지 77대에 이른다. 그러나 두 복음서를 비교해 보면, 창세기에서는 언급되지 않는 케난이 루카 복음서에서는 노아의 손자 아르팍산과 셀라흐 사이에 들어가 있으며(루카 3,36) 창세기의 유다의 증손자 람(마태 1,4) 자리에 아르니와 아드민 등 두 사람이 들어가 있다(루카 3,33).

마태오 복음서의 솔로몬부터 예수까지의 족보(마태 1,7-16)는 루카 복음서와 스알티엘과 즈루빠벨(루카 3,27) 및 예수의 아버지 요셉(루카

3,23)만 일치하고 나머지는 모두 다르다.

두 복음서의 족보는 정확성을 기하기보다는 예수의 족보를 아담에까지 언급함으로써 하느님의 아들이라는 신성, 그리고 아브라함과 다윗의 자손이라는 인간성을 나타내려는 의도인 것으로 보인다.

그러면 성경을 기준으로 아담부터 예수까지 몇 대나 흘렀을까? 마태오 복음서와 루카 복음서 및 창세기를 비롯한 열왕기, 역대기 등 구약성경에 나오는 예수의 족보를 아담에서부터 추적해보면 다음과 같다(창세 5,1-32).

(1)아담 - (2)셋 - (3)에노스 - (4)케난 - (5)마할랄엘 - (6)예렛 - (7)에녹 - (8)므투셀라 - (9)라멕 - (10)노아

일단 아담부터 노아까지가 10대이다. 아담의 맏아들 카인의 자손을 포함하여 셋 이하 노아까지 이르는 사이에 인간은 세상에 많이 퍼져 살게 되었다. 그러나 인간들이 타락하여 많은 악행을 저지르자 하느님은 세상을 물로 심판하고 노아의 가족만 살려 주었다. 앞에서 본 바와 같이 인도 신화에 나오는 최초의 인간 마누도 노아처럼 대홍수에서 혼자 살아남아 인간의 시조가 되었다. 창세기에서는 노아의 세 아들 중 셈이 그 뒤를 잇는다(창세 11,10-26).

(11)셈 - (12)아르팍샷 - (13)셀라흐 - (14)에베르 - (15)펠렉 - (16)르우 - (17)스룩 - (18)나호르 - (19)테라 - (20)아브라함

노아의 아들 셈부터 아브라함까지 다시 10대, 그래서 아브라함은 아담의 20대손이 된다. 아브라함은 하느님의 계시를 받고 고향인 칼데아의 우르를 떠나 가나안으로 향하는 길에 오른다. 이 아브라함을 유다인들은 민족의 시조로 보고 있다. 인격신인 유일신을 믿는 유다교는 아브라함을 하느님이 창조한 아담의 후손으로 연결시키고 있다. 아브라함에 이어 이사악부터 다윗까지 13대가 이어진다(1역대 1,28-42. 2,3-15).

(21)이사악 - (22)야곱 - (23)유다 - (24)페레츠 - (25)헤츠론 - (26)람 - (27)암미나답 - (28)나흐손 - (29)살라 - (30)보아즈 - (31)오벳 - (32)이사이 - (33)다윗

아브라함부터 다윗까지 14대는 마태오 복음서에서 언급한 족보와 일치한다. 솔로몬 왕 이후 유다 민족은 남유다와 북이스라엘 등 두 개 왕조로 나누어지고, 솔로몬의 아들인 르하브암을 시작으로 하는 남유다의 임금들이 다윗의 혈통을 이어간다(2역대 12장-23장).

(34)솔로몬 - (35)르하브암 - (36)아비얌 - (37)아사 - (38)여호사팟- (39)여호람 - (40)아하즈야 - (41)요아스 - (42)아마츠야 - (43)아자르야(우찌야) - (44)요탐 - (45)아하즈 - (46)히즈키야 - (47)므나쎄 - (48)아몬 - (49)요시야 - (50)여호아하즈 - (51)여호야킨

마태오 복음서에 나타나는 남유다 시절 임금들의 족보는 (39)여호람과 (43)아자르야(우찌야) 사이에 열왕기의 족보에 나타나는 아하즈야,

요아스, 아마츠야, 그리고 (49)요시야와 (51)여호야킨 사이의 여호아하즈가 누락되어 있다.

따라서 다윗부터 바빌론 유배까지는 14대가 아니라 18대가 된다. 여호야킨에 이어지는 바빌론 유배 이후 예수의 족보는 마태오 복음서에만 나온다(마태 1,12-16).

(52)스알티엘 - (53)즈루빠벨 - (54)아비홋 - (55)엘야킴 - (56)아조르 - (57)차독 - (58)아킴 - (59)엘리웃 - (60)엘아자르 - (61)마탄 - (62)야곱 - (63)요셉 - (64)예수

구약 성경과 마태오 복음서를 기준으로 보면, 예수는 아담의 64세손, 아브라함의 45세손, 다윗의 32세손이 된다. 이는 앞서 말한 것처럼 예수의 신성과 인간성을 동시에 강조하려는 성경의 의도로 보인다. 또한 다윗의 자손으로서 왕가의 자손임을 나타냄과 동시에 이 모든 조상들이 이어온 민족의 역사가 예수 시대에 그 정점에 다다른다는 점을 강조하는 것으로 보인다.[11]

예수가 베들레헴의 말구유에서 탄생하였을 때, 제일 먼저 축하해 준 이들은 근처에서 양을 치던 목동들이었다. 그들에게 천사가 나타나 예수 탄생 소식을 전해 주었다. "오늘 너희를 위하여 다윗 고을에서 구원자가 태어나셨으니 주 그리스도이시다."(루카 2,11)

그리고 그 천사 곁에 수많은 하늘의 군대가 나타나 하느님을 찬미하였다. "지극히 높은 곳에서는 하느님께 영광! 땅에서는 그분 마음에 드는 사람들에게 평화!"(루카 2,14) 한밤중에 목동들은 천사의 예수 탄생

메시지를 듣고 천사들의 안내로 아기 예수가 탄생한 마구간을 찾아가 경배드리고 하느님을 찬미하며 돌아갔다.

예수가 태어난 지 여드레째가 되자 예수의 부모는 당시 유다인들의 관습에 따라 할례를 받고 정결례를 거행하기 위해 예루살렘으로 올라가 아기 예수를 주님께 바쳤다. 그때 예루살렘 성전에는 시메온이라는 나이 든 사람이 있었는데 그는 이 세상에 구세주로 오시는 주 그리스도를 뵙기 전에는 죽지 않으리라는 성령의 말씀을 들었다.

예수의 부모가 예수를 데리고 성전으로 들어오자 시메온은 아기 예수를 두 팔로 받아 안고 주님을 찬미하였다. "주님, 이제야 말씀하신 대로 당신 종을 평화로이 떠나게 해 주셨습니다."(루카 2.25-35)

성경의 시메온 이야기는 붓다의 탄생을 본 아시타 선인 이야기와 매우 비슷하다. 다만, 아시타 선인은 나이가 많아 붓다 탄생 후에 붓다의 설법을 못 듣고 죽게 될 것을 안타까워한 데 비해, 시메온은 구원자 주 그리스도를 뵙고 나서 죽게 된 것을 주님께 찬미 드린다.

한편 동방에서는 예수가 탄생한 날, 큰 별이 나타났다. 큰 별이 나타나는 것은 위대한 사람의 탄생을 의미한다. 이 별을 본 동방의 박사 세 사람이 별의 안내에 따라 아기 예수를 경배하기 위해 길을 떠났다. 그들의 이름은 가스파르, 발타자르, 멜키오르로 알려져 있다.[12] 그러나 그 별은 예루살렘 근처에 이르자 사라져 버렸다. 별이 사라지자 동방 박사 세 사람은 당시 유다의 왕 대 헤로데를 찾아가 문의하였다.

"유다인들의 임금으로 태어나신 분이 어디 계십니까? 우리는 동방에서 그분의 별을 보고 그분께 경배하러 왔습니다."(마태 2.2) 이 말을 들은 헤로데는 깜짝 놀라서 수석 사제들과 율법 학자들을 모아 놓고 아기 예수가 태어난 곳을 찾게 하였다.

유다의 마지막 왕조인 하스몬 왕조가 로마에 의해 멸망하고 로마로부터 유다인의 왕으로 임명받은 헤로데는 이방인 이두매아 출신인데다가 폭군이어서 유다인들이 무척 싫어하였다. 그런 와중에 동방에서 온 박사들이 유다인들의 임금으로 태어난 아기를 찾는다는 소식에 헤로데 왕은 무척 당혹스러울 수밖에 없었다.

그 아기가 유다인들의 핏줄을 타고 태어난 정통 왕일 것이기 때문이었다. 율법 학자들이 그 아기가 태어난 곳이 베들레헴이라고 알아내자 헤로데는 박사들에게 알려 주며 당부하였다. "그 아기를 찾거든 나에게 알려 주시오. 나도 가서 경배하겠소."(마태 2,8)

박사들이 헤로데 앞에서 물러 나오자 사라졌던 별이 다시 나타나 그들을 아기 예수에게로 인도하였다. 동방 박사들은 아기 예수께 경배를 드리고 각각 황금과 유향과 몰약을 예물로 바쳤다. 그리고는 천사가 꿈에 나타나 지시한 대로 헤로데 왕에게 들리지 않고 각자 자기 나라로 돌아갔다.

헤로데는 동방의 박사들이 돌아오기를 학수고대하였으나 그들이 바로 돌아간 것을 알고는 베들레헴에서 태어난 두 살 이하의 남자 아이들을 모두 살해하라고 명령하였다(마태 2,16). 그러나 헤로데 자신도 그해에 죽었다. 헤로데가 박사들이 돌아오기를 기다린 것은 아기가 태어난 곳을 알아내어 장차 자신의 적이 될 그 아기를 없애기 위한 것이었다.

박사들이 돌아간 뒤 천사가 요셉의 꿈에 나타나 헤로데의 아기 살해 명령 소식을 전하며 이집트로 피신하라고 하자 요셉은 한밤중에 일어나 아기와 그 어머니를 데리고 이집트로 가서 헤로데가 죽을 때까지 거기 있었다.

헤로데가 죽자 꿈에 주님의 천사가 요셉에게 나타나 헤로데의 죽음을 전하며 이스라엘 땅으로 돌아가라고 말하였다. 그때 유다 땅은 대 헤로데의 뒤를 이어 그의 아들 아르켈라오스가 다스리게 되었는데, 그는 아버지 헤로데보다 더한 폭군이었다. 천사의 말을 듣고 이스라엘 땅으로 돌아왔지만 폭군 아르켈라오스가 다스리는 유다로 돌아가기가 두려워진 요셉은 갈릴래아의 나자렛으로 가서 자리를 잡았다(마태 2,13-23).

붓다의 청년 시절

어느 날 태자는 왕궁의 농경제를 구경했다. 봄에 개최되는 이 농경제는 한 해의 시작을 알리는 행사로 왕이 직접 참여해서 밭을 일구게 된다. 태자는 슈도다나 왕의 밭 일구는 모습을 신기한 듯 보고 있었다. 농부들이 땀을 뻘뻘 흘리며 힘들게 밭을 갈고 있는 모습이 태자의 눈에는 무척 애처롭게 보였다.

그러나 그보다도 더 놀라운 광경이 태자의 눈앞에서 일어났다. 농부들이 일구어 놓은 흙 속에서 벌레 한 마리가 꿈틀거리고 있었는데 새 한 마리가 어느 틈에 재빠르게 날아들더니 벌레를 쪼아 입에 물고 사라진 것이다. 생명이 있는 것들끼리 서로 잡아먹고 먹히는 모습을 지켜본 태자는 충격에 빠져 가까운 숲속의 나무에 앉아 깊은 생각에 잠겼다.

태자가 사라지자 슈도다나 왕을 비롯한 사람들은 태자를 찾아다니다가 숲속 나무 아래에서 명상에 잠겨 있는 태자를 발견했다. 당시 나무 아래에서 하는 명상은 출가자들의 수행 방법이었다. 태자에게 그늘을 제공하고 있던 그 나무는 태양이 기울어짐에 따라 태자에게 빛이 들지 않도록 계속 그늘을 만들어 주고 있었다. 이 모습을 본 슈도다나 왕은 아들 태자에게 깊은 예를 올렸다.[13]

싯다르타 태자는 열일곱 살에 결혼하였는데 태자에게는 세 사람의 태자비가 있었다. 첫째 비는 외사촌 야소다라이고 둘째 비는 마노다라, 셋째 비는 고타마이다. 슈도다나 왕은 태자가 태어났을 때 들은 아시타 선인의 예언을 기억하고는 태자가 출가의 생각을 갖지 않도록 모든 즐거움을 제공하였다.

왕은 결혼한 태자에게 세 곳에 궁전을 지어 첫째 비 야소다라, 둘째 비 마노다라, 셋째 비 고타마에게 각각 제공하고 태자로 하여금 계절별로 돌아가며 거처하게 하였다. 갖가지 꽃으로 화려하게 태자궁을 장식하였고 또한 세 곳의 태자궁에 많은 시녀를 배치하여 태자가 편안하게 지내며 춤과 음악과 노래와 놀이를 즐기게 하였다.

카필라국은 작은 나라였지만 벼농사의 발달로 물자가 풍족하였으므로 태자는 아버지 슈도다나 왕과 양어머니 마하파자파티 왕비의 세심한 보살핌으로 어려움을 모르는 부유한 청년으로 성장하였다. 그러나 이 모든 것에도 태자는 전혀 즐겁지 않았고 깊은 명상에 잠기기가 일쑤였다.

태자가 왕의 후계자로서 직무를 수행하기 위해 슈도다나 왕과 함께 농경제에 참가했을 때 태자가 본 농민들의 고달픈 삶과 고통, 질병, 늙음, 죽음 등은 태자에게 충격이었다.

사람들은 병에 걸린 사람들을 싫어한다. 그러나 자신도 병에 걸릴 수 있는데 왜 병든 사람을 싫어하는가? 사람들은 늙은 사람들을 싫어한다. 그러나 그도 늙을 터인데 왜 늙은 사람을 싫어하는가? 사람들은 죽는 것을 싫어한다. 그러나 그도 죽을 운명인데 왜 죽음을 싫어하는가? 이 모든 어리석음이 싯다르타 태자에게는 명상의 대상이 되었다.

싯다르타가 노·병·사(老病死)의 고통을 깨닫게 되는 설화가 있다.[14] 슈도다나 왕은 태자의 왕궁 밖 출입을 금하였지만 태자는 바깥세상을 구경하기 위해 어느 날 마부 찬다카만 데리고 애마 칸타카를 타고 왕궁의 동쪽 문을 나섰다.

주위의 아름다운 꽃들과 풍경을 구경하며 가는 도중 여태껏 본 적이 없는 사람을 만났다. 그는 허리가 꼬부라지고 얼굴은 검게 주름이 잡혀 있으며 머리는 백발이었다. 이빨은 다 빠져버렸고 몸은 여위어 바짝 말랐으며 지팡이에 의지해 간신히 걷고 있었다.

싯다르타가 마부 찬다카에게 물었다. "저 사람은 무엇인가? 어찌하여 저렇게 되었는가?" 마부 찬다카는 저 사람은 나이가 들어 늙은 사람인데 사람은 누구나 다 나이가 들면 늙게 되며 태자 또한 늙게 될 것이라고 말했다. 그날 싯다르타 태자는 큰 근심으로 명상에 잠겨 돌아왔다.

다음 날 태자는 왕궁의 남쪽 문을 나섰다. 남쪽 문 주위에도 아름다운 꽃들이 예쁘게 피어 있었고 풍경도 무척 아름다웠다. 주위를 둘러보는 태자의 눈에 또 한 사람이 들어왔다. 그는 매우 고통스러워하며 누워서 신음하고 있었다.

싯다르타가 마부 찬다카에게 물었다. "저 사람은 무엇인가? 어찌하여 저렇게 되었는가?" 찬다카는 저 사람은 병든 사람인데 모든 사람은 다 병들게 되며 태자 또한 병들게 될 것이라고 말했다. 싯다르타 태자는 크게 근심하며 명상에 들어 왕궁으로 돌아왔다.

다음 날 다시 태자는 왕궁의 서쪽 문을 나섰다. 아름다운 꽃들이 만발한 가운데 태자는 지나가는 장례 행렬을 보게 되었다. 싯다르타가 마부 찬다카에게 물었다. "저 행렬은 무엇인가? 어찌하여 저렇게 되었는가?"

찬다카는 저 행렬은 죽은 사람을 위한 장례 행렬이며 모든 사람은 다 죽게 된다는 사실, 죽음이란 사람의 영혼은 몸을 떠나고 몸은 썩어 흙 속에 묻히게 되는 것으로 죽은 뒤에는 아무도 만날 수 없고 아무것도 할 수 없으며 태자 또한 앞으로 죽게 될 것이라고 말하였다. 싯다르타 태자는 그날도 큰 근심을 안고 깊은 명상을 하며 왕궁으로 돌아왔다.

다음 날 태자는 또다시 찬다카 마부와 함께 왕궁의 북쪽 문을 나섰다. 지금까지 왕궁 밖에서 보았던 고통 받는 사람들의 생각이 머리에서 떠나지 않아 싯다르타는 마음이 무거웠다. 아름다운 꽃들이나 화려한 풍광도 눈에 들어오지 않았다.

그런 태자에게, 머리를 깎고 가사를 입고 편안한 표정으로 지나가는 한 수행자가 눈에 띄었다. 태자는 마부에게 물었다. "저 사람은 무엇인가?" 찬다카는 저 사람은 출가자이며 출가 수행자들은 인간의 업에서 벗어나기 위해 수행을 하며 도를 닦는 자들이라고 알려 주었다.

"내가 저 출가자를 만나 보아야겠다." 싯다르타 태자는 말에서 내려 출가자에게 인사하며 물었다. "선인께서는 어떤 도를 닦고 계십니까?" "예. 이 세상은 고통으로 가득 차 있지요. 인간은 고통으로 가득 찬 이 세상에서 사는 동안 지은 업에 따라 다음 세상에 또 태어나 고통 속에서 살게 됩니다. 우리 같은 출가자들은 그 고통을 없애기 위해 끝없이 수행하며 도를 닦고 있습니다."

출가 수행자의 말을 들은 싯다르타는 크게 깨달았다. "아, 이 길이야말로 내가 갈 길이다!" 싯다르타 태자는 마침내 인간의 고통에서 벗어나는 길을 발견하고 출가할 것을 결심하였다.

싯다르타는 왕궁에서 부족함이 없는 화려한 생활을 하였고 왕이 되기 위한 교육과 여러 가지 기예도 익혔다. 또한 인간의 생·로·병·사에 대해서도 깊이 인식하고 명상을 하였다. 위와 같은 싯다르타의 출가 결심 과정에 대한 설화는 붓다에 대한 종교적 경외심을 표현한 것으로 보인다.

예수의 청년 시절

예수의 유년 시절 이야기는 성경에 나오지 않는다. 다만, 루카 복음서에 '아기는 자라면서 튼튼해지고 지혜가 충만해졌으며, 하느님의 총애를 받았다'(루카 2,40)라고 간단하게 언급되어 있을 뿐이다. 루카 복음서에는 또 예수가 열두 살 소년 시절에 예루살렘 성전에서 율법 교사들과 토론했다는 일화를 소개하고 있다.

당시 유다인들은 해마다 파스카 때면 예루살렘의 축제에 참가하고 성전에 예배를 드렸다. 유다인들의 축제이므로 이때에는 일가 친척들이 함께 축제에 참가하러 가곤 했다. 우리나라의 명절에 일가 친척들이 함께 모이는 것과 비슷하다고 할 수 있다. 예수를 포함한 예수의 부모와 일가 친척들도 이 전통을 지켰다. 예수는 열두 살이 되던 해에도 이 관습에 따라 부모와 함께 예루살렘으로 올라가 축제에 참가하여 성전에 예배도 하였다.

돌아오는 길에 예수는 부모님과 함께 있지 않았다. 부모는 다른 일행들과 같이 있으려니 여기고는 예수를 찾지 않았다. 하루가 지난 뒤에 다른 일행들 사이에도 예수가 없다는 것을 발견한 부모는 그때서야 백

방으로 예수를 찾기 시작했다. 예루살렘으로 돌아가 온 사방을 헤매며 찾던 어머니 마리아는 사흘째 되는 날 성전에서 예수를 발견하였다.

예수는 나이 많은 율법 학자들 틈에 앉아 그들과 토론을 하고 있었다. 이를 본 마리아가 예수에게 말하였다. "얘야, 우리에게 왜 이렇게 하였느냐? 네 아버지와 내가 너를 애타게 찾았단다." 그러나 예수의 대답은 오히려 퉁명스럽기까지 하다. "왜 저를 찾으셨습니까? 저는 제 아버지의 집에 있어야 하는 줄을 모르셨습니까?" 예수가 처음으로 스스로의 입으로 자신이 하느님의 아들이라는 것을 알려 주고 있다(루카 2,41-52).

예수는 성령의 힘으로 마리아에게서 탄생하였지만 '이는 내 아들이다'라고 법적으로 인정한 요셉의 아들이다. 예수는 아버지 요셉의 목수 일을 도우면서 당시 유다인들의 생활, 즉 매주 안식일에 회당에 모여 율법서를 읽는 등 공동체 생활에 참석하였을 것이다.

열두 살이라는 어린 나이이지만 예수는 회당에서 익힌 율법서의 지식과 성령의 힘으로 아버지의 집인 성전에서 율법에 해박한 율법 학자들과 토론할 수 있었다. 예수의 이러한 청년기 생활은 티베리우스 치세 제십오년에 공생활을 시작하기 전까지 계속되었을 것이다.

붓다의 출가

출가를 결심한 싯다르타 태자는 가벼운 마음으로 돌아왔다. 도중에 그는 아들의 출생 소식을 듣고 "라훌라가 생겼구나!"라고 하였다. 라훌라는 '장애'라는 뜻이다. 출가를 결심한 터에 아들이 생겼으니 장애물이 생겼다고 한 것일까.

싯다르타 태자는 출가 결심을 하자 마부 찬다카만 데리고 애마 칸타카를 타고 아무도 모르게 왕궁을 나섰다. 갓 태어난 아기도 보지 않고, 아기와 함께 있을 야소다라 비, 자신을 친자식처럼 키워준 양어머니 마하파자파티와 아버지 슈도다나 왕에게 마지막 작별 인사도 하지 않았다.

왕궁을 멀리 벗어난 싯다르타는 가진 것을 모두 걷어 찬다카에게 주며 양어머니와 야소다라 비에게 주라고 하였다. 그리고는 가지고 있던 칼로 머리카락을 잘랐다.

때마침 지나가는 한 사냥꾼을 만났는데 그 사냥꾼은 출가 수행자들이 입는 가사를 걸치고 있었다. 싯다르타는 몹시 기뻐하며 그 사냥꾼에게 자신의 옷을 벗어 주고 가사와 바꿔 입었다.

그리고는 찬다카를 왕궁으로 돌려보냈다. 싯다르타의 애마 칸타카와 함께 돌아온 마부 찬다카가 싯다르타의 출가 소식을 전하자 왕궁에서는 큰 슬픔과 함께 소동이 일어났다. 사랑하는 아들을 잃게 된 왕과 양어머니, 사랑하는 남편을 출가자로 떠나보낸 야소다라 비와 아내들의 슬픔은 이루 말할 수 없었다. 그러나 한참을 비통해하던 슈도다나 왕은 진정을 하고 아들의 안위를 걱정하여 신들에게 빌었다.

싯다르타 태자는 마침내 진리를 찾아 해탈하기 위한 출가 수행자의 길로 들어섰다. 태자의 지위를 버리고 수행자의 길로 들어섰으니 이제 싯다르타는 태자가 아니라 출가 수행자이다. 이때 싯다르타의 나이 스물아홉 살이었다.

당시의 수행자들은 집은 물론이고 일정한 거처도 없었다. 옷은 가사

뿐이었고 가진 것이라고는 걸식을 하기 위한 발우뿐이었다. 나무 그늘에 앉아 명상을 하거나 깨달음을 얻기 위해 극심한 고행으로 자신의 몸을 괴롭혔다. 몸을 괴롭힘으로써 그에 대한 보답으로 다음 생에는 좋은 세상에 태어난다는 믿음을 가졌던 것이다.

식사는 하루에 한 끼로 족했다. 공양 때가 되면 발우를 들고 마을을 돌며 걸식을 하였다. 사람들에게서 공양을 받으면 진리의 말을 들려주곤 하였으므로 이들 출가 수행자들은 당시 사람들로부터 존경을 받고 있었다. 당시의 인도에는 이런 수행자들이 많았다.

싯다르타 시대에는 출가 수행자들을 슈라마나, 즉 사문(沙門)이라 불렀는데, 크샤트리아 출신 사문들이 많았다. 그러나 출가 수행자는 신분에 관계없이 누구나 사문이 될 수 있었다. 브라만 계급은 원래 사제 계급이지만 브라만 중에서도 출가하여 사문이 될 수 있었다. 싯다르타는 크샤트리아 출신 사문이다.

싯다르타는 의지할 스승을 찾아서 카필라국을 떠나 남쪽의 바이샬리로 갔다. 당시 바이샬리는 16대국 중의 하나로서 밧지족 중의 리차비인이 세운 밧지국의 수도였는데 많은 수행자들이 모여 도를 닦는 종교 활동의 중심지였다.

붓다는 당시 명성을 떨치던 아라다 카라마에게서 수행을 하고 싶어 그를 찾아갔다.[15] 당시 백스무 살인 그는 열여섯 살에 출가한 후 백사 년 동안 수행을 하며 삼백여 명의 제자들을 거느리고 있었다. 아라다 선인 밑에서 싯다르타는 '무소유처'의 선정을 배웠다. 싯다르타는 열심히 수행하고 선정에 들어 곧 무소유처의 삼매에 들 수 있었다.

여기서 말하는 무소유처(無所有處)는 '가진 것이 없다'는 의미가 아니라 출가자들의 수행 방법인 선(禪) 수행을 통하여 다다를 수 있는 최고의 정신적인 세계 중 한 처(處)로서 외계의 일은 물론 자기 마음의 움직임까지도 완전히 초월해 무념무상의 평온한 상태에 이르는 것을 의미한다.

고대 인도의 정신적 우주론은 붓다의 지위에 도달하지 못한 사람이 거주하는 세계인 욕계, 색계, 무색계의 삼계(三界)로 이루어져 있었다. 고다마 싯다르타가 태어나자마자 외쳤다는 '삼계개고 아당안지'의 삼계가 바로 이 삼계이다.

무색계는 욕계, 색계보다 상위의 세계로, 선 수행을 통하여 욕망이나 물질적 제약에서는 어느 정도 벗어났지만, 윤회의 세계를 완전히 벗어나지 못한 중생들이 살아가는 높은 정신적 세계를 의미한다. 무색계는 다시 공무변처천, 식무변처천, 무소유처천, 비상비비상처천 등 네 단계로 나뉘는데 무소유처천은 비상비비상처천 다음으로 높은 경지를 말한다. 후에 불교에서는 고대 인도의 이 정신적 우주론을 받아들여 불교의 우주론으로 발전시켰다.

아라다 선인 밑에서 싯다르타는 무소유처의 경지에 이를 수 있었으나, 그의 목표는 인간의 고통을 끊는 최고의 깨달음을 얻어 열반에 드는 것이었으므로 이에 만족할 수가 없었다. 싯다르타는 다른 스승을 찾아 당시 16대국 중에서도 강대국인 마가다국으로 들어갔다.

그곳에서 그는 우드라카 라마푸트라라는 선인을 만났다. 그 선인은 싯다르타에게 '비상비비상처'라는 선정법을 가르쳐 주었다. 싯다르타는 열심히 선정에 들어 곧 비상비비상처에 도달하였다. 비상비비상처(非想非非想處)란 무소유처보다 상위의 개념이다. 무색계 최고의 경지로서 번뇌를 떠났으므로 비상(非想)이라 하지만 완전히 떠나지는 못했으므로 비비상(非非想)이라고도 이르는 곳이다.

즉 일상적인 사고를 모두 초월해 오로지 순수한 사상만 남은 상태로서 붓다가 되기 전 인간이 도달할 수 있는 최고선의 경지인데 그 이상은 스승인 우드라카도 모르겠다고 하였다. 이제 더 이상의 스승을 찾을 수 없으니 진리에 도달하는 방법을 싯다르타는 자신의 힘으로 찾을 수밖에 없었다.

싯다르타는 우드라카 선인을 떠나 나이란자나강 가까이에 있는 가야산으로 갔다. 그곳에서 그는 인간으로서 할 수 있는 가장 모진 수행을 시작하였다. 극도의 단식도 시행하여 식사량을 점차 줄이다가 나중에는 하루에 보리 한 알만 먹기도 하였다. 이는 사실 먹는 것이 아니라 완전한 단식과 같다. 이제 고행을 통한 수행이 아니라 생과 사의 문제가 되었다. 이와 같은 갖은 수행을 한 지 6년이 지났다.

그러나 최고의 극한까지 몰고 갔던 육체의 고행으로도 최고의 진리에 도달할 수 없음을 깨달았다. 그는 육체를 괴롭힘으로써가 아니라 오히려 육체를 잘 활용함으로써 인간의 고뇌를 해결할 수 있는 최고의 진리에 도달할 수 있다는 것을 알게 되었다.

생각이 이에 미치자 싯다르타는 몸을 추스르기 시작했다. 목욕으로 몸을 깨끗이 하고 마을로 내려갔다. 그 마을에 사는 장군의 딸 수자타는 출가 수행자들을 위해 늘 공양을 바치는 신심이 두터운 사람이었다. 그는 걸식을 위해 내려오는 싯다르타를 발견하고는 우유를 넣고 끓인 죽을 그에게 공양하였다. 이 우유죽을 먹은 싯다르타는 기운을 차리고 마지막 깨달음의 길로 들어섰다.

싯다르타가 비상비비상처의 선정을 얻고 더 큰 깨달음을 찾아 우드라카를 떠날 때, 그를 따라간 다섯 명의 수행자들이 있었다. 이들 다섯 비구들은 싯다르타보다 먼저 우드라카의 제자로 들어가 수행하고 있었으나 아직 비상비비상처에 이르지 못하고 있었다.

그런데 자신들보다 나중에 온 싯다르타가 먼저 스승과 동일한 경지에 도달하여 더 큰 깨달음을 얻기 위해 떠나가자 이들 다섯 비구는 싯다르타와 함께 수행하기 위해 그를 따라갔다. 그러나 함께 수행하던 도중 싯다르타가 수행을 그만두고 수자타의 공양을 받는 것을 보고는 크게 실망하여 싯다르타를 떠나 바라나시의 녹야원으로 갔다. 그곳에서 자신들의 수행을 계속하기 위함이었다.

예수의 공생활 준비

성경에는 열두 살 되던 해에 예루살렘에 다녀온 이후 세상에 자신을 드러낼 때까지 예수의 행적은 기록되어 있지 않다. 예수는 자신보다 서너 달 앞서 태어난 세례자 요한으로부터 세례를 받음으로써 세상에 자신을 드러냈다. 이때가 서른 살쯤 되었을 때이니 붓다가 출가할 당시의 붓다 나이와 비슷하다.

세례자 요한은 아들을 못 낳는 엘리사벳에게서 성령의 힘으로 태어났다. 하느님의 말씀을 믿지 않은 벌로 벙어리가 되었던 요한의 아버지 즈카르야는 벌이 풀려 말을 할 수 있게 되자 요한의 탄생을 노래하였다.

"아기야, 너는 지극히 높으신 분의 예언자라 불리고 주님을 앞서 가서 그분의 길을 준비하리니 죄를 용서받아 구원됨을 주님의 백성에게 깨우쳐 주려는 것이다."(루카 1,76-77)

이처럼 성령의 힘으로 요한은 예수보다 먼저 와서 백성이 주님을 맞이할 준비를 갖추게 하고 있었다. 그는 광야에서 생활하며 요르단의 모든 지방을 다니며 하늘 나라가 가까이 왔으니 회개하라고 외치고 있었다.

"회개하여라. 하늘 나라가 가까이 왔다."(마태 3.2)

이때가 바로 '티베리우스 황제의 치세 제십오년'으로 기원후 27년이다. 앞에서 본 바와 같이 당시 유다는 기원전 4년에 대 헤로데 대왕이 죽은 이후 세 지역으로 나뉘어 통치되고 있었다.

헤로데 안티파스는 기원전 4년부터 기원후 39년까지 갈릴래아를 다스렸고, 필리포스는 기원전 4년부터 기원후 34년까지 이투래아를 다스렸다. 아르켈라오스도 기원전 4년부터 유다를 통치하였는데, 그는 성격이 매우 포악하여 이에 반기를 든 유다인들이 폭동을 일으키자 아르켈라오스는 이들을 몰살시켰다.

로마는 이 사건으로 기원후 6년에 아르켈라오스를 폐하고 유다 지역을 직할로 다스리면서 총독을 파견하여 다스렸다. 성경에 나오는 본시오 빌라도 유다 총독은 제5대 총독으로서 기원후 26년부터 36년까지 통치했다. 그리고 한나스와 카야파가 대사제로 있을 때였다.

카야파는 기원후 16년에서 36년까지 대사제로 봉직했다. 카야파의 장인인 한나스는 기원후 15년에 카야파에게 대사제직을 물려주고 퇴임하였지만 당시에도 상당한 영향력을 행사하였다. 따라서 세례자 요한과 예수 시절 그 지방을 다스리던 사람들은 유다 총독 빌라도, 갈릴래아 영주 헤로데 안티파스, 이투래아 영주 헤로데 필리포스, 대사제 카야파와 그의 전임 대사제였던 한나스 등이었다(루카 3.1-2).

세례자 요한은 낙타 털로 된 옷을 입고 허리에 가죽띠를 둘렀다. 그의 음식은 메뚜기와 들꿀이었다. 예루살렘과 유다와 요르단 부근의 많은 사람이 그에게 나아가 죄를 고백하며 요르단 강가에서 세례를 받았다. 그들 중에는 세리들도 있었고 군사들도 있었다. 바리사이와 사두가이들도 요한에게 세례를 받으러 왔다. 요한은 그들을 보고 신랄하게 꾸짖는다.

"독사의 자식들아, 다가오는 진노를 피하라고 누가 너희에게 알려주더냐?"(마태 3,7)

당시 유다에는 바리사이파, 사두가이파, 에세네파 및 열혈당파 등 여러 종파가 있었다. 바리사이는 철저한 율법주의자들로 알려져 있으나 성경에서는 위선적이며 거드름을 피우고 탐욕적이며 인사받기를 좋아하는 등 부정적으로 표현된다.

사두가이는 중산층 바리사이와는 반대로 선교 활동보다는 제의(祭儀)에만 관심을 가지고 있었다. 모세 오경만을 중시하였고 죽은 자의 부활, 영혼과 천사들의 존재 등은 부정하였다.

요한은 계속해서 자신의 뒤에 오시는 분을 소개한다. "나는 너희를 회개시키려고 물로 세례를 준다. 그러나 내 뒤에 오시는 분은 나보다 더 큰 능력을 지니신 분이시다. 나는 그분의 신발을 들고 다닐 자격조차 없다."(마태 3,11)

예수도 당시의 많은 사람들처럼 세례를 받기 위해 요한을 찾아갔다. 그 모습을 보고 세례자 요한이 말하였다. "보라, 세상의 죄를 없애시는 하느님의 어린양이시다. 내가 와서 물로 세례를 준 것은 저분께서 이스라엘에 알려지시게 하려는 것이었다."(요한 1,29-31)

그러면서 요한은 자신이 예수에게서 세례를 받아야 할 터인데 예수가 오히려 자신에게서 세례를 받으려 하는 것을 말렸다. 그러나 예수는 요한으로 하여금 그대로 하게 했다. "지금은 이대로 하십시오. 우리는 이렇게 해서 마땅히 모든 의로움을 이루어야 합니다." 그제야 요한이 예수의 뜻을 받아들이고 물로 세례를 주었다(마태 3,13-15).

성경에서 회개한다는 것은 삶의 방향을 바꾸는 것을 의미한다. 즉 하느님에게 돌아가는 것을 말한다. 그러므로 세례 의식은 지금까지의 삶에서 방향을 바꾸어 하느님에게로 돌아가겠다는 의지의 표현이다. 사람들을 구원하려고 인간의 모습으로 내려온 하느님의 아들인 예수에게는 세례 의식이 필요 없었다. 그래서 요한은 예수의 세례를 말렸던 것이다.

그러나 예수는 지금은 이대로 하라며 요한으로부터 세례를 받았다. 하느님의 아들인 예수는 '지금'은 '사람의 아들'이기 때문이다. 예수는 세례를 주는 요한과 세례를 받으려는 자신을 일컬어 '우리'라고 했다. '우리'는 하느님의 뜻인 '의로움'을 이루어야 하는 공동 목표를 가지고 있다는 사실을 공유하고 있다는 의미이다. 요한은 예수가 자신의 뒤에 와서 세상을 구원한다는 것을 알고 있었고 예수도 요한이 자신보다 앞서 와서 자신의 길을 미리 닦고 있다는 것을 알고 있었다. '의로움'은 세상을 구원한다는 하느님의 뜻이다.

예수가 세례를 받고 물에서 올라오자 하늘이 열리고 하느님의 영이 비둘기처럼 예수 위로 내려왔다. 그리고 하늘에서 소리가 들려왔다. "이는 내가 사랑하는 아들, 내 마음에 드는 아들이다."(마태 3,17)

요한이 예수에게 세례를 베푼 것은 '저분께서 이스라엘에 알려지게 하려는 것'이었으며, 예수가 세례를 받은 것은 '이제로부터 새로운 삶을 시작하려는 것'이었다. 예수는 이렇게 하느님의 아들로서 세상에 자신의 존재를 드러내었다.

3. 세상에 나서다

마왕의 붓다 유혹[16]

싯다르타는 깨달음을 얻기 위한 마지막 선정처를 찾아갔다. 그곳은 보드가야 근교의 우루빌바 마을 비탈진 언덕의 나무 아래였다. 아슈밧타 또는 핍팔라고 불리는 그 나무 아래에서 싯다르타가 깨달음을 얻고 열반에 들었으므로 후에 그 나무는 보리수(菩提樹), 즉 깨달음의 나무로 불린다. 싯다르타는 그곳에 결가부좌를 틀고 선정에 들어갔다.

그때 싯다르타는 욕계의 최고 우두머리인 마왕 마라 파피야스 모르게 깨달음을 얻고 붓다가 되면 떳떳하지 못하다는 생각이 들었다. 욕계의 우두머리인 마왕을 굴복시킴으로써 욕계의 모든 신도 떳떳하게 가르칠 수 있겠다는 생각이 들자 싯다르타는 마왕인 마라 파피야스와 대결하기로 결심했다.

마라 파피야스라는 이름은 '그 이상 없이 나쁜 놈'이라는 뜻이다. 이와 같은 악질 마왕이 욕계 최고인 타화자재천의 왕이 된 이유는 전생에 단 한 번 보시한 공덕 때문이다.

고대 인도의 정신적 우주론인 삼계(三界), 즉 욕계, 색계, 무색계 중에서 욕계(欲界)는 아직 깨달음을 얻지 못한 중생들이 사는 곳이다. 중생들이 생전에 지은 업에 따라 윤회가 되풀이되는 곳으로서 지옥, 아귀, 축생, 아수라, 인간, 천계를 말한다.

이중 천계는 다시 야마천, 도솔천, 화락천, 타화자재천 등 네 단계로 나누어지며 마왕인 마야 파피야스는 네 단계 중 가장 높은 곳인 타화자재천의 왕이다.

싯다르타의 도전을 받은 마왕 마라 파피야스는 첫째 계략으로 자기 딸들을 보내 싯다르타를 유혹하게 했다. 마왕의 딸들이 선정 중에 있는 싯다르타에게 온갖 애교를 부리며 유혹하였으나 싯다르타는 다음과 같이 대답하며 마왕 딸들의 유혹을 간단히 물리쳤다. "육체의 쾌락에는 고뇌가 따른다. 나는 오래 전에 그러한 고뇌를 초월했다."

첫 번째 계략에 실패한 마왕은 두 번째 계략으로 온갖 괴물들로 하여금 싯다르타를 공격하게 했다. 괴물들은 무수히 싯다르타를 괴롭히고 공격하였으나 그는 자비심으로 가득 차 조금의 적대감도 없이 도무지 반응이 없었다.

두 번째 계략도 실패하자 마왕은 세 번째 계략으로 직접 싯다르타를 유혹했다. "붓다가 된다거나 해탈하겠다는 것은 도무지 이루어질 수가 없소. 차라리 이 세상의 지배자로서 황제가 되는 것이 어떻겠소?"

그러자 싯다르타는 마왕을 물리치기 위해 오른손을 뻗어 집게손가락 끝을 땅에 대어 대지의 신을 불러냈다. 대지의 신은 싯다르타의 공덕을 증거하고 마왕을 크게 꾸짖어 쫓았다. 싯다르타의 이 손 모양은 후에 항마촉지인(降魔觸地印)으로 알려졌는데, '마왕을 항복시키기 위해 땅에 댄 손가락'이라는 뜻이다. 보살은 이렇게 하여 마왕의 유혹을 물리치고 깨달음을 향한 마지막 선정에 들 수 있었다.

사탄의 예수 유혹

예수는 요한에게서 세례를 받은 이후 성령의 인도로 광야에 나가 40일 동안 단식 기도를 했다. 이 40일의 기간은 앞으로 닥쳐올 자신의 삶에 대한 준비 기간이었다. 그러나 성경에서는 예수가 광야에서 단식 기도하며 보낸 40일 동안에 일어난 일에 대해서는 언급이 없다. 다만, 40일간의 단식 기도 후 예수가 몹시 시장했을 때 사탄의 예수 유혹 이야기를 전하고 있다.

사탄이 나타난 것은 예수를 유혹하여 하느님의 구원 사업을 시작하려는 그를 파멸시키려는 것이었다. 원래 천사였던 사탄은 하느님의 벌을 받아 짐승의 모습으로 이 땅에 떨어졌다. 사탄은 끊임없이 하늘 나라에 오르려는 인간을 방해한다. 이 사탄이 이제는 예수를 방해하려 든다.

40일 동안의 단식 기도에 예수는 몹시 지치고 시장해 있었다. 그런 예수에게 사탄이 접근했다. "당신이 하느님의 아들이라면, 이 돌들에게 빵이 되라고 해보시오." 사탄은 첫 번째 유혹으로 40일 동안 단식한 예수에게 먹을 것을 제시하였다. 그러나 예수는 사탄의 유혹을 단호하게 물리쳤다. "사람은 빵만으로 살지 않고 하느님의 입에서 나오는 말씀으로 산다." 이 구절은 신명기 8장 3절을 인용한 것이다.

첫 번째 유혹에 실패한 사탄은 예수를 데리고 거룩한 도성으로 올라가 성전 꼭대기에 세운 다음 이렇게 말하였다. "당신이 하느님의 아들이라면 밑으로 몸을 던져 보시오. 성경에 이렇게 기록되어 있지 않소? '그분께서는 너를 위해 당신 천사들에게 명령하시리라.' '행여 네 발이 돌에 치일세라 그들이 손으로 너를 받쳐 주리라.'" 이는 구약 성경 시편 91편의 내용이다.

그러자 예수는 그에게 말했다. "성경에는 이렇게도 기록되어 있다. '주 너의 하느님을 시험하지 마라.'" 이는 신명기 6장 16절을 인용한 것이다. 사탄과 예수는 서로 성경 말씀을 인용하며 대결하였으나 사탄은 또 실패하였다.

세 번째로 사탄은 예수를 매우 높은 산으로 데리고 가서 세상의 모든 나라와 그 영광을 보여 주며 유혹했다. "당신이 땅에 엎드려 나에게 경배하면 저 모든 것을 당신에게 주겠소." 사탄은 세상의 '저 모든 것'을 자신의 방식대로 유혹하고 악하게 되도록 다스리고 있었는데 자신에게 경배하면 예수에게 자신의 권한을 다 주겠다는 의미이다. 경배한다는 것은 단순히 절만 하는 것이 아니라 그 명령에 절대 복종한다는 것을 의미한다.

그러자 예수가 그에게 말했다. "사탄아, 물러가라. 성경에 기록되어 있다. '주 너의 하느님을 경배하고 그분만을 섬겨라.'" 이는 신명기 6장 13절을 인용한 것이다. 그러자 악마는 예수를 떠나가고 천사들이 다가와 예수의 시중을 들었다(마태 4,1-11, 루카 4,1-13).

붓다의 깨달음[17]

수행자 싯다르타는 보리수 아래에서 네 단계의 깊은 선정에 들어갔다. 이 네 단계의 선정은 당시 다른 수행자들도 알고 있었던 선정의 단계였다. 선정(禪定)은 속정을 끊고 마음을 가라앉혀 삼매경에 이르는 것으로, 잠들지 않고 눈을 뜬 채 정신을 통일해 바깥 세계를 전혀 느끼지 않는 것이다.

제1선정에서는 욕망과 악은 떠났지만 마음속에는 아직 잡념이 남아 있는 상태로 초월의 경지에 이르렀다. 제2선정에서는 남아 있던 잡념까지도 가라앉혀 고요한 마음의 통일을 이루어 정신 집중의 삼매에 이르렀다. 제3선정에서는 앞에서 체험한 삼매의 기쁨도 초월하여 진리를 바르게 아는 정념정지(正念正知)의 경지에 이르렀다. 제4선정에서는 즐거움과 괴로움도 없고 근심과 기쁨도 없는 최고의 진리에 도달하였다.

제4선정에 이른 싯다르타는 초저녁에 천안통을 얻었다. 천안통(天眼通)이란 하늘의 눈을 얻어 자신은 물론 다른 사람의 미래도 볼 수 있는 능력이다. 그리고 한밤중에는 숙명통을 얻었다. 숙명통(宿命通)이란 자신과 모든 중생의 과거의 삶을 낱낱이 기억할 수 있는 능력을 말한다.

싯다르타는 천안통과 숙명통을 얻게 되자 자신을 포함한 모든 중생의 윤회를 모두 분명하게 파악하게 되었다. 모든 중생은 태어나고 죽고 다시 태어나고 죽기를 반복한다. 태자 시절 싯다르타는 모든 중생의 노·병·사, 즉 늙고 병들고 죽는 고통을 보고 괴로워했다.

싯다르타는 이 노·병·사 괴로움의 원인을 찾아 그 원인을 끊고 해탈의 길을 찾고자 출가를 결심하고 실천에 옮겼다. 천안통과 숙명통을 얻은 싯다르타는 마침내 노·병·사 고통의 원인을 깨달았다.

노·병·사 고통의 원인은 바로 태어남에 있었다. 이 태어남을 끊으면 모든 중생은 해탈에 들게 된다. 이 세상에 다시 태어나지 않으면, 즉 윤회를 끊으면 모든 중생의 노·병·사 고통도 끊어지고 괴로움도 없어진다.

싯다르타는 태어남의 고통을 끊기 위해 다시 더욱 깊은 선정에 들어갔다. 그리고 그날 새벽, 싯다르타는 마침내 누진통(漏盡通)을 얻었다. 누(漏)는 번뇌를 의미하고 진(盡)은 끊는다는 뜻이다. 따라서 누진통이란 모든 번뇌의 원인과 결과를 터득하고 통달하여 그 고통을 초월하는 해탈에 이르게 되는 지혜를 의미한다.

싯다르타는 이날 새벽, 보리수 아래에서 해탈을 하고 열반의 경지에 이르렀다. 이때의 경지를 붓다는 이렇게 표현했다. "나의 생은 이미 다하였고, 범행은 이미 섰으며, 할 일은 이미 마쳐 후세의 몸을 받지 않는다." 즉 '이것이 내 마지막 생애이고, 이 이상 다시 태어나는 일은 없을 것'이다.

붓다는 깨달음으로써 윤회를 완전히 끊었다. 이 깨달음의 진리가 십이연기법이고 사성제이고 팔정도이다. 이때 붓다의 나이 서른다섯이었다. 스물아홉 살에 출가, 수행의 길로 나선 이래 깨달음을 얻어 붓다가 되기까지 6년이 걸렸다.

예수의 단식 기도

예수는 요한으로부터 세례를 받은 후 40일 동안 광야에서 기도하였다. 예수는 하느님의 아들로서 인간을 구원하기 위해 이 세상에 왔으므로 자신에게 다가올 죽음을 이미 알고 있었다. 예수는 앞으로 헤쳐 나가야 할 힘들고 험한 구원 생활의 첫발을 내딛기에 앞서 마음의 준비가 필요했다. 40일 간의 단식 기도는 그 준비 과정이었다. 황량한 광야에서 아무것도 먹지 않고 고독과 싸우며 인류를 구원해 낼 힘과 용기를 하느님께 간절히 기도했다.

예수는 자라면서 유다의 관습대로 안식일을 지키고 율법을 익혔다. 돈을 좋아하고 다른 사람에게 존경받기를 좋아하고 잔칫상에서는 윗자리에 앉기 좋아하고 사람들에게서 인사받기를 좋아하고 드러내놓고 크게 기도하기를 좋아하는 바리사이들과 율법 학자들의 타락한 생활도 보았다.

그리고 병마와 가난에 시달리고 권력 있는 사람들에게 시달리면서도 끊임없이 기도하며 하느님의 뜻을 따르는 착한 사람들도 보았다. 하느님의 뜻을 따라 유다인들보다 더 착하게 사는 이방인들도 보았다.

이들 중 누가 과연 구원이 필요한 사람들일까? 이들을 어떻게 구원하여야 할까? 이제 예수는 이 사람들에게 하느님의 말씀을 전하여 이들을 구원의 길로 이끌어야 한다. 이방인들을 포함한 모든 인류가 구원의 대상이다. 하느님의 아들이자 사람의 아들인 예수는 그 길을 가기 위한 마지막 준비로서 40일 동안 단식 기도를 했다.

구약에는 40이라는 숫자가 자주 등장한다. 노아 시대에는 40일 동안 내린 비로 큰 홍수가 나서 타락한 백성들이 다 죽었다. 유다 민족을 이집트로부터 구해낸 모세는 하느님의 계시를 받기 위해 40일 동안 시나이산에서 기도했다. 그를 따라 이집트를 탈출한 유다 민족은 하느님이 그들에게 약속한 '젖과 꿀이 흐르는' 땅에 도착하기 전에 40년 동안 광야를 헤맸다. 다윗이 이스라엘을 통치한 기간도 40년이다. 다윗의 아들 솔로몬도 예루살렘에서 이스라엘을 40년 동안 통치하였다.

고대 근동에서 4는 동서남북을 가리키는 완전 숫자였다. 10 또한 9가 채워졌기에 완전 숫자였다.

구약 성경에 등장하는 40이란 숫자는 이렇듯 완전과 완벽의 의미를 담고 있다. 예수도 구약의 전통을 이어 40일 동안 단식 기도를 하였다. 인류를 구원하기 위한 완전하고 완벽한 공생활의 준비를 의미한다.

세상에 나서기 전 붓다는 완전한 해탈을 얻었고 예수는 40일 동안의 단식 기도로 완벽한 준비를 마쳤다. 이제 붓다와 예수는 세상의 모든 중생과 인류를 구원하기 위한 길로 나선다.

붓다의 첫 설법[18]

깨달음을 얻은 붓다는 처음에는 자신의 깨달음을 사람들에게 깨우쳐 주기를 주저하였다. 붓다가 6년 동안의 수행 끝에 어렵게 깨달은 진리는 진리 그 자체도 역시 어려운데, 문제는 이 깨달음의 진리를 듣는 사람들이 제대로 깨닫게 될까 하는 것이었다. 가령 낮은 경지에 있는 사람들은 진리를 들어도 깨달음을 얻기가 어려울 것이고 높은 경지에 있는 사람들은 진리를 듣지 않더라도 언젠가는 깨달음을 얻을 것이다.

이런 두 부류의 사람들에게는 진리를 설하지 않아도 된다. 그러나 중간 부류의 사람들은 진리를 듣지 못하면 깨달음에 도달하기 어렵지만 진리를 들으면 깨달음에 다다를 수 있다.

이런 세 가지 부류의 사람들을 연꽃에 비유한 설화가 전해지고 있다. 연꽃이 물 위로 솟아 피어 있으면 더 이상 손을 댈 필요가 없다. 연꽃이 물 위로 올라오지 못하고 물 아래에 있으면 이 또한 손을 댈 필요가 없다. 그러나 수면에 걸쳐 있는 연꽃은 잘 보살펴 주면 물 위로 올라올 수 있다.

이 중간 부류에 속하는 사람들이 양극단에 속하는 사람들보다 훨씬 더 많다. 오랫동안 생각한 붓다는 중생들을 위해 설법을 결심하였다. 그런데 누구에게 먼저 이 진리를 전해 줄 것인가? 수행 시절 붓다가 스승으로 모셨던 아라다와 우드라카는 이미 세상을 떠났으므로 붓다는 함께 수행하던 다섯 비구를 생각해냈다.

다섯 비구의 이름은 콘단야, 아슈바짓, 밧디야, 바파, 마하나만으로 알려져 있다. 그들은 붓다가 두 번째 스승인 우드라카를 떠날 때 붓다를 따라왔다. 그러나 모진 고행만으로는 깨달음을 이룰 수 없음을 깨달은 붓다가 고행하기를 멈추자 크게 실망하여 자기들끼리 바라나시의 녹야원으로 가서 수행을 계속하고 있었다.

이제 깨달음을 얻은 붓다가 그들에게 그 깨달음을 전해 주고자 다가가자 다섯 비구들은 처음에는 냉정하게 대하였다. 그러나 이전과는 완전히 달라진 모습의 붓다를 보고 그들 스스로 경외심을 갖게 되면서 붓다의 설법을 받아들였다. 붓다의 이 첫 번째 설법을 초전법륜(初轉法輪)이라고 하는데, 진리의 바퀴를 처음으로 굴린 것이다.

다섯 비구를 위한 이 첫 설법에서 붓다는 사성제와 중도에 대해서 설하였다. 사성제(四聖諦)란 세상은 온갖 고통(苦)으로 가득 차 있는데 이 고통의 원인은 집착(集)이며, 이 고통에서 벗어나 해탈을 얻기 위해서는 고통을 없애야(滅) 한다. 이 고통을 없애는 길(道)이 중도라는 것이다.

중도(中道)란 양극단의 길이나 가운데 길이라는 의미가 아니라 진리를 얻기 위한 바른길이라는 뜻이다. 양극단의 길이란, 하나는 세상의 온갖 쾌락과 즐거움을 찾아 누리며 즐기는 길이고 또 다른 하나는 세상의 온갖 쾌락과 즐거움을 완전히 끊고 몸을 최대한 괴롭히는 수행의 길을 말한다.

붓다는 두 길을 다 걸었다. 카필라국의 태자로서 상상하기 힘들 정도로 세상의 온갖 쾌락을 누렸다. 출가 후에는 아라다와 우드라카 선인의 제자로 무소유처와 비상비비상처에 이르는 선정의 경지에 이르렀고 더 높은 경지에 도달하기 위해 죽기 직전까지 이르는 극심한 고행도 하였다. 그러나 붓다가 깨달은 것은 그와 같은 양극단의 길로서는 진리에 도달할 수 없다는 것이었다. 그래서 중도를 택했다.

붓다는 중도로서 여덟 가지 바른길을 다섯 비구에게 설했다. 정견(正見) 정사(正思) 정어(正語) 정업(正業) 정명(正命) 정정진(正精進) 정념(正念) 정정(正定)이다. 이 중도는 사성제의 도성제에 해당한다.

붓다의 첫 설법을 들은 다섯 비구 중 콘단야가 제일 먼저 깨달음을 얻었고 이어서 나머지 네 사람도 아라한이 되었다. 그러자 붓다는 자신을 포함하여 "이제 아라한은 모두 여섯 명이다"라고 하며 크게 기뻐했다고 한다. 아라한(阿羅漢)이란 수행으로 깨달음을 얻은 최고의 경지를 말하는데 이런 최고의 경지에는 단번에 다다르기도 하지만 보통 4향4과라고 하는 여덟 단계를 거쳐야 한다.

즉 예류(預流), 일래(一來), 불환(不還), 아라한(阿羅漢) 등 네 단계를 다시 각각 향(向)과 과(果)의 둘로 나누어 예류향, 예류과, 일래향, 일래과, 불환향, 불환과, 아라한향, 아라한과의 여덟 단계로 나눈 것이다.

예류향이란 깨달음에 이르는 길을 물의 흐름에 비유하여 깨달음에 이르는 길에 합류한 상태를 의미하며 예류과란 깨달음의 길에 대한 확신이 생긴 것을 의미한다. 일래향이란 깨달음을 일부 얻기는 하였으나 세상에 태어나는 윤회를 아직 한 번 더 하여야 하는 단계이며 일래과란 세상에 한 번 더 다녀오는 것을 마친 상태이다.

불환향이란 깨달음이 좀 더 깊어서 세상에 다시 태어나지 않아도 되는 상태에 들어섰음을 의미하며 불환과란 윤회를 끊어서 세상에 다시 태어나지 않는 상태에 도달했다는 뜻이다. 아라한향이란 아라한을 향한 길에 들어섰음을 의미하며 아라한과란 아라한의 경지에 이른 상태, 즉 더 이상 배울 것이 없고 번뇌를 끊고 해탈하여 열반에 이른 상태를 의미한다.

예수의 첫 전도

　40일 간의 단식 기도 후 예수는 세상에 자신을 드러낼 완벽한 준비를 마쳤다. 그러나 아직 때가 오지 않았다.
　그때 예수는 카나의 한 혼인 잔치에 초대되었는데 어머니 마리아도 참석하였다. 잔치가 한창 진행 중일 때 포도주가 떨어지자 마리아가 "포도주가 없구나" 하자 예수가 대답하였다. "여인이시여, 저에게 무엇을 바라십니까? 아직 저의 때가 오지 않았습니다."(요한 2,4)
　하지만 예수는 어머니 마리아의 부탁대로 여섯 물동이의 물을 모두 포도주로 변화시키는 기적을 행함으로써 자신의 영광을 드러내었다. 이것은 예수의 첫 기적이었다.
　예수는 이어 본격적인 전도 활동을 하기 전 카나에서 두 번째 기적을 일으켰다. 카파르나움에서 앓아 누워 있던 왕실 관리의 아들을 죽기 전에 살렸다. 이교도인 왕실 관리의 믿음을 보았던 것이다.
　예수는 '요한이 잡힌 뒤에' 갈릴래아에서 그의 첫 전도를 하였다. 즉 세례자 요한이 헤로데에게 붙잡혀 투옥됨으로써 그가 더 이상 하늘 나라를 선포할 수가 없게 될 때까지 기다린 것이다. 헤로데는 갈릴래아의 영주 헤로데 안티파스이다. 그는 이복 동생의 아내이자 자신의 조카이기도 한 헤로디아와 재혼하였다. 이 부당한 결혼을 세례자 요한이 비판하자 헤로데는 그를 투옥시켰고, 나중에는 살해하게 된다. 요한은 자신의 말대로 예수보다 앞에 와서 예수의 길을 닦음으로써 자신의 일을 다 마쳤다.
　드디어 때가 왔다. 갈릴래아에서 예수가 외쳤다. "때가 차서 하느님의 나라가 가까이 왔다. 회개하고 복음을 믿어라."(마르 1,15) 이 두 문장을 통하여 예수는 자신이 이 세상에 온 목적을 확실히 밝혔다. 이것은 예수가 공생활 3년 동안 펼친 설교의 기본 주제로, 핵심 키워드는 때, 하느님의 나라, 회개, 복음 등 네 가지이다.

'때가 찼다'는 것은 하느님의 약속을 이루기 위하여 하느님이 정한 시간이 되었다는 것이다.[19] 하느님의 약속이란 하늘과 땅에 하느님의 나라가 도래할 것이니 인간을 구원하기 위한 구원자를 보내겠다는 약속이다. 이제 하느님이 약속한 때가 되어 구원자인 예수가 이 세상에 자신을 드러내고 전도하기 시작하였다.

복음서에는 '하느님의 나라' 또는 '하늘 나라' 두 가지 표현이 나타나는데 이는 같은 뜻이다. 하느님을 직접 언급하기를 삼가는 당시 유다인들의 관습에 따라 마태오는 '하느님의 나라' 대신에 '하늘 나라'라고 언급하였다.[20] 그러면 같은 의미를 가지는 하느님의 나라, 또는 하늘 나라는 어떤 나라인가? 하느님의 나라는 사탄의 나라와 대비할 수 있다. 따라서 하느님의 나라는 선의 나라이며, 진실과 사랑, 겸손의 나라이다. 숭고하고 높은 가치를 지닌 높은 곳의 나라이다. 하늘 나라는 땅의 나라와 대비된다. 하늘 나라는 영혼과 정신의 나라, 순수의 나라, 무가치한 것을 아는 사람들이 갈구하는 가치 있는 나라이다.[21]

'회개'는 앞에서 말한 바와 같이 삶의 방향을 바꾸는 것, 즉 하느님께로 돌아가는 것을 의미하며, '복음'은 하느님의 말씀일 뿐만 아니라 예수 안에 살아 있는 하느님 그 자체를 가리키기도 한다. '복음'이라고 하면 성경의 4대 복음을 떠올리기 쉽지만, 예수가 첫 전도를 할 때는 4대 복음서가 없었으므로 예수가 말한 '복음'은 하느님의 복된 말씀을 의미한다.

제2부
불교와 가톨릭

1. 붓다의 깨달음
2. 예수의 가르침
3. 기적과 비유
4. 제자와 가족들
5. 붓다의 교화 45년
6. 예수의 공생활 3년
7. 닮은 부분
8. 다른 부분

1. 붓다의 깨달음

일체법

깨달음을 얻기 전 붓다의 최대 관심사는 인간의 고통에 집중되어 있었다. 어떻게 하면 인간의 고통인 윤회를 끊고 열반에 들 수 있을까?

모든 중생은 삼계육도를 윤회하는 삶을 살면서 태어나고(生) 늙어가고(老) 병들고(病) 죽는(死) 고통에 시달린다. 사랑하는 사람과 헤어짐도 고통(愛別離苦)이고 원망하고 미워하는 사람과 만나야 하는 것도 고통(怨憎會苦)이다. 구하는 것을 얻지 못하는 것도 고통(求不得苦)이고 인간의 구성 요소인 오온(五蘊), 즉 색(色) 수(受) 상(想) 행(行) 식(識)이 왕성하게 일어나는 것도 고통(五陰盛苦)이다. 오음과 오온은 같은 뜻이다.

모든 생명체는 오온, 즉 몸과 마음으로 이루어져 있다. 오온 중 색은 육체를 의미하며 수·상·행·식은 정신을 의미한다. 몸은 다시 지(地)·수(水)·화(火)·풍(風) 등 사대(四大)로 구성되는데 지는 태어나면서부터 받은 몸의 단단한 것들로 피부, 뼈, 내장, 근육, 손톱, 발톱, 머리카락 등이다. 이들은 죽으면 흙이 된다.

수는 피, 눈물, 땀, 뇌막 등 몸속의 습성(濕性)으로 죽으면 액체가 된다. 화는 몸속의 따뜻함, 즉 온기를 말하는 것으로 죽으면 열로 변한다. 풍은 숨 쉬는 것이나 하품하는 것 등 몸이 움직이는 것들을 말한다. 죽으면 바람이 된다.

몸에는 눈(眼)·귀(耳)·코(鼻)·혀(舌)·몸(身)·뜻(意) 등 여섯 개의 감각 기관이 있어 세상의 빛(色)·소리(聲)·향기(香)·맛(味)·접촉(觸)·인식(法) 등을 받아들이게 된다. 안·이·비·설·신·의를 육근(六根)이라 하고 색·성·향·미·촉·법을 육경(六境)이라고 한다. 육근과 육경은 수·상·행·식 등 인간의 정신세계를 구성한다. 수는 육근을 통해 얻는 느낌으로, 괴롭거나 즐거운 느낌, 괴롭지도 즐겁지도 않은 느낌 등이다. 상은 수로 받은 느낌을 이미 축적되어 있는 개념과 연관 지어서 개념화하는 것이다. 행은 느낌에 의해 개념화된 것을 형성하는 힘이다. 특히 마음의 의지 작용을 말한다. 식은 식별 작용, 즉 인식 판단의 의식 작용을 말한다.

그런데 늙고 병들고 죽는 고통은 어디에서 오는가? 태어남에서 오는 것이다. 인간이 태어나지 않으면 늙고 병들고 죽는 고통은 없다. 그렇다면 윤회하는 중생이 태어난다는 것은 무엇인가? 사람은 죽더라도 그가 생전에 쌓은 업(業)은 모여서 다시 태어나 다음 생을 살아간다는 것이다.

사람이 죽게 되면 사대인 지·수·화·풍은 흙·물·불·바람 등으로 흩어지고 수·상·행·식도 흩어져서 사람의 형체는 사라진다. 그러나 그가 생전에 지은 업은 사라지지 않고 오온이 다시 모여서 죽은 사람의 다음 생을 살게 된다. 즉 육도를 끊임없이 윤회하게 된다. 그러나 사람들은 자신의 전생을 전혀 기억하지 못한다.

붓다는 색과 수·상·행·식 등 오온을 깊이 관찰했다. 색은 무상(無常)하다. 수·상·행·식 또한 무상하다. 여기서 무상이란 인생무상(人生無常)에서와 같은 덧없다거나 허무하다는 것이 아니라 항상(恒常)한 것이 아닌, 변함이 없는 것이 아니고 언제나 변한다는 것이다. 즉 색도 무상하고 수·상·행·식도 항상 변한다. 이처럼 오온은 무상하다고 바르게 관찰하면 오온에 대한 애착이 없어지며 오온에 대한 애착이 없어지면 마음이 해탈하게 된다.

오온은 고정된 것이 아니고 변하기 때문에 괴로움이고 내가 없는 것이다. 즉, 존재하는 모든 색과 수·상·행·식 그 일체는 무상(無常)이고 고(苦)이며 무아(無我)이다. 오온은 내가 아니고 내 것도 아니며 나의 자아도 아니다. 그런데도 많은 사람은 오온이 나라고 생각하고 집착하게 되면서 모든 괴로움이 일어나게 된다.

그러므로 오온에 대한 집착을 끊으면 다시 태어남을 끊어 영원한 열반에 들게 된다. '나의 생은 이미 다하고, 범행은 이미 섰으며, 할 일은 이미 마쳐 후세의 몸을 받지 않는다'고 스스로 알게 된다.

정리하면, 일체(一切)란 모든 존재 현상을 말한다. 존재하는 모든 것은 색과 수·상·행·식 등 오온으로 구성되어 있다. 오온은 사람의 몸을 나타내는 색과 정신을 나타내는 수·상·행·식으로 구성된다. 우리 몸에는 안·이·비·설·신·의 등 여섯 개의 감각 기관이 있어 각각 색·성·향·미·촉·법으로 나타나는 외부 세계를 인식하고 이를 수·상·행·식에 전달하여 사람의 정신 세계를 나타낸다.

우리 몸에 있는 눈은 보이는 형상을 인연하여 안식(眼識)이 생긴다. 우리 몸에 있는 귀는 외부 세계의 소리와 인연하여 이식(耳識)이 생긴다. 코는 향기와 인연하여 비식(鼻識), 혀는 맛과 인연하여 설식(舌識), 몸은 촉감과 인연하여 신식(身識), 뜻은 인식과 인연하여 의식(意識)이 생긴다. 이를 육식(六識)이라고 한다.

이 육근과 육경을 합해 십이처(十二處)라 하며 육근, 육경, 육식을 합해 십팔계(十八界)라 한다. 이 오온과 육근, 육경, 십이처, 십팔계를 일체법(一切法)이라 한다.

붓다가 이렇게 일체를 오온, 십이처, 십팔계 등으로 나누어 생각한 것은 결국 이 세상 모든 것, 즉 일체 제법이 무상이고 고이며 무아임을 밝히기 위한 것이다.

삼법인

앞에서 언급한 바와 같이 색과 수·상·행·식 등 오온은 무상하다. 즉 항상 변한다. 항상 변하는 것은 실체가 없고 항상 변하기 때문에 괴로움이다. 그런데 오온은 사람에게만 적용되는 것이 아니라 존재하는 모든 것에 해당된다. 따라서 존재하는 모든 색과 수·상·행·식 그 일체는 무상하고, 무상한 것은 무아, 즉 실체적인 자아가 없으며 동시에 괴로움이다.

일체가 무상한 것, 즉 항상 변하는 것을 제행무상(諸行無常)이라고 한다. 이 세상의 모든 존재가 다 항상하지 않고 변한다는 것이다. 즉 우주 만물은 고정되어 불변하는 것이 없다는 뜻이다.

변하는 모든 것이 실체가 없다는 것을 제법무아(諸法無我)라고 한다. 오온으로 구성된 우주 만물은 있는 것이 아니고 실체가 없다는 것이다. '나'라는 존재를 구성하는 오온은 항상 변하기 때문에 '나'라는 존재는 실체가 없다. 괴로움만 실체가 없는 것이 아니라 괴롭다고 생각하는

'나'도 실체가 없다. 즉 무아이다.

　무상한 일체가 괴로움이라는 것을 일체개고(一切皆苦)라고 한다. 인간 존재 자체가 괴로움이라는 의미이다. 왜냐하면 모든 것은 변화하기 때문이다. 일체개고를 다시 세 가지로 분류하는데, 고고(苦苦)는 괴로움 자체의 고통, 행고(行苦)는 시간적으로 덧없이 변하는 데서 오는 고통, 그리고 괴고(壞苦)는 공간적으로 이루어진 것이 부서지는 데서 오는 공허감의 고통이다.

　제행무상, 제법무아, 일체개고를 삼법인(三法印)이라고 하는데 법인(法印)이란 법의 도장이라는 뜻이다. 법이란 물론 진리를 말하고 인장은 진리로써 인증하는 증표를 나타낸다. 이러한 일체법의 세 가지 특성이 삼법인이다.

십이연기법

　늙고 병들고 죽는 고통은 무엇으로 인하여 생기는가? 태어남이 있으므로 태어남을 인연하여 늙고 병들고 죽는 것이다.

　오온을 깊이 관찰한 붓다는 색과 수·상·행·식에 대해서 싫어하는 마음을 일으키고 탐욕을 소멸하여 완전히 없애면 어떤 번뇌도 일으키지 않아 해탈하게 된다고 했다. 그런데 노·병·사는 생을 인연으로 하여 일어난다. 그러면 생은 무엇을 인연하여 일어나는가?

　붓다는 보리수 아래에서 선정에 들었을 때 연기(緣起)에 대해서도 깊게 명상하고 마침내 윤회에서 벗어나 해탈하고 열반에 들었다. 연기는 인연(因緣)이라고도 한다. 우주의 삼라만상 모든 현상은 무수한 원인과 조건이 서로 관계해서 성립하는 것으로, 인연이 없으면 결과도 없다. 여기서 인(因)은 원인을 이루는 근본 동기이고 연(緣)은 원인을 도와 결과를 낳게 하는 작용이다. 붓다는 다음과 같은 네 구절의 시로 인연을 설명했다.

> 此有故彼有(차유고피유) 이것이 있으므로 저것이 있고
> 此生故彼生(차생고피생) 이것이 생기므로 저것이 생긴다
> 此無故彼無(차무고피무) 이것이 없으면 저것도 없고
> 此滅故彼滅(차멸고피멸) 이것이 멸하면 저것도 멸한다

이 세상의 모든 존재는 태어나서 늙고 병들었다가 죽는다. 그리고 윤회에 따라 또 태어나서 또 늙고 병들고 죽는다. 어떻게 하면 이 윤회의 고통을 끊을 수 있을까? 십이연기법은 다음과 같이 설명하고 있다.

노·병·사(老病死)는 생(生), 즉 태어남이 있기 때문이다. 태어남이 있으므로 사람의 삶에는 늙고 병들고 죽는 것이 필연적으로 따른다.
그러면 생은 무엇을 인연으로 하여 있는가?
생(生)은 유(有), 즉 존재가 있기 때문이다. 존재란 전생의 업보를 말한다. 사람은 색과 수·상·행·식 등 오온으로 이루어져 있는데 사람이 죽는다는 것은 이 오온이 해체되는 것이다. 사람은 죽더라도 전생의 업은 사라지지 않고 있다가 전생의 업을 가진 오온이 다시 모여서 사람이나 귀신이나 짐승으로 태어난다. 이것이 윤회이다. 즉 유가 있어서 생이 있다.
그러면 유는 무엇을 인연으로 하여 있는가?

유(有)는 취(取), 즉 집착이 있기 때문이다. 집착이란 어떤 것에 대해 얽매여 계속해서 마음이 쓰이는 것을 말한다. 어떤 것에 한이 맺히면 죽어도 눈을 못 감는다는 말이 있다. 이 표현은 집착하는 그 어떤 것이 있다는 이야기이다. 이런 집착은 사후에도 업으로 남았다가 존재의 씨가 되어 다시 태어나는 원인이 된다.

그러면 취는 무엇을 인연으로 하여 있는가?

취(取)는 애(愛), 즉 갈애(渴愛)가 있기 때문이다. 갈애는 어떤 것을 간절히 바라는 것이다. 목이 말라 물을 애타게 찾듯이 어떤 것을 간절히 원하기 때문에 그것에 집착하게 된다. 즉 애가 있으므로 취가 있게 된다.

그러면 애는 무엇을 인연으로 하여 있는가?

애(愛)는 수(受), 즉 감수(感受)가 있기 때문이다. 감수는 받아들이고 느끼는 것을 말한다. 인간은 외부와 접촉할 때 괴롭거나 즐겁거나 좋거나 언짢은 감정을 받는다. 수에는 괴로운 감정(苦受), 즐거운 감정(樂受), 괴롭지도 즐겁지도 않은 감정(不苦不樂受) 세 가지가 있다. 이런 수가 있으므로 애가 있다.

그러면 수는 무엇을 인연으로 하여 있는가?

수(受)는 촉(觸), 즉 접촉이 있기 때문이다. 인간이 무엇인가에 접촉하는 것을 말한다. 외부의 대상을 신체의 여섯 개의 감각 기관으로 접촉하여 인식하고 받아들이는 마음의 작용이다. 이런 촉이 있으므로 수가 있다.

그러면 촉은 무엇을 인연으로 하여 있는가?

촉(觸)은 육입(六入)이 있기 때문이다. 이는 신체에 있는 여섯 개의 감각 기관인 안·이·비·설·신·의를 말한다. 이런 육입이 있으므로 촉이 있다.

그러면 육입은 무엇을 인연으로 하여 있는가?

육입(六入)은 명색(名色)이 있기 때문이다. 명색은 정신과 물질, 즉 마음과 육체 두 가지를 의미하는데 명은 오온 중 수·상·행·식 등 네 가지로서 인간의 마음을 뜻하고 색은 인간의 육체를 뜻한다. 이런 명색, 즉 마음과 육체가 있으므로 육입이 있다.

맨 처음의 노·병·사와 두 번째의 생을 미래생이라고 하면, 유를 매개로 하여 취부터 명색까지는 현재생이 된다.

그러면 명색은 무엇을 인연으로 하여 있는가?
명색(名色)은 식(識)이 있기 때문이다. 식은 사물을 식별하는 의식 작용으로 여섯 가지 인식, 즉 육식을 말한다. 육식은 안식·이식·비식·설식·신식·의식이다. 눈·귀·코·혀·몸·뜻 등 감각 기관으로 외부를 인식하고 받아들이는 마음 상태를 의미한다. 이런 식이 있으므로 명색, 즉 사람의 마음과 육체가 있다.

식은 앞에서 본 유와 같은 역할을 한다. 노·병·사에서 생까지가 미래생이고 유부터 명색까지가 현재생이라면, 식부터는 전생이 된다. 이것이 불교에서 말하는 삼세실유설(三世實有說)이다..

그러면 식은 무엇을 인연으로 하여 있는가?
식(識)은 행(行)이 있기 때문이다. 행은 행위 또는 행업을 뜻한다. 행업은 신행(身行), 구행(口行), 의행(義行) 등 세 가지를 말하는데 몸으로, 입으로, 뜻으로 짓는 신업, 구업, 의업을 말한다. 이런 행이 있으므로 식이 있다.

그러면 행은 무엇을 인연으로 하여 있는가?

행(行)은 무명(無明)이 있기 때문이다. 무명은 잘못된 의견이나 집착 때문에 진리를 깨닫지 못하는 마음의 상태로서 모든 번뇌의 근원이 된다. 과거와 현재, 미래도 알지 못하고 안과 밖도 모르고 선과 악도 모르고 죄가 되는지 안 되는지도 알지 못한다. 완전한 어리석음이다. 다만, 맹목적이고 본능적인 생명력만 있다. 이런 본능적 생명력이 바로 무명이다. 이런 무명 때문에 행, 즉 신업, 구업, 의업의 3업이 있다.

성불하던 날 새벽, 붓다는 이렇게 노·병·사의 괴로움부터 그 원인을 하나하나 찾아내어 살펴본 결과, 모든 괴로움의 근본 원인은 무명임을 깨달았다.

인간 현생의 노·병·사는 생이 원인이고 생은 전생의 업을 이어받은 유가 원인이며 유는 취가 원인이다. 취는 애가 원인이며 애는 수가 원인이고 수는 촉이 원인이고 촉은 육입이 원인이고 육입은 명색이 원인이다. 명색은 다시 전전생의 업인 식이 원인이고 식은 행이 원인이다. 행은 무명, 즉 완전한 어리석음이 원인이다.

따라서 무명을 끊으면 12개 항목을 순차적으로 끊어서 태어남도 없고 노·병·사도 없는, 윤회를 끊고 열반에 들게 된다.

이 12항목을 처음부터 순차적으로 생기는 원인을 보면 무명을 연하여 행이 있고, 행을 연하여 식이 있으며 식을 연하여 명색이 있다. 명색을 연하여 육입이 있고 육입을 연하여 촉이, 촉을 연하여 수가 있다. 수를 연하여 애가 있고, 애를 연하여 취가 있으며 취를 연하여 유가 있고 유를 연하여 생이 있고, 생을 연하여 노·병·사가 있다.

〈12연기법〉

순위	12항목	순관	해 석
1	무명(無明)	-	어리석음
2	행(行)	무명연행(無明緣行)	어리석음이 있어 행, 즉 그릇된 3업이 있다
3	식(識)	행연식(行緣識)	그릇된 3업이 있어 그릇된 6식이 있다
4	명색(名色)	식연명색(識緣名色)	그릇된 6식이 있어 그릇된 마음과 육체가 있다
5	육입(六入)	명색연육입(名色緣六入)	심신의 그릇된 상태가 있어 그릇된 6입이 있다
6	촉(觸)	육입연촉(六入緣觸)	6입의 그릇된 상태가 있어 그릇된 촉이 있다
7	수(受)	촉연수(觸緣受)	그릇된 촉의 상태가 있어 그릇된 수가 있다
8	애(愛)	수연애(受緣愛)	수의 그릇된 상태가 있어 불선(不善)인 애가 있다
9	취(取)	애연취(愛緣取)	불선인 애가 있어 모든 번뇌인 취가 있다
10	유(有)	취연유(取緣有)	취의 그릇된 상태가 있어 윤회하는 유가 있다
11	생(生)	유연생(有緣生)	유, 즉 오온의 상태가 있으므로 그릇된 태어남이 있다
12	노·병·사(老病死)	생연노·병·사(生緣老病死)	생, 즉 태어남이 있으므로 노·병·사를 피할 수 없다

위의 〈십이연기법〉 도표는 연기의 열두 가지 항목을 처음부터 연기하는 순서대로 살펴본 것이다. 이를 순관(順觀)이라고 한다.

십이연기법은 어떠한 원인이나 조건에 의해서 고뇌가 생기고 또 어떠한 인연 조건에 의해서 고뇌를 면할 수가 있는가 하는, 인생의 현실을 실제적으로 이해하고 또 그 현실을 극복하는 방법과 길을 분명하게 하기 위한 것이다. 실천적 인생론이다.

사성제

붓다는 보리수 아래에서 깊은 선정을 통해 노·병·사의 고통을 끊고 해탈에 드는 방법을 깨달았다.

첫째, 일체법이다. 윤회의 근본 원인은 오온이니 오온을 끊으면 해탈하게 된다.

둘째, 연기법이다. 노·병·사의 원인은 생이니 생을 끊어야 한다. 생의 원인은 유이니 유를 끊어야 한다. 따라서 이 고통의 근본 뿌리는 무명, 즉 어리석음이니 중생은 이 무명을 끊으면 윤회의 고통에서 벗어나 영원한 열반에 들게 된다.

셋째, 사성제이다. 노·병·사의 고통을 끊기 위해서는 고통이 무엇인지 정확히 알아야 한다. 이어 고통의 원인을 알아야 한다. 고통의 원인을 알면 고통을 끊을 수 있는 방법을 알 수 있다. 그리고 고통을 끊기 위해서는 팔정도의 수행을 해야 한다. 즉 열반에 이르는 길이 팔정도이다.

이와 같은 일체법이나 연기법이나 사성제는 서로 별개의 것이 아니라 상호 연결된 것으로서 붓다가 보리수 아래에서 깨달음으로 함께 얻은 것이다. 사성제는 고성제(苦聖諦), 집성제(集聖諦), 멸성제(滅聖諦), 도성제(道聖諦)이다.

첫 번째 성스러운 진리는 고(苦), 즉 고성제이다. 이 세상에 사는 중생은 모두 고통 속에서 살고 있다. 태어나는 것도 고통이고 늙어가는 것도 고통이며 살다가 병드는 것도 고통이다. 죽는다는 것도 고통이다. 즉 생·로·병·사가 모두 고통이다. 부모 형제 처자식 등 사랑하는 사람과 헤어지는 것도 고통이고, 원망하거나 미워하는 사람과 만나서 같이 살아야 하는 것도 고통이다.

내가 필요한 것이 있는데 구하지 못해 그것 없이 지내야 하는 것도 고통이고 내 몸을 구성하고 있는 다섯 가지 요소인 오온이 왕성하게 활동함으로써 온갖 번뇌에 시달리는 것도 고통이다. 오온은 육체적 요소인 색과 정신적 요소인 수·상·행·식으로 이루어져 있다. 색과 수·상·행·식이 모두 왕성하게 일어나서 겪는 고통이니 이 오음성고는 앞서 말한 일곱 가지 고통을 모두 포함한다고 할 수 있다.

이렇게 인간의 삶이 고통으로 가득 차 있는데 이 고통의 원인은 무엇인가?

두 번째 성스러운 진리는 바로 집성제이다. 본능적으로 요구되는 욕망에 집착하며 사랑하는 부모 형제 처자식에게 집착하고, 미워하고 증오하는 사람들 때문에 번뇌가 생기며 무엇을 바라고 또 그것을 갖고 싶어 하는 모든 욕망이 일어난다. 이것이 바로 고통의 원인이다.

세 번째 성스러운 진리는 멸성제이다. 모든 고통의 원인을 알았으니 이 원인을 없애면 인생의 고통을 넘어 열반적정(涅槃寂靜)의 경지에 들 수 있다. 따라서 고통이 소멸된 상태, 고통의 원인이 모두 사라진 평온의 경지를 나타낸다. 모든 고통과 괴로움이 없는 인생은 이미 중생의 삶이 아니라 열반과 해탈을 성취한 깨달은 자의 삶이다.

그러면 어떻게 하면 고통의 원인을 찾아 없애고 깨달음의 경지에 도달할 수 있을까?

네 번째 성스러운 진리는 도성제이다. 붓다는 중도의 길을 제시하면서 여덟 가지 바른길을 가르쳐 주었다. 중도란 양극단의 가운데(中)를 의미하는 것이 아니라 양극단이 아닌 바른(正)길을 의미한다.

위에서 살펴본 사성제, 즉 고·집·멸·도는 또한 연기의 관점에서도 볼 수 있다. 여기에서 집은 고의 원인 또는 인연이 되며, 도는 멸의 원인 또는 인연이 된다. 고·집·멸·도는 고통의 원인이 집착 또는 갈애이며 고통을 소멸시키는 원인 또는 수단이 도라는 연기 관계를 밝힌 것이다.

팔정도

수행자들이 가서는 안 될 길이 두 가지 있다. 한쪽 길은 본능적인 욕망에 따라 쾌락에 빠져드는 길이고, 다른 길은 괴롭기만 하고 성스럽지도 않은 극단적인 고행의 길이다. 쾌락에 몰두하면 진리를 얻을 수 없는 것은 자명하지만 자신의 몸을 아무리 괴롭혀도 진리를 알 수 없다. 그러므로 이 길도 아니고 저 길도 아닌, 중도만이 깨달음으로 인도한다.

붓다는 중도에 대한 가르침으로 팔정도를 제시했다.

첫째, 바른 견해(正見)이다. 편견 없이 세상을 있는 그대로 보는 것으로, 모든 것을 연기의 관점에서 보는 것이다. 만물이 모두 서로 의지하여 존재하는 것이며, 모든 현상과 사건에는 원인과 결과가 있다는 것을 있는 그대로 보는 것이다.

둘째, 바른 생각(正思)이다. 바른 견해를 가져야만 바른 생각을 할 수 있다. 현실을 있는 그대로 보고, 이치에 맞게 생각한다는 것이다. 즉 바른 견해의 바탕 위에서 자기 생각의 옳고 그름을 잘 판단하여 그릇된 생각을 지양하고 올바른 생각을 지니도록 노력하는 것이다.

셋째 : 바른 말(正語)이다. 말은 자신의 생각과 의견을 표현하는 수단이다. 거짓말, 이간질하는 말, 욕이나 비방하는 말은 그 사람의 비뚤어

진 생각과 시각을 나타낸다. 항상 바른 생각을 하고 바른 말을 하여 구업을 짓지 않도록 하고 상대방을 존중하는 말을 해야 한다.

넷째, 바른 행동(正業)이다. 모든 행동을 바르게 해야 한다. 바른 생각과 바른 말에서 나아가 이치에 맞는 행동을 해야 한다.

다섯째, 바른 생활(正命)이다. 옳은 일에 종사하고 몸과 마음과 말, 즉 신·구·의(身口意) 삼업을 청정히 하면서 바르게 사는 것을 말한다.

여섯째, 바른 노력(正精進)이다. 깨달음을 향해 나아가는 끝없는 노력을 말한다.

일곱째, 바른 통찰(正念)이다. 바른 마음 챙김이요, 바른 마음 집중이다. 마음의 움직임과 느낌에 대해서 마음을 챙겨 바로 깨어있는 것이다.

여덟째, 바른 선정(正定)이다. 마음 챙김과 마음 집중을 통하여 마음이 바른 삼매의 상태에 들어가 고요한 평정에 머무는 것이다. 정정의 상태에서 지혜를 얻게 된다.

팔정도는 직접 몸으로 실천해야 할 여덟 가지 수행의 길을 뜻한다. 특별하거나 어려운 것이라기보다는 일상의 삶에서 바로 실천할 수 있는 붓다의 가르침이다.

현법열반[22]

붓다는 오온과 연기법과 사성제를 통해서 윤회의 고통을 끊고 해탈하여 영원한 열반에 드는 길을 중생들에게 가르쳐 주었다. 열반에 든다는 것은 죽는다는 의미가 아니다. 열반은 모든 종류의 욕망이 다 사라진 경지이며, 모든 해로운 심리 현상들이 모두 다 꺼진 상태이다.

현법열반(現法涅槃)이란 현세에서 열반을 얻는다는 뜻이다. '어떻게 하면 현법열반을 얻을 수 있는가' 하는 한 비구의 질문에 붓다는 다음과 같이 대답하였다.

"비구여, 색에 대해서 싫어하는 마음을 일으키고 탐욕을 소멸하여 완전히 없애고 어떤 번뇌도 일으키지 않아 마음이 바르게 해탈하면, 이것을 비구의 현법열반이라 한다. 이와 같이 수·상·행·식에 대해서 싫어하는 마음을 일으키고 탐욕을 소멸하여 완전히 없애고 어떤 번뇌도 일으키지 않아 마음이 바르게 해탈하면, 이것을 비구의 현법열반이라 한다."

붓다는 현세의 즐거움을 버리고 내세의 즐거움을 추구하라고 한 적이 없다. 열반은 '지금·여기'에서 얻게 되는 것이며 사후에 기대되는 낙원이 아니다. 이 몸을 가진 상태에서 무지와 탐욕을 벗어나 해탈하기만 하면 곧바로 얻을 수 있는 것이다. 붓다는 이 현법열반의 목표를 이루었다.

불교의 우주론

붓다는 우주론이나 영혼과 육체 문제 등 형이상학에 대해서는 특별히 의견을 표명하지 않고 침묵하였다. 즉 세계는 영원한가 영원하지 않은가, 세계는 유한한가 무한한가, 영혼과 육체는 같은 것인가 다른 것인가 등 무기 질문에 대해서는 답변하기를 거부한 것이다. 무기(無記)란 기술하거나 설명할 수 없는 것, 즉 기술하는 것도 설명하는 것도 불가능한 것이라는 뜻이다.

이런 주제들은 인간들이 당면한 괴로움의 해결에 아무런 도움도 주지 못하기 때문이다. 이처럼 붓다는 괴로움에 허덕이는 인간 존재 그 자체를 모든 교설의 문제로 삼았다.[23]

붓다의 생존 당시 인도에서는 힌두교의 우주론이 널리 받아들여지고 있었다. 즉 우주는 창조되어 발전하다가 소멸하고 다시 창조, 발전, 소멸의 과정을 끊임없이 되풀이한다는 것이다. 그리고 창조, 발전, 소멸의 시기마다 이 세상은 욕계, 색계, 무색계 등 삼계로 나누어지며 각 계마다 하늘(天)이 있어 다 합하면 이 세상은 스물여덟 개의 하늘로 나누어진다.

붓다는 출가 수행 시절에 찾아갔던 첫 번째 스승인 아라다 카라마로부터 28천 중에서 두 번째로 높은 단계인 무색계의 무소유처천에 이르는 선정을 배웠으며, 두 번째 스승인 우드라카 라마푸트라로부터는 무색계 최고의 단계로, 28천의 최고 단계인 비상비비상처천의 경지에 이르는 수행을 배웠다. 더 이상 배울 것이 없자 붓다는 우드라카를 떠나 스스로 수행하였다.

이와 같이 붓다는 당시에 널리 알려져 있던 우주론을 받아들였다. 다만 그런 우주론에 대해서 논하는 것이 인간의 괴로움 해결에 전혀 도움이 되지 않기 때문에 침묵했었다. 붓다 이후 불교에서는 힌두교의 우주론을 발전적으로 받아들여 불교의 우주론으로 정착시켰는데, 이는 물리적인 우주론이라기보다는 정신적인 우주론이다. 이 우주론이 붓다의 깨달음은 아니지만 불교를 이해하는 데에 도움이 되므로 살펴본다.

불교의 우주론은 공간적으로는 삼천대천세계(三千大千世界), 시간적으로는 성주괴공(成住壞空)으로 요약할 수 있다.

우주를 공간적으로 본 삼천대천세계는 대천세계가 삼천 개 모여 있는 것이다. 대천세계는 중천세계 천 개가 모인 세계이며, 중천세계는 소천세계 천 개가 모인 세계이다. 소천세계는 소세계 천 개가 모여 이루어져 있다.

그러면 기본 단위인 소세계의 구성은 어떠한가?

소세계의 중심에는 일곱 개의 내산으로 병풍처럼 싸여 있는 수미산(須彌山)이 있다. 일곱 개의 내산 사이에 일곱 개의 내해가 있으며, 내산과 내해의 바깥에 외해가 있다. 외해의 외곽에 이 모든 것을 둘러싸고 있는 외산인 철륜위산(鐵輪圍山)이 있다. 이렇게 이루어진 세계를 구산팔해(九山八海)라고 한다. 외해에 사대주(四大洲)가 있고 사대주의 끝에 두 개씩 모두 여덟 개의 중주(中洲)가 있으며, 사대주는 남쪽의 섬부주, 동쪽의 승신주, 서쪽의 우화주, 북쪽의 구로주로 되어 있다.

수미산의 높이는 바다 밑으로 8만 유순, 바다 위로 8만 유순, 합하여 16만 유순이라고 한다. 1유순은 약 15㎞이므로 수미산은 바다 윗부분이 약 120만㎞이다. 현재 지구상의 가장 높은 산인 에베레스트산이 해발 8,848m로 알려져 있으니 수미산의 높이와 소세계의 공간적 크기를 상상할 수 있다. 따라서 삼천대천세계는 상상할 수 없을 정도로 큰 세계이다.

수미산 남쪽의 섬부주에는 인간들이 살고 있는 욕계가 있는데 욕계는 지옥, 아귀, 축생, 아수라, 인간, 천계 등 6도로 되어 있다. 해와 달과 별들은 모두 수미산 중턱에서 수미산을 중심으로 허공을 선회한다. 6도 중 천계는 수미산에 의지하여 있는 지거천과 수미산 위의 허공에 의지하여 있는 공거천이 있다. 공거천은 욕계의 공거천과 욕계 위의 색계의 공거천으로 이루어져 있다. 색계보다 위의 개념인 무색계는 비물질적인 세계이므로 공간적인 처소나 방향이 없다.

우주를 시간적으로 본 성주괴공은 일체의 세계나 모든 만물이 인연에 따라 이루어지고(成), 얼마 동안 머물러 있으면서(住), 점차로 변화되어 부서지고(壞), 마침내 사라져버린다(空)는 네 가지 과정의 모습으로, 우주와 만물의 성립과 존속, 괴멸과 공무(空無)를 뜻한다.

불교의 우주론에서 사용하는 천문학적인 시간의 단위를 겁(劫)이라고 하는데 천지가 한 번 개벽한 때부터 다음 개벽할 때까지의 동안이란 뜻으로, 계산할 수 없는 무한히 긴 시간을 의미한다. 개념상으로 보면, 1겁은 둘레가 사방 40리가 되는 바위를 백 년마다 한 번씩 엷은 천으로 스쳐서 마침내 그 바위가 다 닳아 없어지더라도 겁은 다하지 않는다고 하며, 구체적인 햇수로는 4억3,200만 년이라고 한다.

그런데 우주가 생성되는 시간을 성겁(成劫), 유지되어 머무는 기간을 주겁(住劫), 소멸하는 시간을 괴겁(壞劫), 소멸의 상태가 지속되는 기간을 공겁(空劫)이라 하며 이들 각 겁 시간의 길이는 20겁이다.

성겁에서는 1겁 동안 물질적 우주가 성립된 뒤에 19겁 동안에 인간을 포함한 유정들이 생겨난다. 주겁에서는 물질적 우주는 변동이 없으나 인간은 스무 번의 변동이 있다. 주겁 초기의 인간은 선한 모습으로 수명이 84,000세에 이르나 점차 악하게 변해가며 수명이 10세로 줄어든다. 이 과정에 소요되는 시간이 1겁이다. 이후 인간은 선과 악을 반복하며 수명도 84,000세에서 10세까지 반복하는데 이에 소요되는 시간이 1겁이다. 이것을 열여덟 번 반복하여 18겁이 지나고 마지막으로 10세에서 84,000세까지 늘어나는 데 1겁이 소요된다. 이것이 주겁의 20겁이다. 괴겁에서는 성겁과 반대로 인간을 포함한 유정들이 파괴되는데 19겁이 걸리고 그 다음 물질적 우주가 파괴되는 데 1겁이 걸린다. 마지막 20겁의 공겁이 지나면 다시 처음과 같은 성겁이 시작된다.

하나의 우주가 태어난 뒤 다음 우주가 태어날 때까지의 시간을 1대겁이라 하며 이것이 불교의 관점에서 본 우주의 수명이다. 불교의 우주론에서는 이 1대겁의 성주괴공이 무한히 되풀이된다고 본다.

〈불교 우주론표〉[24]

삼계	우주				구차제정
무색계	비상비비상처천				비상비비상처정
	무소유처천				무소유처정
	식무변처천				식무변처정
	공무변처천				공무변처정
색계	공거천	사선천	정거천	색구경천 선견천 선현천 무열천 무번천	제4선정 (사념청정지)
			범계	무상천 광과천 복생천 무운천	
		삼선천	변정천 무량정천 소정천		제3선정 (이묘희락지)
		이선천	광음천	극광정천 무량광천 소광천	제2선정 (정생희락지)
		초선천	범천	대범천 범보천 범중천	초선정 (이생희락지)
욕계	천계	욕천		타화자재천 화락천 도솔천 야마천	(욕계중생)
		지거천		도리천 사왕천	
	인간			사대주	
	축생			대해, 얕은 물, 공중, 육지	
	지옥			팔열지옥, 팔한지옥	

제2부 : 불교와 가톨릭_89

2. 예수의 가르침

인간이 모든 고통의 원인인 욕망을 끊어 해탈함으로써 영원한 열반에 드는 것이 붓다의 가르침이라면, 가톨릭에서는 구원의 권한은 전적으로 하느님에게 있으므로 확실한 구원의 여부는 하느님만이 판단한다고 가르친다. 그러므로 예수의 십자가 수난을 믿고, 하느님과 자신을 단절시키는 죄에서 자유로울 수 있도록 믿음과 실천적 행위 양면에서 노력을 해야 한다고 가르친다.

가톨릭의 4대 교리는 천주존재(天主存在), 삼위일체(三位一體), 강생구속(降生救贖), 상선벌악(賞善罰惡)이다.

천주존재

천주존재는 우주를 창조하고 다스리는 창조주, 즉 하느님(天主)의 존재를 믿는 것이다. 하느님은 만물이 있기 전부터 계셨고 앞으로도 영원히 계시며, 모든 만물을 창조하신 완전하고 무한한 분이다. 하느님은 천지를 창조했으니 만물이 있기 전부터 존재하였으며 이 세상 마지막

날에 심판하러 올 것이니 영원히 계신다.

또한 하느님은 이 세상에서 유일한 하느님으로서 오직 한 분만 계신다. 이 유일신이 노아와 계약을 맺었으며 아브라함을 선택해서 다시 계약을 맺고 유다 민족을 번성하게 하였다. 그러나 이 유다인들의 하느님은 예수가 나타남으로써 확장될 수 있었다. 예수는 유다인이나 이방인이나 가리지 않고 모두가 하느님의 백성이라는 사실과 이방인들도 하느님의 구원 사업에 동참할 수 있음을 선포함으로써 하느님은 모든 인류의 유일한 하느님이 되었다.

그러므로 첫 번째 교리는 세상을 창조하시고 영원히 계시며 전능하시고 유일한 하느님의 존재를 믿는 것이다.

삼위일체

삼위일체는 성부, 성자, 성령의 삼위(三位)가 한 하느님이라는 뜻으로 세 위격(位格)이 서로 구별됨과 동시에 하나의 신성(神性)을 이룬다는 의미이다. 한 분이신 하느님을 나눌 수는 없지만 성부, 성자, 성령 세 위격으로 계신다.

세상을 창조한 하느님을 성부, 즉 아버지라고 부른다. 예수는 성경 곳곳에서 하느님을 아버지라 부르며 나를 보내신 분은 하늘에 계신 아버지라고 선언한다. 또한 예수가 직접 가르쳐 준 '주님의 기도'에서도 하느님을 '하늘에 계신 우리 아버지'라고 부른다.

성자인 예수는 인간을 위해 대신 속죄하기 위해 이 세상에 태어나 사람이 되었다. 성자 예수는 십자가에 못 박혀 죽었지만 부활하여 인간과 함께 있으면서 인간을 도와 하느님 나라로 이끌어준다.

모든 은총의 근원인 성령은 인간을 선으로 이끌어 인간의 영혼을 거룩하게 변화시켜 주며 인간을 성부의 자녀가 되게 한다.

하느님의 인류 구원 사업에서 세 위의 역할을 보면, 성부는 이 세상을 창조하였고, 성자 예수는 인류가 타락하였을 때 다시 일으켜 주었으며, 성령은 구원자인 예수를 알아보지 못한 인간들이 그를 알아보게 하여 하느님의 구원 사업을 완성하고 하느님께로 이끌어주는 역할을 한다.

성부와 성자와 성령이 한 하느님이라는 삼위일체는 논리적으로는 이해하기가 어렵지만 이는 '1+1+1=3'이라는 의미가 아니라 '미지의 무한대 더하기 미지의 무한대 더하기 미지의 무한대는 미지의 무한대와 같다'는 의미이다.[25] ($\infty+\infty+\infty=\infty$)

강생구속

강생구속은 인간이 죄를 지어 하느님의 영광에 참여하지 못하게 되었으나 하느님의 아들 예수 그리스도가 이 세상에 내려와 십자가의 죽음으로 인간의 죄를 대신 보속했으니 누구든지 그리스도를 믿고 세례를 받으면 구원을 얻는다는 뜻이다.

하느님이 창조한 첫 인류인 아담과 하와는 에덴동산에서 하느님을 닮은 모습으로 살고 있었다. 그들은 죽지 않고 영원히 살 수 있었다. 그러나 그들은 선과 악을 알게 하는 나무의 열매를 따먹어서는 안 된다는 하느님의 명령을 어겼기 때문에 영원히 살지 못하고 죽어야 하는 벌을 받았다.

하느님이 창조한 첫 인간에서부터 죄와 죽음이 등장한다. 그리고 중요한 것은 하느님이 인간을 창조할 때 인간에게 자유 의지를 허용하였다는 것이다. 즉 하느님은 자신을 닮은 모습으로 인간을 창조했지만 인간에게 맹목적으로 하느님을 사랑하라고 강요하는 것이 아니라 자유 의지로 하느님을 사랑하라는 것이다. 그 기준이 '선과 악을 알게 하는 나무'였다. 그 열매를 따 먹는 날 '인간은 반드시 죽을' 것이기 때문이다(창세 2.17).

선과 악은 하느님만이 알고 있었다. 하느님만이 알고 있는 선과 악을 인류가 알고 싶어서, 즉 하느님과 같은 존재가 되고 싶어서 그 열매를 따 먹은 것은 비록 뱀의 유혹에 넘어갔다고 하지만 인간의 자유 의지에 의한 것이었다. 그 선택의 결과 인류는 하느님에게 죄를 짓게 되었고 벌을 받아서 죽을 운명에 처하게 된 것이다.

하와는 벌로 출산의 고통을 받았고 아담은 벌로 사는 동안 줄곧 고통 속에서 땅을 갈아서 먹고 살아야만 했다. 즉 일생을 노동을 하면서 살아가야 하는 존재가 되었다. 이들의 죄로 말미암아 인간은 태어나면서부터 죄의 상태에 놓이게 되었는데, 이를 원죄(原罪)라고 한다. 이후 모든 인간은 원죄를 안고 살게 되었다.

그러면 그 원죄를 누가 제거할 수 있는가? 인간이 인간을 창조한 하느님의 말씀을 어겼으므로 인간 스스로는 그 원죄를 제거할 수가 없다. 오직 하느님만이 인간을 용서해 줄 수 있다. 하느님은 인간을 벌하며 에덴동산에서 쫓아낼 때 여인의 후손으로 구원자를 보낼 것을 간접적으로 암시했다. 예언자 이사야가 임마누엘이라고 언급한 이 여인의 후손은 예수라는 이름으로 이 세상에 왔다.

성부, 성자, 성령으로 삼위일체인 하느님은 아들 성자를 메시아로 이 세상에 보내어 인간들을 대신하여 죄를 보속하게 하였다. 메시아 예수가 십자가에서 죽었다가 부활함으로써 인간은 원죄에서 벗어나게 되었다.

인간은 이제 성부와 성자와 성령의 이름으로 주는 세례를 받고 성부, 성자, 성령과 예수의 부활을 믿음으로써 구원을 받아 영원한 생명을 다시 얻게 되었다. 인간이 구원을 받기 위해서는 삼위일체인 하느님과 예수의 수난과 부활을 믿어 성령의 세례를 받고 선하게 살아야 한다.

상선벌악

하느님은 선한 사람에게는 상을 주지만, 악한 사람에게는 벌을 내린다고 믿는 것이다. 말 그대로 착하게 살면 상을 받고 악하게 살면 벌을 받는다. 사람에게는 불사불멸의 영혼이 있어 이 세상에서 행한 행실대로 영원한 상을 받아 하느님의 나라에 들거나 지옥에 떨어져 영원한 벌을 받는다.

어떻게 사는 것이 착하게 사는 것인가?

앞에서 보았듯이 '하느님의 나라', 또는 '하늘 나라'는 선의 나라이며 진실과 사랑, 겸손의 나라이다. 숭고하고 높은 가치를 지닌 높은 곳의 나라이며 영혼과 정신의 나라, 순수의 나라이다. 이곳에는 '하늘에 계신 내 아버지의 뜻을 실천하는 이'(마태7,21)라야만 들어갈 수 있다. 여기서 말하는 '아버지의 뜻'은 인간의 일상적인 행동과 관련하여 하느님이 인간에게 바라는 것 전체를 의미하며,[26] 4복음서 곳곳에 나타난다.

그러나 상선벌악은 현세에서가 아니라 사후에 실현된다. 예수는 밀과 가라지가 "수확 때까지 둘 다 함께 자라도록 내버려 두라"(마태 13,30)고 하였다. 가라지(악한 사람)들을 거두어 내다가 밀(선한 사람)까지 함께 뽑을 염려가 있기 때문이다. 현세는 인간이 자유 의지로 하느님을 섬기며 착하게 살도록 주어진 시기이며 아버지의 뜻을 실천하면 사후에 하늘 나라에 들게 된다.

산상 설교

"때가 차서 하느님의 나라가 가까이 왔다. 회개하고 복음을 믿어라" 하며 갈릴래아에서 첫 전도를 시작한 예수는 호수 북쪽에 있는 카파르나움을 중심으로 갈릴래아 지역을 돌며 하느님의 말씀을 전파하기 시작했다. 회당에서 가르치며 하늘 나라의 복음을 선포하고 병자와 허약한 자를 모두 고쳐 주었다. 그 소문을 듣고 시리아와 유다 등에서 온 많은 군중이 예수를 따랐다.

예수는 그 많은 군중을 보고 산으로 올랐다. 카파르나움 근처의 야트막한 산이다. 예수는 하느님의 나라가 가까이 왔으니 회개하고 복음을 믿으라고 하였다. 그곳에서 예수는 구원을 받아 하늘 나라에 갈 수 있는 사람들에 대해서 군중들에게 가르쳤다. 어떻게 해야 하늘 나라에 들어갈 수 있는가?

산에서 가르쳤으므로 '산상 설교'이다. 이 산상 설교는 예수의 전도 활동 시작 즈음에 하느님의 구원에 대한 것을 선포하였으므로 그리스도교의 대헌장이라고도 한다.[27] 예수는 하늘 나라에 들어갈 수 있는 사람들은 행복하다고 표현하며 '참행복'을 선언하였다. 어떤 사람이 하늘 나라에 들어갈 수 있는가에 대한 대답으로 예수는 여덟 가지의 참행복을 얘기했다.

① 행복하여라, 마음이 가난한 사람들! 하늘 나라가 그들의 것이다.
② 행복하여라, 슬퍼하는 사람들! 그들은 위로를 받을 것이다.
③ 행복하여라, 온유한 사람들! 그들은 땅을 차지할 것이다.
④ 행복하여라, 의로움에 주리고 목마른 사람들! 그들은 흡족해질 것이다.
⑤ 행복하여라, 자비로운 사람들! 그들은 자비를 입을 것이다.
⑥ 행복하여라, 마음이 깨끗한 사람들! 그들은 하느님을 볼 것이다.
⑦ 행복하여라, 평화를 이루는 사람들! 그들은 하느님의 자녀라 불릴 것이다.
⑧ 행복하여라, 의로움 때문에 박해를 받는 사람들! 하늘 나라가 그들의 것이다(마태 5,3-10).

'마음이 가난한' 사람들은 어떤 사람들일까?

물질적으로 가난한 사람들이 재산이 없어 생활에 불편함을 느끼듯이 마음이 가난한 사람들은 무엇인가 크게 시련을 겪어서 마음이 불편한 사람들이다. 그들에게 필요한 것은 위로와 위안이다. 그것도 보통 사람들의 위로와 위안이 아니라 하느님의 위로와 위안이 필요한 사람들이다. 하늘 나라가 그들의 것이다.

'슬퍼하는' 사람들은 고난한 인생에서 죄의 아픔으로 슬퍼한다. 그들에게 필요한 것도 하느님의 위로이다. 그들은 하느님의 용서와 위로를 받을 것이다.

'온유한' 사람들은 화를 내지 않는다. 그들은 온유한 마음으로 악한 사람들을 물리치고 하느님이 다스리는 땅을 차지할 것이다.

'의로움'은 하느님의 가르침이다. 하느님의 가르침 중 첫 번째 계명은 사랑이다. 하느님의 사랑에 주리고 목마른 사람들은 하늘 나라에서 그 사랑을 받고 흡족해질 것이다.

다른 사람들에게 베푸는 사람들, 특히 가장 보잘것없는 사람들에게 베푸는 사람은 '자비로운' 사람들이다. 그들은 반드시 자비를 입을 것이다.

'마음이 깨끗한' 사람들은 선한 생각으로 가득 찬 사람들이다. 그들은 하느님을 볼 것이다.

'평화를 이루는' 사람들은 평화로움으로 다툼을 이기는 사람들이다. 그들은 하느님의 자녀라고 불릴 것이다.

'의로움 때문에 박해를 받는' 사람들은 하느님의 뜻을 실천하려다가 박해를 받는 사람들이다. 하늘 나라가 그들의 것이다.

하늘 나라에 들어가는 사람들은 땅에서 행복을 누리는 사람들이 아니라 땅에서 고난을 받는 사람, 슬픔을 겪는 사람, 박해를 받는 사람 등 하느님의 위로와 사랑이 필요한 사람들이다. 그들이 구원을 받아 하늘 나라에 들어간다. 그들이 구원을 받고 하늘 나라에 들어가기 위해서는 하느님의 가르침을 지켜야 한다.

예수는 또한 불행한 사람들에 대하여도 언급하였다.

① 그러나 불행하여라, 너희 부유한 사람들! 너희는 이미 위로를 받았다.

② 불행하여라, 너희 지금 배부른 사람들! 너희는 굶주리게 될 것
　이다.
③ 불행하여라, 지금 웃는 사람들! 너희는 슬퍼하며 울게 될 것이다.
④ 모든 사람이 너희를 좋게 말하면, 너희는 불행하다! 사실 그들
　의 조상들도 거짓 예언자들을 그렇게 대하였다(루카 6,24-26).

　예수는 지금 부유한 사람들, 배부른 사람들, 웃는 사람들, 다른 사람들의 평판이 좋은 사람들은 불행하다고 선언하였다. 그들은 현재 행복을 누리는 사람들로서 이미 지상에서 보상을 다 받은 사람들이다. 마치 예수가 이들을 싫어하고 저주하는 것처럼 보이지만 이들이라고 해서 하늘 나라에서 배제된 사람들은 아니다. 현재 지상에서 행복한 사람들에 대한 일종의 경고 메시지로 볼 수 있다. 이들도 회개하고 복음을 믿고 선을 행하면 하늘 나라에 들 수 있다.

　예수는 참행복에 이어 하늘 나라에 들어갈 사람들이 지킬 계명을 선포하였다. 예수는 율법을 예로 들면서, "(율법의 말씀을) 너희는 들었다. 그러나 나는 너희에게 말한다"고 전제하며 율법의 기존 사상을 넘어서는 하느님의 말씀을 전한다.

　그러나 예수는 율법에 대해서 "내가 율법이나 예언서들을 폐지하러 온 줄로 생각하지 마라. 폐지하러 온 것이 아니라 오히려 완성하러 왔다. 하늘과 땅이 없어지기 전에는, 모든 것이 이루어질 때까지 율법에서 한 자, 한 획도 없어지지 않을 것이다"(마태 5,17-20) 하고 말한다.

　율법의 말씀을 넘어서는 예수의 가르침을 전체 집합이라고 할 때 율법의 말씀은 전체 집합 안에 완전히 포함되는 진부분집합이라고 할 수

있다. 따라서 예수의 가르침을 지키면 율법의 한자 한 획도 어기지 않게 된다. 즉 예수는 율법과 예언서를 글자 그대로 따르는 것이 아니라, 어떠한 세부 사항도 소홀히 함이 없이 종교 생활에 맞게 그 참뜻을 이해하고 그 참뜻을 적극적으로 실천하기를 가르친다.

화해하여라(마태 5,21-26) : 율법에는 '살인한 자는 재판에 넘겨진다'는 규정이 있다. 그러나 예수는 살인은 물론, 아예 형제에게 성을 내기만 하여도 재판에 넘겨진다고 말한다. "자기 형제에게 성을 내는 자는 누구나 재판에 넘겨질 것이다. 네가 제단에 예물을 바치려고 하다가 거기에서 형제가 너에게 원망을 품고 있는 것이 생각나거든 예물을 거기 제단 앞에 놓아두고 물러가 그 형제와 화해하여라. 그런 다음에 돌아와서 예물을 바쳐라."

극기하여라(마태 5,27-30) : 율법에서는 '간음해서는 안 된다'고 한다. 그러나 예수는 간음은 물론, '음욕을 품고 여자를 보기만 하여도' 이미 마음으로 그 여자와 간음한 것으로 간주한다. "음욕을 품고 여자를 바라보는 자는 누구나 이미 마음으로 그 여자와 간음한 것이다. 네 오른 눈이 너를 죄짓게 하거든 그것을 빼어 던져 버려라. 온 몸이 지옥에 던져지는 것보다 지체 하나를 잃는 것이 낫다."

아내를 버려서는 안 된다(마태 5,31-32) : 율법에서는 명확한 이유를 제시하지 않으면서 '자기 아내를 버리는 자는 그 여자에게 이혼장을 써 주라'고 한다. 그러나 예수는 불륜을 저지를 경우에만 이를 허용한다. "불륜을 저지른 경우를 제외하고 아내를 버리는 자는 누구나 그 여자가 간음하게 만드는 것이다. 또 버림받은 여자와 혼인하는 자도 간음하는 것이다."

정직하여라(마태 5,33-37) : 율법에서는 '거짓 맹세를 해서는 안 된다'고 한다. 그러나 예수는 못 지킬 맹세라면 '아예 맹세하지 마라'고 가르친다. "아예 맹세하지 마라. 하늘을 두고도 맹세하지 마라. 하느님의 옥좌이기 때문이다. 말할 때에 '예' 할 것은 '예' 하고, '아니요' 할 것은 '아니요'라고만 하여라."

폭력을 포기하여라(마태 5,38-42) : 율법에서는 악행에 대하여 '눈은 눈으로, 이는 이로' 대등한 보복을 정당화한다. 그러나 예수는 '악인에게 맞서지 마라'며 누가 오른뺨을 치거든 왼뺨마저 돌려대라고 한다. "악인에게 맞서지 마라. 오히려 누가 네 오른뺨을 치거든 다른 뺨마저 돌려대어라. 너를 재판에 걸어 네 속옷을 가지려는 자에게는 겉옷까지 주어라. 달라는 자에게 주고 꾸려는 자를 물리치지 마라."

원수를 사랑하여라(마태 5,43-48) : 율법에서는 '네 이웃을 사랑해야 한다. 그리고 네 원수는 미워해야 한다'고 가르친다. 그러나 예수는 '율법대로만 하면 남보다 잘하는 것이 무엇이냐'고 되묻는다. 하늘의 아버지께서 완전하신 것처럼 완전한 사람이 되어야 한다고 하며, '원수를 미워하는' 것과는 반대로 '원수를 사랑하라'고 강조한다. "너희는 원수를 사랑하여라. 그리고 너희를 박해하는 자들을 위하여 기도하여라. 그래야 너희가 하늘에 계신 너희 아버지의 자녀가 될 수 있다."

이처럼 예수는 율법의 가르침을 넘어 훨씬 적극적으로 이웃 사랑을 강조한다. 이러한 것이 바로 율법에서 한 자, 한 획도 없어지지 않고 그 가르침을 실천하는 것이다. 이어 예수는 자선을 베풀 때, 기도할 때, 단식할 때에 위선자들이 하는 것처럼 남에게 보이기 위한 행동을 경계한다.

올바른 자선(마태 6,1-4) : 자선을 베풀 때에는 '위선자들이 사람들에게 칭찬을 받으려고 회당과 거리에서 하듯이 스스로 나팔을 불지 마라'고 가르친다. "네가 자선을 베풀 때에는 오른손이 하는 일을 왼손이 모르게 하여라."

올바른 기도(마태 6,5-8) : 예수는 위선자들이 하듯이 '사람들에게 드러내 보이려고 회당과 한길 모퉁이에 서서' 기도하지 말고 '다른 민족 사람들처럼 빈말을 되풀이'하지 말라고 한다. "너희는 기도할 때 골방에 들어가 문을 닫은 다음, 숨어 계신 네 아버지께 기도하여라."

올바른 단식(마태 6,16-18) : 위선자들은 단식한다는 것을 다른 사람들에게 보이기 위하여 일부러 얼굴을 찌푸리고 침통한 표정을 짓는다. 단식 기도는 다른 사람들에게 보이기 위한 것이 아니다. "너희는 단식할 때 머리에 기름을 바르고 얼굴을 씻어라. 그리하여 네가 단식한다는 것을 사람들에게 드러내 보이지 말고, 숨어 계신 네 아버지께 보여라."

또한 예수는 사람들이 일상 생활에서 아버지의 뜻을 실천하는 자세에 대해서 강조한다.

보물을 하늘에 쌓아라(마태 6,19-21) : 예수는 보물을 땅에 쌓아 두지 말고 하늘에 쌓으라고 권고한다. 하늘에는 좀도, 녹도, 도둑도 없기 때문이다. 보물이 있는 곳에 마음도 있다.

눈은 몸의 등불(마태 6,22-23) : 눈이 맑다는 것은 정직하고 솔직하고 순수함을 의미한다. 눈이 몸의 등불이므로 눈이 정직하고 솔직하고 순수하면 온 몸이, 그 사람 자체가 정직하고 솔직하고 순수하다.

하느님이냐 재물이냐(마태 6,24) : 아무도 두 주인, 즉 하느님과 재물이라는 주인을 함께 섬길 수 없다. 한쪽은 미워하고 한쪽은 사랑하며, 한쪽은 떠받들고 다른 쪽은 업신여기게 된다.

세상 걱정과 하느님의 나라(마태 6,25-34) : '먹고 마시고 입는 것에 대해 걱정하지 말라'는 예수의 가르침은 단순히 무관심하라는 의미가 아니다. 하늘의 새들과 들의 나리꽃들도 하느님이 잘 살게 해주는 것처럼 사람들도 하느님이 잘 보살펴 주니 의식주 걱정보다는 하느님에 대한 기도 생활을 강조한다.

남을 심판하지 마라(마태 7,1-5) : 객관적으로 보면 다른 사람의 눈 속 티보다는 내 눈 속의 대들보가 훨씬 더 크다. 예수는 자신의 허물은 보지 못하고 남의 허물만 탓하는 잘못을 지적한다.

거룩한 것을 욕되게 하지 마라(마태 7,6) : '거룩한 것'은 하느님께 바친 제물이나 예물, 또는 예수의 가르침을 의미하며 진주는 값진 보석이다. 거룩하고 값진 것은 하찮게 대해서는 안 되며 거룩하게 대해야 한다. 거룩하고 값진 것을 부정한 동물들에게 던져 주듯이 하찮게 여기지 말라는 것이다.

청하여라, 찾아라, 두드려라(마태 7,7-11) : 부모는 자식에게 아낌없이 모든 좋은 것을 주려고 한다. 하늘에 계신 아버지도 이와 똑같다. 아니, 그 이상이다. "하늘에 계신 너희 아버지께서야 당신께 청하는 이들에게 좋은 것을 얼마나 더 많이 주시겠느냐?"

황금률(마태 7,12) : '황금률'이란 말은 로마 황제 세베루스(재위 193-211년)가 이 문장을 금으로 써서 거실 벽에 붙여 놓았다고 하는 데서 유래한다. 예수는 이 말씀을 통해 보답을 바라지 말고 솔선하여 행동하라는 것을 강조하며 또한 이 말씀을 모든 율법과 예언서의 정신을 종합한 것으로 제시한다. "그러므로 남이 너희에게 해주기를 바라는 그대로 너희도 남에게 해주어라. 이것이 율법과 예언서의 정신이다."

　좁은 문으로 들어가라(마태 7,13-14) : '좁은 문'은 예수가 산상 설교에서 가르친 사항의 실천, 또는 위험과 고난을 겪으면서도 예수를 따르라는 것을 시사한다. 그 길은 생명으로 이끄는 문이다.

　열매를 보면 나무를 안다(마태 7,15-20) : '열매'는 말이나 행동으로 이루어지는 인간의 구체적 품행을 의미한다. 즉 거짓 예언자들은 그들의 행동으로 분별할 수 있으니 그들이 양의 옷차림을 하고 오더라도 믿지 말라는 것이다.

　주님의 뜻을 실천하여라(마태 7,21-23) : 심판 날에 '주님, 주님!' 하고 부른다고 해서 모두 하늘 나라에 들어가는 것이 아니다. 하느님의 구원 계획에 따라 예수의 가르침을 실천한 이들이라야 하늘 나라에 들어간다.

　내 말을 실행하여라(마태 7,24-27) : 예수가 산상 설교에서 행한 이 말을 듣고 내적 결단과 외적 실천뿐만 아니라 온몸으로 실행하는 이라야 튼튼한 반석 위에 지은 집처럼 무너지지 않는다.

　마태오 복음서의 산상 설교 외에도 4복음서의 곳곳에 예수의 가르침이 있다. 모두 일상 생활에서 실천하여야 할 가르침들이다.

　하늘 나라에서 가장 큰 사람(마태 18,1-5) : "이 어린이처럼 자신을 낮추는 이가 하늘 나라에서 가장 큰 사람이다."

　죄의 유혹을 단단히 물리쳐라(마태 18,6-9) : "나를 믿는 작은 이들 가운데 하나라도 죄짓게 하는 자는 연자매를 목에 달고 바다 깊은 곳에 빠지는 편이 낫다."

작은 이들을 업신여기지 마라(마태 18,10-11) : "너희는 작은 이들 가운데 하나라도 업신여기지 않도록 주의하여라."

형제가 죄를 지으면 깨우쳐 주어라(마태 18,15-18) : "네 형제가 너에게 죄를 짓거든 가서 단둘이 만나 그를 타일러라."

끊임없이 간청하여라(루카 11,5-8) : "그 사람이 벗이라는 이유 때문에 일어나서 빵을 주지는 않는다 하더라도 그가 줄곧 졸라대면 마침내 일어나서 그에게 필요한 만큼 다 줄 것이다."

내 멍에를 메어라(마태 11,28-30) : "나는 마음이 온유하고 겸손하니 내 멍에를 메고 나에게 배워라. 그러면 너희가 안식을 얻을 것이다."

목마른 사람은 나에게 오라(요한 7,37-39) : "목마른 사람은 다 나에게 와서 마셔라. 나를 믿는 사람은 성경 말씀대로 '그 속에서부터 생수의 강이 흘러나올 것이다.'"

늦기 전에 화해하여라(루카 12,57-59) : "너를 고소한 자와 함께 재판관에게 갈 때, 도중에 그와 합의를 보도록 힘써라."

겸손하게 섬겨라(루카 17,7-10) : "너희는 분부를 받은 대로 다 하고 나서, '저희는 쓸모없는 종입니다. 해야 할 일을 하였을 뿐입니다' 하고 말하여라."

끝자리에 앉아라(루카 14,7-11) : "초대를 받거든 끝자리에 가서 앉아라. 누구든지 자신을 높이는 이는 낮아지고 자신을 낮추는 이는 높아질 것이다."

탐욕을 조심하여라(루카 12,13-15) : "모든 탐욕을 경계하여라. 아무리 부유하더라도 사람의 생명은 그의 재산에 달려 있지 않다."

깨어 있어라(루카 21,34-37) : "너희는 스스로 조심하여 방탕과 만취와 일상의 근심으로 너희 마음이 물러지는 일이 없게 하여라."

재물을 올바르게 이용하여라(루카 16,9-12) : "아주 작은 일에 성실한 사람은 큰일에도 성실하고, 아주 작은 일에 불의한 사람은 큰일에도 불의하다. 그러니 남의 것을 다루는 데에 성실하여라."

가난한 이들을 초대하여라(루카 14,12-14) : "네가 잔치를 베풀 때에는 오히려 가난한 이들, 장애인들, 다리 저는 이들, 눈먼 이들을 초대하여라."

섬기는 사람이 되어라(루카 22,24-27) : "너희 가운데에서 가장 높은 사람은 가장 어린 사람처럼 되어야 하고 지도자는 섬기는 사람처럼 되어야 한다."

가장 큰 계명(마태 22,34-40) : "'네 마음을 다하고 네 목숨을 다하고 네 정신을 다하여 주 너의 하느님을 사랑해야 한다.' 이것이 가장 크고 첫째가는 계명이다. 둘째도 이와 같다. '네 이웃을 네 자신처럼 사랑해야 한다'는 것이다. 온 율법과 예언서의 정신이 이 두 계명에 달려 있다."

아버지의 뜻을 실천하여 하늘 나라에 드는 것은 붓다의 가르침 중 팔정도를 실천하여 열반에 드는 것과 비견될 수 있다. 인간의 일상적인 생활 속에서 하느님의 뜻을 실천하고 팔정도의 뜻을 실천하면, 인간은 하늘 나라에 들 수 있고 열반에 들 수 있다.

주님의 기도[28]

주님의 기도는 예수가 제자들에게 "너희는 이렇게 기도하여라" 하며 직접 가르쳐 준 유일한 기도문이다(마태 6,9). 기도는 하느님에게 무엇이 이루어지도록 청원하는 것으로, 예수는 사람들에게 '기도할 때는 골방에 들어가 문을 닫은 다음, 숨어 계신 네 아버지께 기도하여라. 그러면 숨은 일도 보시는 네 아버지께서 너에게 갚아 주실 것이다'라며 '아버지께서는 너희가 청하기도 전에 무엇이 필요한지 알고 계신다'고 하였다.

> 하늘에 계신 저희 아버지
> 아버지의 이름을 거룩히 드러내시며
> 아버지의 나라가 오게 하시며
> 아버지의 뜻이 하늘에서와 같이
> 땅에서도 이루어지게 하소서.
> 오늘 저희에게 일용할 양식을 주시고
> 저희에게 잘못한 이를 저희도 용서하였듯이
> 저희 잘못을 용서하시고
> 저희를 유혹에 빠지지 않게 하시고
> 저희를 악에서 구하소서(마태 6,9-13).

청원하는 기도 도입 부분에서 '하늘에 계신 저희 아버지' 하며 하느님을 부른다. '하늘'은 장소로서 하늘이기도 하지만 그보다는 '아버지'는 모든 것을 다 알고 모든 것을 다 할 수 있다는 표현이기도 하다. 또한 '저희 아버지'라는 호칭은 우리 곁에 가까이 계시기도 하는 친숙한 아버지를 의미한다.

예수가 직접 가르쳐준 주님의 기도에는 일곱 가지의 청원이 있다. 첫째는 아버지의 이름을 거룩히 드러내는 것, 둘째는 아버지의 나라가 오게 하는 것, 셋째는 아버지의 뜻이 땅에서도 이루어지는 것, 넷째는 저희에게 일용할 양식을 주는 것, 다섯째는 저희 잘못을 용서해 주는 것, 여섯째는 저희를 유혹에 빠지지 않게 하는 것, 일곱째는 저희를 악에서 구해주는 것 등이다.

첫 번째 청원에서 '아버지의 이름'은 이름 그 자체라기보다는 아버지의 '존재'를 공손하게 표현한 것이므로 거룩한 존재인 하느님을 믿고 받아들이며 그 존재가 드러나 그분의 영광을 칭송함을 뜻한다.

두 번째 청원에서 '아버지의 나라'는 곧 '하느님의 나라' 또는 '하늘 나라'로서 예수가 갈릴래아의 첫 전도에서 설파한 '하느님의 나라'와 같은 의미이다. 그 '아버지의 나라'가 빨리 드러나게 해달라고 청원하는 것이다.

세 번째 청원은 아들을 보내 인류를 구원하는 것이 '아버지의 뜻'이므로 하늘 나라에는 이미 있는 것이 이 땅에서도 실현되기를 청원한다는 뜻이다.

여기서 하늘과 땅이라는 개념은 구체적 장소를 의미한다기보다는 죽어서 하늘 나라에서 얻을 행복처럼 살아서 현실 세계에서도 그 행복을 누리기를 바라는 것이라고 할 수 있다. 붓다의 열반이 죽어서 얻는 것이 아니라 '지금·여기'에서 얻는 현법열반인 것과 비슷하다.

네 번째 청원에서 나타난 '일용할 양식'은 오늘 필요한 양식을 요청한 것으로, 내일이나 미래를 보장하는 양식을 의미하는 것은 아니다. 예수가, "너희는 '무엇을 먹을까?', '무엇을 마실까?', '무엇을 차려입을까?' 하며 걱정하지 마라. 이런 것들은 모두 다른 민족들이 애써 찾는 것이다."(마태 6,25-34)라고 말한 것처럼, 하느님이 잘 보살펴 주시니 그날그날의 양식을 청하라는 의미이다.

다섯 번째 청원에서는 먼저 '저희에게 잘못한 이를 저희가 이미 용서하였음'을 얘기하며. 따라서 아버지도 '저희 잘못을 용서'해 주시기를 청원한다. 이는 예수가 '너희가 다른 사람들의 허물을 용서하면, 하늘의 너희 아버지께서도 너희를 용서하실 것이다'(마태 6,14)라고 말한 데에서 연유하며 사람들이 하느님께 잘못한 죄는 하느님만이 용서할 수 있으므로 이는 하느님의 은총을 의미한다.

여섯 번째 청원에서 말하는 '유혹'은 나쁜 곳으로 유도하는 사탄의 유혹을 가리키는 것으로 예수도 40일 단식 기도 후 사탄의 유혹을 받았다. 이런 유혹을 이겨내는 데는 큰 시련이 따른다. 견디기 힘든 이 시련을 극복하도록 아버지의 도움을 청하는 것이다.

일곱 번째 청원은 '저희를 악에서 구해' 달라는 것이다. 악이란 결국 나쁜 행위, 즉 여섯 번째 청원의 유혹에 빠져 하느님의 뜻을 거스르는 악한 행위를 하지 않도록 구해달라는 것으로 여섯 번째 청원과 비슷하다고 할 수 있다.

3. 기적과 비유

붓다의 기적[29]

불교에서는 최고 수행의 결과로 얻는 신기한 힘 여섯 가지를 육신통(六神通)이라고 한다. 첫째, 숙명통(宿命通)이다. 이것은 모든 중생의 지난 과거의 일을 잘 아는 능력인데 붓다는 이 능력을 성도하는 날 밤에 얻었다. 둘째, 타심통(他心通)이다. 이것은 다른 사람이 생각하고 있는 것을 아는 능력이다. 셋째, 천안통(天眼通)이다. 붓다는 이를 성도하는 날 제4선정에 들었을 때 얻었는데 자신과 다른 사람의 미래를 분명하게 아는 능력이다. 넷째는 붓다가 성도하는 날 새벽에 얻은 누진통(漏盡通)이다. 이는 모든 번뇌의 사슬을 끊고 해탈을 얻는 지혜이다. 다섯째, 신족통(神足通)이다. 이것은 산과 장벽을 통과하고 물 위로 걸어 다니는 능력이다. 여섯째, 천이통(天耳通)이다. 이는 귀로 듣지 못하는 음성(가르침)을 듣는 능력이다.

붓다는 깨달음과 함께 이 육신통도 얻었다. 붓다는 자신과 모든 중생의 전생과 미래생을 모두 볼 수 있었고, 현재 무슨 생각을 하는지도 알 수 있었다. 해탈로 누진통을 얻었고 신족통과 신이통의 능력도 갖게 되었다.

그런데 이런 능력을 붓다만 얻은 것은 아니었다. 불도를 깨닫고 그 길로 들어선 사람에게는 선정을 통한 마음의 수련 정도에 따라 자연스럽게 생기는 능력이라고 한다. 오랜 수행의 결과로 높은 수준의 선정에 도달한 카샤파 등 이름 있는 수행자들뿐만 아니라 높은 경지에 오른 요기들도 그런 기적을 행할 수 있었다. 그 당시에 신통력은 종교가의 능력을 평가하는 척도이기도 했으며 다른 교단과 경쟁은 특히 신통력의 우열을 가지고 판가름이 났다.

그러나 신통력은 붓다의 목적이 아니었다. 그가 찾던 것은 마음의 온전한 청정함, 즉 해탈이었다. 그는 스스로 그 능력을 거부했듯이 제자들도 그런 능력을 과시하거나 사용하는 것을 금했다.

붓다가 육신통 등 기적의 능력을 보인 것은 불교 교리에 대한 믿음이 없는 사람을 설득하거나, 믿음은 있으나 그 믿음이 약한 사람들에게 더 큰 확신을 주기 위한 것이었다.

망고나무의 기적

코살라국의 프라세나지트 왕이 능력을 한 번 보여달라고 하자 붓다는 그의 청을 들어주었다. 즉 붓다는 망고나무 아래에서 코살라국 사람들에게 기적을 보여 주겠노라고 말했다.

붓다를 질투한 악마들은 코살라국 내의 망고나무들을 모두 뽑아 버렸지만 프라세나지트 왕의 소정원에 있는 한 그루는 빠뜨리고 뽑지 못했다. 망고 열매가 열리는 계절이 아니었으나 놀랍게도 망고 열매가 하나 달려 있었다. 정원사가 그것을 따다가 붓다에게 갖다 주자 붓다는 그것을 먹은 뒤 남은 망고 씨를 땅에 심으라고 했다. 씨를 심자마자 거대한 망고나무가 쑥 자라 올랐고 붓다는 그 아래에서 신통력을 발휘했다.

보석들이 줄지어 공중을 떠다니게 했고 직접 하늘을 날기도 했으며 귀와 눈과 땀구멍에서 화염이 나오게도 했다. 그리고 자기의 분신을 만들어 그와 대화를 나누기도 했다. 그런 기적을 보여 주었으니 코살라국의 그 누구도 붓다의 가르침에 의심을 품을 사람은 없었다.

갠지스강을 날아 건너다

붓다 시절에 출가 수행자들이 강을 건널 때 뱃삯을 내지 않게 된 설화도 있다. 붓다는 깨달음을 얻은 후 다섯 비구들에게 첫 설법을 하기 위해 보드가야를 떠났다. 붓다가 그들이 있는 바라나시의 녹야원으로 가기 위해서는 갠지스강을 건너는 배를 타야 했는데 뱃삯이 없자 사공은 붓다를 태워주기를 거절하였다. 그러자 붓다는 자신의 신족통을 이용하여 갠지스강을 훌쩍 날아 건너갔다. 이 광경을 본 사공은 깜짝 놀라 그만 정신을 잃었다.

나중에 사공이 이 사실을 마가다국의 빔비사라 왕에게 보고하자 빔비사라 왕은 앞으로는 출가 수행자에게서 뱃삯을 받지 말라는 분부를 내렸다. 붓다가 신족통의 초능력을 보였기 때문이었다. 빔비사라 왕은 붓다가 수행자 시절, 우드라카 선인을 찾아 마가다국에 들어왔을 때 그 고귀함에 매료되어 붓다를 찾아간 적이 있었다. 그리고 붓다가 깨달음을 얻게 되면 마가다국의 백성들을 가르쳐 달라고 부탁했었던 왕이다.

카샤파 삼형제를 교화한 기적들

화당에서 용과 대결 : 붓다가 마가다국의 카샤파 삼형제를 교화하기 위해 그들을 찾아갔을 때였다. 그들 형제는 브라만 출신 수행자로서 붓다에게는 미치지 못하지만 이미 상당한 수준의 선정에 도달하여 사람들의 존경을 받고 있었다. 그들은 각각 오백 명, 삼백 명, 이백 명의 제자들도 거느리고 있었다.

그날 붓다는 용이 있는 화당에서 하룻밤 묵게 되었는데, 그 용은 매우 강력한 마력을 지니고 있었다. 붓다가 용이 있는 화당에 들어가 좌선을 하자 이를 본 용은 화가 크게 나서 붓다에게 독 연기를 내뿜었다. 붓다도 신통력을 발휘하여 용을 향해 불꽃을 토해냈다.

밖에서 본 화당은 점점 더 불꽃이 심해져 뜨겁게 달아올랐다. 용이 있는 화당에서 용의 독 연기와 붓다가 내뿜는 불꽃은 서로 점점 더 강력하게 경쟁을 하였다. 마침내 용이 붓다의 불꽃을 견디지 못하고 죽자 카샤파 형제 등 모든 사람이 크게 놀랐다. 지금까지 용이 살고 있는 화당에서 살아서 나온 사람은 한 사람도 없었기 때문이었다. 붓다는 신통력으로 불가사의한 용을 죽였다.

신족통의 기적 : 카샤파는 자신이 스스로 아라한이라고 여기고 붓다가 자신이 얻은 아라한의 경지만큼은 못할 것이라고 생각하고 있었다. 이에 붓다는 자신이 얻은 신통력으로 카샤파를 제도하려고 하였다. 어느 날 공양 시간이 되어 카샤파가 붓다를 찾아와 공양에 초청하자 붓다는 잠시 뒤에 가겠노라고 하고 카샤파를 먼저 보냈다.

그러고는 신족통을 이용하여 남쪽으로 수천 리를 날아가 맛있는 과일나무 열매를 따가지고 돌아와 카샤파보다 먼저 자리에 앉아 있었다. 카샤파가 붓다에게 어떻게 먼저 도착하였는지를 묻자 붓다는 남쪽으로 가서 맛있는 과일을 따왔는데 병을 고치는 데 좋다고 하며 그에게 주었다.

다음 날 아침 공양 시간에 카샤파가 다시 붓다를 청하자, 붓다는 카샤파를 먼저 가게 하고는 서쪽으로 수천 리를 날아가 다른 맛있는 열매를 따왔다. 다음 날에는 북쪽으로 날아가 맵쌀을 가지고 돌아왔다. 붓다가 공양을 마치고 거처로 떠나자 카샤파는 붓다의 신묘함이 매우 크다는 것을 알았지만 아직 붓다에게 귀의하지는 않았다.

다음 날 아침 공양 때가 되어 붓다는 발우를 가지고 카샤파에게 가서 음식을 가지고 돌아왔다. 공양을 마친 뒤, 손을 씻고 양치질을 하려 하였으나 물이 없었다. 그러자 제석천왕이 내려와서 손으로 땅을 가리키자 저절로 연못이 만들어졌다. 카샤파가 보고서는 어떻게 이런 연못이 생겼는지 붓다에게 물었다. 붓다는 공양 후에 손 씻을 물과 양치할 물이 없었는데 제석천왕이 만들어 주었다고 하였다. 그러면서 그 연못을 '손가락으로 가리킨 못'이라고 부르게 하였다.

어느 날 갑자기 큰비가 쏟아져 강물이 넘치는 등 물난리가 났다. 카샤파는 붓다가 걱정이 되어 큰 배를 타고 붓다가 있는 곳으로 갔다. 그러나 붓다가 서 있는 땅은 전혀 물이 들어오지 않고 오히려 흙이 뽀송뽀송하였고 붓다는 평소처럼 주변을 거닐고 있었다. 카샤파가 붓다를 소리쳐 부르자 붓다는 공중을 훌쩍 날아 카샤파가 있는 배 위에 내려앉았다.

타심통의 기적 : 어느 날 카샤파가 큰 제사를 지낼 때 많은 사람이 몰려와서 같이 참석하였다. 카샤파는 자신보다 신통력이 강한 붓다가 오면 많은 사람 앞에서 자신의 위신이 서지 않을까 걱정하였다. 카샤파의 속마음을 타심통으로 읽은 붓다는 그날 다른 세계로 날아가 제사가 끝

날 때까지 돌아오지 않았다.

나중에 카샤파가 붓다에게 제사에 참석하지 않은 까닭을 물었더니, 붓다는 타심통으로 카샤파의 뜻을 알았기 때문이라고 대답했다. "붓다가 오지 않았으면 좋겠는데……' 라고 생각한 그대의 마음을 알았기 때문이오."

화롯불의 기적 : 한겨울 어느 추운 밤에 카샤파의 수행자들이 차가운 강물에 들어가 목욕을 하였다. 그들이 오들오들 떨면서 강에서 올라오자 그곳에는 오백 개의 화로들이 그들을 위하여 빨갛게 불타고 있었다. 붓다가 마련해 둔 것이었다.

이외에도 붓다는 3,500여 가지의 기적을 보여 주었다고 한다. 붓다의 뛰어난 신통력에 카샤파 삼형제는 자신들의 부족함을 시인하고 그날로 천 명의 제자와 함께 붓다의 제자가 되었다.

빔비사라 왕의 교화

카샤파 삼형제를 교화한 후 붓다는 마가다국으로 들어가 왕과 백성들을 제도하려 하였다. 붓다가 수행자 시절 마가다국의 빔비사라 왕이 붓다를 찾아와서 깨달음을 얻으면 자신과 백성들을 교화해달라고 부탁했기 때문이었다. 빔비사라 왕은 그때의 기억을 떠올리고는 붓다를 맞으러 직접 나섰다.

국왕이 영접에 나설 준비를 마쳤는데 성문이 저절로 닫히고 수레와 말이 한꺼번에 넘어졌다. 이에 크게 놀란 왕은 큰 재앙이 있을까 두려워하였다. 그때 공중에서 '옛날에 왕과 같이 서원했던 사람들이 감옥에

갇혀 있기 때문에 문이 닫힌 것'이라는 소리가 들려왔다. 왕이 크게 깨닫고 즉시 죄수들을 풀어주자 성문이 저절로 열려 붓다에게로 갈 수 있었다.

천안통의 기적

붓다는 천안통을 이용하여 모든 중생의 미래생을 알 수 있었다. 어느 날 아난다 존자와 붓다가 나디까라는 마을에 도착하여 긴자카 나무 아래 머물고 있었다. 제자들이 마을로 걸식을 갔는데, 그 나라에 큰 전염병이 들어 많은 사람이 죽었다는 소식을 들었다. 그중에는 이름 있는 우바새(재가 신도) 열 사람도 있었다. 아난다 존자가 이 우바새 열 사람이 몸을 잃고 어디에서 태어났는지 붓다에게 물었다.

붓다는 자신의 천안통을 통하여 살펴보고 그 열 사람에 대해서 말하였다. 그들은 저절로 혼신이 끊어져서 욕계 십팔천상(十八天上)에 태어났으므로 다시는 세간의 법을 받으러 내려오지 않는다고 알려 주었다.

붓다가 자신의 천안통으로 살펴보니 이 나라에 죽은 사람들이 수천 명이나 되었다. 그들 중 오백 명의 우바새는 세 가지 번뇌(三垢)를 끊고 이미 윤회를 끊었기에 모두 천상에 태어나 돌아오지 않는 자리에 이르렀으니 그곳에서 열반을 얻었다.

또 삼백 명의 우바새들은 이미 세 가지 결박(三結)을 끊어 탐욕(貪), 성냄(瞋), 어리석음(痴)이 없어 한 번만 세상에 오는 자리(一來地)에 이르렀으므로 다음에 한 번만 인간으로 태어나 괴로움의 끝을 보게 된다. 또 오백 명의 우바이들은 네 가지 기쁨을 얻고 세 가지 결박을 풀어 흐름에 들어간 지위(預流地)를 얻어 삼악고를 벗어났으므로 그들은 천상과 인간에 태어나기를 일곱 번 거듭하기 전에 아라한을 얻는다.

붓다는 제자들에게 이 사실을 자세히 알려 주었다. 그런 다음 붓다는 제자들에게 말하였다. "사람으로 태어난 자가 죽는 것은 놀랄 일이 아니므로, 누군가가 죽을 때마다 그가 어디에 태어났느냐고 묻는 것은 나를 번거롭게 할 뿐이다. 왜냐하면 나는 붓다가 되었으므로 다시 나고 죽음을 받지 않으니 유정으로서 나의 삶은 이미 끝났기 때문이다."

예수의 기적

예수가 하느님의 아들로서 기적을 일으키는 능력은 모든 것을 알고 모든 것을 할 수 있는 전능하신 하느님의 능력이다.

성경에 기록된 예수가 일으킨 서른다섯 번의 기적들 중에서 죽은 사람을 살린 것이 세 번이었고, 마귀 들린 사람들을 치유한 것이 다섯 번이었다. 나병 환자, 중풍 환자 등 병자를 고친 기적이 열여덟 번이었으며 호수 위를 걷는 등의 이적 행위도 아홉 번이었다.

예수가 이렇게 기적을 일으킨 이유는 사람들에게 자신이 전지전능한 하느님의 아들임을 나타냄과 동시에 그 표징으로써 믿게 하려는 것이었다.

죽은 사람을 살린 기적

과부의 외아들(루카 7.11-17) : 예수가 나인이라는 고을 성문 가까이에서 사람들이 죽은 이를 메고 나오는 것을 보았다. 죽은 이는 한 과부의 외아들이었다. 예수가 관에 손을 대고 말하였다. "젊은이야, 내가 너에게 말한다. 일어나라." 그러자 죽은 이가 일어나 말하기 시작하였다.

야이로의 딸(마르 5,21-43) : 예수가 호숫가에 있을 때 야이로라는 한 회당장이 와서 자기의 어린 딸이 죽게 되었으니 살려 달라고 간곡히 청하였다. "두려워하지 말고 믿기만 하여라. 저 소녀는 죽은 것이 아니라 자고 있다." 예수가 그의 집에 가서 소녀의 손을 잡고 "탈리타 쿰!" 하고 외치자 소녀가 일어났다. 이는 번역하면 "소녀야, 일어나라!"는 뜻이다.

라자로(요한 11,38-44) : 어떤 사람이 베타니아에 사는 마르타와 마리아의 오빠 라자로가 앓고 있다고 예수에게 전하였다. 그 말은 들은 예수는 사흘 뒤에야 베타니아로 갔다. 마르타가 말하였다. "주님, 죽은 지 벌써 나흘이나 되어 냄새가 납니다." 예수는 "네가 믿으면 하느님의 영광을 보리라고 내가 말하지 않았느냐" 하였다. 그리고는 "라자로야, 이리 나와라" 하자 죽었던 이가 걸어 나왔다. "그를 풀어주어 가게 하여라."

마귀 들린 사람을 고친 기적

더러운 영(마르 1,21-28) : 예수가 갈릴래아 카파르나움의 회당에서 안식일에 사람들을 가르치고 있을 때, 더러운 영이 들린 사람이 소리를 지르자 그에게서 영을 쫓아냈다. "조용히 하여라. 그 사람에게서 나가라."

예수님과 베엘제불(마태 12,22-32) : 사람들이 마귀 들려 눈이 멀고 말을 못하는 사람을 예수에게 데려왔다. 예수가 그를 고쳐 주자 바리사이들은 "저자는 마귀 우두머리 베엘제불의 힘을 빌리지 않고서는 마귀들을 쫓아내지 못한다" 하고 말하였다. 예수가 그들에게 말하였다. "내가 하느님의 영으로 마귀를 쫓아내는 것이면, 하느님의 나라가 이미 너희에게 와 있는 것이다."

마귀들과 돼지 떼(마태 8,28-34) : 예수가 가다라인들의 지방에 이르렀을 때, 마귀 들린 두 사람이 무덤에서 나왔다. "하느님의 아드님, 당신께서 저희와 무슨 상관이 있습니까? 저희를 쫓아내시려거든 저 돼지 속으로나 들어가게 해 주십시오." 예수가 "가라" 하자, 마귀들은 돼지 속으로 들어가 비탈을 내리 달려 물에 빠져 죽고 말았다.

가나안 여자(마태 15, 21-28) : 예수가 티로와 시돈 지방으로 갔을 때, 이교도인 어떤 가나안 부인이 "제 딸이 호되게 마귀가 들렸습니다" 하였다. 그러나 예수는 "나는 오직 이스라엘 집안의 길 잃은 양들에게 파견되었을 뿐이다. 자녀들의 빵을 집어 강아지들에게 던져 주는 것은 좋지 않다" 하고 말하였다. 그러자 그 이교도인 부인이 말하였다. "주님, 강아지들도 주인의 상에서 떨어지는 부스러기는 먹습니다." 그러자 예수가 말하였다. "여인아, 네 믿음이 참으로 크구나. 네가 바라는 대로 될 것이다."

마귀 들린 어떤 아이(마태 17,14-21) : 어떤 사람이 예수에게 다가와, 간질병 걸린 아들을 제자들에게 데려가 보았지만 고치지 못하였다고 하였다. 예수가 아이를 데려오라고 한 다음 아이에게 호통을 치자 아이에게서 마귀가 나갔다. 제자들이, "어찌하여 저희는 그 마귀를 쫓아내지 못하였습니까?" 하고 물으니 예수가 답하였다. "너희의 믿음이 약한 탓이다. 너희에게 겨자씨 한 알만한 믿음이라도 있다면 너희가 못 할 일은 하나도 없을 것이다."

병자를 치유한 기적

왕실 관리의 아들(요한 4,43-54) : 예수가 카나에 있을 때 이교도인 카나 왕실 관리의 아들이 카파르나움에서 앓아 누워 있었다. 왕실 관리가 예수에게 아들을 고쳐달라고 부탁하였으나 예수는 처음에는 거절하였다. "너희는 표징과 이적을 보지 않으면 믿지 않을 것이다." 그러나 그가 재차 죽기 전에 같이 가달라고 당부하자, "가거라, 네 아들은 살아날 것이다" 하였다. 그가 믿고 떠나가서 보니, 아이가 살아났다.

시몬의 장모(루카 4,38-39) : 예수가 회당을 떠나 베드로의 집으로 갔을 때, 그의 장모가 열병으로 누워 있었다. 예수가 그 부인에게 가까이 가서 열을 꾸짖으니 열이 가셨다.

나병 환자(마르 1,40-45) : 어느 고을에서 한 나병 환자가, "주님, 주님께서는 하고자 하시면 저를 깨끗하게 하실 수 있습니다" 하였다. 예수가 "내가 하고자 하니 깨끗하게 되어라" 하자, 곧 그의 나병이 깨끗이 나았다.

중풍 환자(마르 2,1-12) : 카파르나움에서 사람들이 어떤 중풍 환자를 데리고 왔는데, 사람들이 많아 예수에게 가까이 갈 수 없게 되자, 예수가 있는 곳의 지붕을 벗겨 내어 중풍 환자를 내려 보냈다. 예수가 그들의 믿음을 보았다. "얘야, 너는 네 죄를 용서받았다. 일어나 네 평상을 가지고 집으로 가거라."

손이 오그라든 사람(마태 12,9-14) : 안식일에 예수가 어느 고을의 회당에 들어가니 손이 오그라든 사람이 있었다. 사람들은 예수를 고발하려고, "안식일에 병을 고쳐 주어도 됩니까?" 하고 물었다. 예수는 "사람이 양보다 얼마나 더 귀하냐? 그러니 안식일에 좋은 일을 해도 된다"고 하며 그를 고쳐 주었다.

백인대장의 병든 종(마태 8,5-13) : 예수가 카파르나움에 갔을 때 마침 어떤 백인대장의 노예가 병들어 죽게 되었는데, 그의 믿음이 확고하였다. "그저 말씀만 하시어 제 종이 낫게 해 주십시오." 예수는 "나는 이스라엘의 그 누구에게서도 이런 믿음을 본 일이 없다" 하며 그 종의 병을 고쳐 주었다. "가거라, 네가 믿은 대로 될 것이다."

하혈하는 부인(마르 5,25-34) : 예수가 야이로 회당장과 얘기하고 있을 때 군중 가운데에서 혈루증을 앓는 여자가 예수의 옷자락 술에 손을 대었다. '내가 저분의 옷에 손을 대기만 하여도 구원을 받겠지' 하고 생각했던 것이다. 그러자 예수는 자신의 몸에서 힘이 나간 것을 알고 "누가 내 옷에 손을 대었느냐?" 하고 물었다. 여인이 두려워 떨며 사실대로 말하자 예수가 말하였다. "딸아, 네 믿음이 너를 구원하였다. 평안히 가거라."

눈먼 두 사람(마태 9,27-31) : 눈먼 사람 둘이 예수를 따라오며 "다윗의 자손이시여, 저희에게 자비를 베풀어 주십시오" 하였다. 예수가 "내가 그런 일을 할 수 있다고 너희는 믿느냐?" 하자 그들이 "예" 하고 대답하였다. 예수가 그들의 눈에 손을 대어 "너희가 믿는 대로 되어라" 하자 그들의 눈이 열렸다.

말 못하는 이(마태 9,32-34) : 사람들이 예수에게 말 못하는 사람 하나를 데려왔다. 마귀가 쫓겨나자 그가 말을 하였다. 군중들이 놀라워하며 "이런 일은 이스라엘에서 한 번도 본 적이 없다"라고 말하자 바리사이들은 예수가 마귀 우두머리의 힘을 빌려 마귀들을 쫓아낸다고 하였다.

벳자타 못 가의 병자(요한 5,1-18) : 예루살렘의 '양 문' 근처에는 벳자타라는 못이 있었는데, 거기에서 예수가 서른여덟 해 동안이나 앓고 있는 사람을 고쳐 주었다. "일어나 네 들것을 들고 걸어가거라." 그날은 안식일이었는데, 유다인들은 예수가 안식일에 그런 일을 하였다고 예수를 박해하기 시작하였다.

귀먹고 말 더듬는 이(마르 7,31-37) : 예수가 다시 갈릴래아로 돌아왔을 때 사람들이 귀먹고 말 더듬는 이를 데려왔다. 예수가 그의 두 귀에 손가락을 넣었다가 다시 혀에 대고, "에파타!" 곧 "열려라!" 하고 말하자 귀가 열리고 혀가 풀려서 말을 제대로 하게 되었다.

벳사이다의 눈먼 이(마르 8,22-26) : 예수가 벳사이다로 가자 사람들이 눈먼 이를 데리고 왔다. 예수가 두 눈에 침을 바르고 그에게 손을 얹었다. "무엇이 보이느냐?" 하자 그가 사람이 보이는데, 걸어다니는 나무처럼 보인다고 하였다. 예수가 다시 그의 눈에 손을 얹으니 그가 똑똑히 보게 되었다.

태어나면서부터 눈먼 사람(요한 9,1-12) : 예수가 길을 가다가 태어나면서부터 눈먼 사람을 보았다. 그 사람이 눈이 먼 것은 본인 죄도 아니고 부모 죄도 아니었다. 하느님의 일이 그에게서 드러나려고 그리된 것이었다. 예수가 땅에 침을 뱉고 그것으로 진흙을 개어 그의 눈에 바른 다음 "실로암 못으로 가서 씻어라" 하였다. '실로암'은 '파견된 이'라고 번역되는 말이다.

나병 환자 열 사람(루카 17,11-19) : 예수가 예루살렘으로 가는 길에 사마리아와 갈릴래아 사이를 지나갔다. 그때 어떤 마을에서 나병 환자 열 사람을 만나서 고쳐 주었다. "가서 사제들에게 너희 몸을 보여라." 그들 가운데 한 사람이 돌아와 예수의 발 앞에 엎드려 감사를 드렸다. 그는 사마리아 사람이었다. "그런데 아홉은 어디에 있느냐? 일어나 가거라. 네 믿음이 너를 구원하였다."

등 굽은 여자(루카 13,10-17) : 예수가 안식일에 어떤 회당에서 가르치고 있었는데, 마침 그곳에 허리가 굽어 몸을 조금도 펼 수 없는 여자가 있었다. 예수가 그 여자를 가까이 부르시어 "여인아, 너는 병에서 풀려났다" 하시고 그 여자에게 손을 얹었다. 그러자 그 여자가 즉시 똑바로 일어서서 하느님을 찬양하였다.

수종을 앓는 이(루카 14,1-6) : 예수가 어느 안식일에 바리사이의 지도자 한 사람의 집에서 식사를 했는데, 마침 그때 수종을 앓는 사람이 있었다. 예수가 바리사이들에게, "안식일에 병을 고치는 것이 합당하냐, 합당하지 않으냐?" 하고 물었으나 그들은 잠자코 있었다. 예수는 그의 손을 잡고 병을 고쳐서 돌려보냈다.

눈먼 이(마르 10,46-52) : 예수가 예리코를 떠날 때 티매오의 아들 바르티매오라는 눈먼 거지를 고쳤다. "다윗의 자손이시여, 저에게 자비를 베풀어 주십시오." "가거라. 네 믿음이 너를 구원하였다." 그는 예수를 따라 길을 나섰다.

잘린 귀를 고치다(요한 18,1-11) : 예수가 잡히던 날 시몬 베드로는 대사제의 종 말코스의 오른쪽 귀를 칼로 쳐서 잘랐다. 예수가 말했다. "그 칼을 칼집에 꽂아라. 아버지께서 주신 이 잔을 내가 마셔야 하지 않겠느냐?" 예수가 말코스의 귀에 손을 대어 고쳐 주었다.

이적 행위들

카나의 혼인 잔치(요한 2,1-12) : 예수가 요한의 세례를 받은 후 얼마 안 되어 갈릴래아의 카나에서 혼인 잔치가 있었는데, 예수의 어머니 마리아와 예수도 초대를 받았다. 그런데 혼인 잔치에서 포도주가 떨어지자 어머니가 예수에게, "얘야, 포도주가 떨어졌다" 하였다. 예수는 "아직 저의 때가 오지 않았습니다" 하였지만 어머니의 부탁으로 물동이 여섯 개의 물을 포도주로 변하게 하였다.

고기잡이 기적(루카 5,1-11) : 예수가 겐네사렛 호수에서 시몬의 배에 올라 군중을 가르친 후, 시몬에게 깊은 데로 가서 그물을 내리게 하였다. 그러자 그물이 찢어질 만큼 많은 물고기가 잡혔다. "두려워하지 마라. 이제부터 너는 사람을 낚을 것이다."

풍랑을 가라앉히다(마태 8,23-27) : 예수가 제자들과 함께 호수를 건너가는데 갑자기 큰 풍랑이 일어 배가 파도에 뒤덮이게 되었다. 예수가 일어나 바람과 호수를 꾸짖자 고요해졌다. "왜 겁을 내느냐? 이 믿음이 약한 자들아." 사람들은 매우 놀라워하며 말하였다. "도대체 이분이 누구시기에 바람과 물에게 명령하시고 또 그것들이 이분께 복종하는가?"

오천 명을 먹이다(요한 6,1-15) : 예수가 티베리아스 호수 건너편으로 갔는데 많은 사람이 예수를 따라왔다. 제자들이 군중들을 먹일 일을 걱정하자 예수는 어떤 아이 하나가 가지고 있던 보리 빵 다섯 개와 물고기 두 마리로 기적을 일으켜 나누어 주게 하였다. 사람들이 모두 배불리 먹고 남은 조각을 모으니 열두 광주리에 가득 찼다. 그날 먹은 사람들은 장정만 오천 명이었다.

물 위를 걷다(마태 14,22-33) : 제자들이 배를 타고 호수 건너편 카파르나움으로 떠났다. 예수는 기도하려고 산에 올랐으므로 그들과 함께 있지 않았다. 예수는 새벽에 호수 위를 걸어 제자들에게 갔는데, 제자들은 예수가 호수 위를 걷는 것을 보고 "유령이다!" 하며 두려워하였다. 예수가 "두려워하지 마라. 나다" 하였다. 그러자 베드로가 "주님, 주님이시거든 저더러 물 위를 걸어오라고 명령하십시오" 하였다. 예수가 그렇게 하자, 베드로가 물 위를 걸어 예수에게로 가다가 그만 두려워져 물에 빠졌다. "이 믿음이 약한 자야, 왜 의심하였느냐?"

사천 명을 먹이다(마태 15,32-39) : 그 무렵 많은 군중이 모였는데 먹을 것이 없었다. 예수는 제자들이 가지고 있던 빵 일곱 개와 물고기 조금으로 사천 명을 먹였다. 남은 조각을 모았더니 일곱 바구니에 가득 찼다.

성전 세를 바치다(마태 17,24-27) : 카파르나움에서 성전 세를 거두는 사람들이 예수는 왜 성전 세를 내지 않느냐고 하였다. 예수의 말에 따라 시몬이 호수에 가서 낚시를 던져 먼저 올라오는 고기의 입을 열고 스타테르 한 닢을 발견하였다. 그것으로 성전 세를 바쳤다.

무화과나무를 저주하다(마태 21,18-22) : 예수가 새벽에 성안으로 들어갈 때 시장해서 무화과나무에게로 갔다. 그러나 잎사귀밖에는 아무것도 보이지 않았다. "이제부터 너는 영원히 열매 맺는 일이 없을 것이다."

물고기 백쉰세 마리(요한 21,1-14) : 부활한 예수가 티베리아스 호숫가에서 제자들에게 나타나 그물을 치게 하였다. 큰 고기가 백쉰세 마리나 가득 들어 있었다.

붓다의 비유[30]

붓다는 깨달음을 얻은 후, 바라나시로 떠나간 다섯 비구를 찾아가 첫 법을 설했다. 이것을 초전법륜(初轉法輪)이라고 한다. 이후 붓다는 80세에 입적하기까지 45년 동안 많은 제자와 사람들에게 법을 설했는데 대부분 비유를 들어 설명하였다. 따라서 그 비유의 수가 헤아릴 수도 없이 많으므로 붓다를 비유의 달인이라고도 한다. 붓다의 비유 설명을 들으면 붓다가 전하는 법의 진리를 쉽게 이해할 수 있으므로 그 중 일부를 소개한다.

젖은 나무의 비유

붓다는 수행을 시작하기 전 많은 수행자를 보고 올바른 수행 방법에 대하여 생각하면서 이를 젖은 나무에 비유하였다. 붓다 시절의 인도에는 많은 수행자가 다양한 방법으로 수행을 하고 있었다.

음식을 제한하는 수행자, 설탕이나 꿀이나 식초를 먹지 않는 수행자, 하루에 보리 한 알이나 삼씨나 쌀밖에 먹지 않는 수행자, 물밖에 마시지 않는 수행자, 굶어 죽으면 천국에 태어난다고 믿는 수행자, 소나 양의 가죽 또는 나무껍질만을 입거나 아예 벌거벗은 수행자, 강물에 들어가 목욕하는 수행자, 재를 몸에 바르는 수행자, 시커먼 검댕이나 똥을 바르는 수행자, 해나 달을 쳐다보는 수행자, 못을 박은 판자 위에서 자는 수행자, 주문을 외우고 〈베다〉의 성전을 읽는 수행자, 칼 같은 무기에 제사 지내며 해탈을 구하는 수행자 등 헤아릴 수 없이 많았다.

붓다는 생각했다. '수행자들 가운데에는 몸과 마음이 즐기는 일에만 빠져, 탐욕 생활과 욕망을 버리지 못한 채 고행하는 사람들이 있다. 이것은 마치 불을 얻으려고 하면서 젖은 나무를 물속에서 마주 비비는 것과 같다. 이래서는 성공할 턱이 없다. 또한, 수행자 중에는 비록 몸으로는 탐욕을 행하지 않더라도 마음에서는 여전히 애착을 버리지 못하는 수행자들이 있다. 이것도 불을 얻으려고 하면서 젖은 나무를 물속에서 마주 비비는 것과 같다.

그런데 어떤 수행자들은 몸과 마음을 바르게 닦고 탐욕을 떠나 조용한 곳에서 수행이나 고행을 행하고 있다. 이것은 불을 얻기 위해 잘 마른 나무를 마른 땅에서 비비는 것과 같아서 비로소 불을 얻을 수 있다. 그러므로 몸과 마음이 맑고 고요해야만 참된 수행과 고행으로 최고의 깨달음에 이를 수 있다.'

악생(惡生) 국왕의 비유

붓다가 처음으로 법륜을 굴리며 다섯 비구에게 깨달음을 설하였지만 그들이 깨달음을 이해하지 못하자 비유를 들어 설명하였다.

먼 옛날에 악생(惡生)이라는 국왕이 있었다. 하루는 국왕이 여러 관속과 기녀들을 데리고 깊은 산속에 들어가 놀고자 하였다. 산에 이르러 국왕은 기녀들만 데리고 산꼭대기로 올라가 함께 놀았다. 놀다가 피곤에 지친 국왕이 잠이 들자 기녀들은 국왕이 편안히 잠들게 자리를 보아 주고 꽃을 구경하러 갔다.

기녀들은 꽃을 따다가 한 도인이 나무 아래에 단정히 앉아 선을 하는 것을 보았다. 기녀들이 그 앞에 나아가 예를 올리자 도인은 경법(經法)을 설하기 시작했다. 기녀들이 도인의 설법을 듣는 사이에 국왕이 잠에서 깨어나 돌아보니 아무도 없어서 기녀들을 찾아 나섰는데, 그들은 모두 도인 앞에 다소곳이 앉아 있는 게 아닌가?

국왕은 질투심이 끓어올라 도인에게 물었다. "그대는 무엇 때문에 남의 기녀들을 꾀었소? 당신은 무엇 하는 사람이오?" 도인이 답하였다. "나는 인욕(忍辱)을 닦는 사람입니다." 그러자 국왕은 칼을 빼어 도인의 양팔을 잘라버리고 다시 물었다. "그대는 무엇 하는 사람이오?" "나는 인욕을 닦는 사람입니다." 양팔이 잘렸음에도 불구하고 도인이 전혀 안색을 바꾸지 않자 국왕은 자신의 허물을 뉘우쳤다. 그러자 도인이 말하였다. "그대는 지금 여색 때문에 나를 해쳤지만 나는 참기를 땅과 같이 하였소. 그러니 내가 반드시 깨달음을 얻어 그대의 생사를 끊어 주겠소."

그러자 왕은 자신의 죄가 깊어 반드시 벌을 받을 것이라 생각하고 도인에게 용서해 줄 것을 애원하였다. 도인이 말하였다. "내가 진실로 인욕을 닦는 것이라면 피는 젖이 되고 끊어진 곳은 다시 회복될 것이오."

그러자 곧 도인이 말한 대로 젖이 나와 그의 몸을 회복시켰다. 국왕은 도인의 인욕의 증거를 보고, 도인이 참된 깨달음을 얻으면 반드시 자신을 제도해 주기를 당부하고는 궁으로 돌아갔다.

이 비유에서 도인은 붓다이며 악생 국왕은 다섯 비구 중 한 사람인 콘단야라고 한다.

타오르는 불의 법문 비유

붓다가 다섯 비구를 교화하고 다시 가야의 우루빌바로 돌아와 결발 수행자들인 카샤파 삼형제를 교화하였다. 그들은 붓다가 화당의 용을 죽이는 등 기적을 행하자 붓다에게 귀의하였다. 그들이 불을 숭배하는 배화교도였으므로 불을 신성하게 보았지만 붓다에게 불은 번뇌의 상징이었다.

"비구들이여, 일체가 불타고 있다. 시각도 불타고 형상도 불타고 시각의 의식도 불타고 시각 접촉도 불타고 시각 접촉으로 생겨나는 느낌도 불타고 있다. 태어남, 늙음, 죽음도 불타고 있다. 이와 같이 시각도, 청각도, 후각도, 미각도, 촉각도, 뜻도 불타고 있고 일체가 다 불타고 있다.

비구들이여, 이 모든 것이 불타는 것과 같이 많이 배운 성자는 시각도 싫어하여 떠나고 형상도 싫어하여 떠나고 시각의 의식도, 시각 접촉도, 느낌도 싫어하여 떠난다. 싫어하여 떠나서 사라지고 사라져서 해탈한다. 해탈하면 나의 생은 이미 다하고 범행은 이미 섰으며 해야 할 일을 다 마치고 더 이상 윤회하지 않는다."

이와 같이 붓다는 카샤파 삼형제에게 불을 비유로 들어 설명을 하자 그들은 제자 천 명을 이끌고 붓다에 귀의하였다.

거문고 줄의 비유

소나 존자는 출가 후 수행에 열심히 정진했으나 아라한과를 얻지 못하자 실망하여 환속하려고 했다. 그때 붓다는 소나에게 "거문고 줄을 너무 조여도, 너무 느슨하게 하여도 맑은 소리를 못내는 것과 같이 수행은 너무 조급하게 서둘러도 안 되고, 그렇다고 해서 너무 나태하게 해서도 안 된다"고 일깨워 주었다.

"정진이 너무 조급하면 그 들뜸만 늘어나고, 정진이 너무 느슨하면 사람을 게으르게 한다. 그러므로 너는 마땅히 한결같이 고르게 닦고 익히고 거두어 받아, 집착하지도 말고 방일하지도 말며 모양을 취하지도 말라." 그렇게 정진한 결과 소나는 마침내 아라한과를 얻게 되었다.

손바닥 마주침의 비유

붓다는 십팔계를 손뼉 소리에 비유하여 설명하고 있다. 우리 몸에는 안·이·비·설·신·의 육근이 있어 외부 세계의 색·성·향·미·촉·법 육경과 접촉하여 인식하고 받아들인다. 즉 두 손이 서로 마주쳐 소리를 내는 것과 같이 육근과 육경이 인연하여 육식이 생긴다.

눈이 형상을 인식하여 안식이 생기고 귀가 소리를 인식하여 이식이 생긴다. 이와 같이 비식, 설식, 신식, 의식 등 육식이 생긴다. 이 근, 경, 식, 삼사화합의 원리에서 십팔계가 나온다. 붓다가 이렇게 제법을 오온, 십이처, 십팔계 등으로 분류한 것은 결국 제법이 무상, 고, 무아임을 일깨워 주기 위함이었다.

갈대의 비유

갈대의 비유는 사리불 존자와 마하구치라 존자의 대화에서 연기법을 설명하기 위한 것이다. 연기법의 열두 항목이 서로 인연하여 생긴다는 것은 마치 세 개의 갈대를 빈 땅에 세울 때 서로서로 의지해야 하는 것과 같은 이치이다. 만일 그 하나를 빼버리면 둘도 서지 못하고, 만일 둘을 빼버리면 하나도 또한 서지 못하게 되니, 서로서로 의지해야 서게 된다는 것이다.

"무명을 연하여 행이 생기고, 행을 연하여 식이 생기고, 식을 연하여 명색이 생기며 명색을 연하여 육입이 생기고, 육입을 연하여 촉이 생긴다. 촉을 연하여 수가 생기고, 수를 연하여 애가 생기며 애를 연하여 취가 생기고, 취를 연하여 유가 생긴다. 유를 연하여 생이 생기고, 생을 연하여 노·병·사가 생긴다."

큰 의왕(大醫王)의 비유

붓다는 병을 잘 고치는 큰 의왕에 비유된다. "네 가지 법을 성취하면 큰 의왕이라 부른다. 첫째는 병을 잘 아는 것이고, 둘째는 병의 원인을 잘 아는 것이며 셋째는 병을 치료하는 방법을 잘 아는 것이고, 넷째는 병이 치료된 뒤에 다시 재발하지 않게 하는 것을 잘 아는 것이다."

이것을 사성제에 대입하면, 첫째, 병을 잘 안다는 것은 괴로움에 대한 성스러운 진리를 잘 안 다는 것이고, 둘째, 병의 원인을 잘 안다는 것은 괴로움의 원인에 대한 성스러운 진리를 잘 안다는 것이며 셋째, 병을 치료하는 방법을 잘 안다는 것은 괴로움을 소멸로 이끄는 길에 대한 성스러운 진리에 대해 잘 안다는 것이다. 넷째, 병이 치료된 뒤에 다시 재발하지 않게 하는 것을 잘 안다는 것은 괴로움의 소멸에 대한 성스러운 진리를 잘 안다는 것이다.

병은 고성제에 해당하고, 병의 원인은 집성제, 병을 치료하는 방법은 도성제, 재발 방지는 멸성제에 해당한다.

독화살 맞은 범부의 비유

이 비유는 접촉의 느낌을 독화살을 맞은 사람의 느낌에 비유하여 설명한 것이다. "어리석고 배움이 없는 범부들은 몸의 접촉으로 괴로운 느낌, 즐거운 느낌, 괴롭지도 즐겁지도 않은 느낌 등을 받는다. 이는 그 범부가 몸에 두 개의 독화살을 맞은 것에 비유할 수 있다. 즉 접촉을 몸으로 느끼는 것과 마음으로 느끼는 것이다.

범부들은 분명하게 알지 못하기 때문에 모든 오욕에 대하여 즐겁다고 느끼고 즐거움을 누리며 탐욕이라는 번뇌의 지배를 받는다. 또 모든 오욕에 대하여 괴롭다고 느끼고 성내는 마음을 일으키고 성냄이라는 번뇌의 지배를 받는다. 즐거움과 괴로움을 몸으로 느끼는 것은 첫 번째 독화살이고 탐욕의 번뇌와 성냄의 번뇌를 마음으로 느끼는 것은 두 번째 독화살이다. 그러나 많이 배운 성스러운 제자들은 몸의 접촉으로 즐거운 느낌을 받더라도 그 느낌을 즐기지 않으며 탐욕을 끊어 번뇌의 지배에서 벗어난다. 또 괴로운 느낌을 받더라도 성내는 마음을 일으키지 않으며 성냄을 끊고 번뇌의 지배에서 벗어난다. 마치 몸의 느낌이라는 첫 번째 독화살은 맞더라도 마음의 느낌이라는 두 번째 독화살은 맞지 않은 것과 같다.

무기설과 독화살의 비유

독화살의 비유는 또 있다. 무기설(無記說)을 독화살에 비유한 것이다. 앞에서 본 바와 같이 무기(無記)란 기술하거나 설명할 수 없는 것, 즉 기술하는 것도 설명하는 것도 불가능한 것이라는 뜻이다. 그럼 무엇이 기술하거나 설명할 수 없는 것인가?

　붓다의 중요 관심사는 처음부터 인간의 현실적인 괴로움에 관한 것이었고 추상적인 형이상학에 대해서는 전혀 관심을 기울이지 않았다. 형이상학이란 세계의 기원, 세계의 지속 기간, 세계의 크기, 영혼의 본성, 여래(如來), 즉 붓다의 사후 상태 등을 말한다. 이런 질문들은 본질적인 수행과 그다지 관계가 없거나 실존적인 괴로움의 문제를 해결하는데 별로 도움이 되지 않는 질문들이다. 불교에서는 이를 십무기(十無記)라 하는데 십무기의 명제는 다음과 같다.

　① 세계는 영원한가?
　② 세계는 영원하지 않은가?
　③ 세계는 유한한가?
　④ 세계는 무한한가?
　⑤ 영혼은 육체와 같은 것인가?
　⑥ 영혼은 육체와 다른 것인가?
　⑦ 여래는 사후에 존재하는가?
　⑧ 여래는 사후에 존재하지 않는가?
　⑨ 여래는 사후에 존재하면서 동시에 존재하지 않는가?
　⑩ 여래는 사후에 존재하지도 않고 존재하지 않지도 않는가?

　여기서 ①과 ②는 세계의 시간적 한계에 관한 것이고 ③과 ④는 세계의 공간적 한계에 관한 것이다. ⑤와 ⑥은 영혼과 육체에 관한 문제이고 ⑦ ⑧ ⑨ ⑩은 여래의 사후에 관한 질문이다. 이 질문은 마룬캬풋타가 붓다에게 질문한 것이다.

"세존이시여, 제가 홀로 선정에 들어있을 때 '세계는 영원한가 영원하지 않은가? 세계는 끝이 있는가 없는가? 영혼은 육체와 같은가 다른가? 여래는 사후에도 존재하는가 존재하지 않는가? 여래는 사후에 존재하기도 하며 존재하지 않는 것도 아닌가?'라는 의문이 떠올랐습니다.

그러나 세존께서는 이런 의문에 한 번도 답변해 주시지 않았습니다. 저는 세존께 이러한 것을 묻고 싶습니다. 만약 세존께서 저의 이러한 의문에 답변해 주신다면, 저는 세존의 가르침 안에 머물며 거룩한 삶을 따를 것입니다."

붓다는 마룬캬풋타에게 대답했다. "마룬캬풋타여, 어떤 어리석은 사람이 만약 붓다께서 나를 위해 세계는 영원한가 영원하지 않은가? 영혼과 육체는 같은 것인가 다른 것인가? 여래는 사후에도 존재하는 것인가 존재하지 않는 것인가? 존재하는 것도 존재하지 않는 것도 아닌가에 대해서 분명히 말씀해주시지 않는다면 붓다의 가르침에 따라 수행하지 않겠다고 생각한다면 그는 그 의문을 풀지도 못한 채 도중에서 목숨을 마치고 말 것이다.

예를 들어 어떤 사람이 독화살을 맞아 견디기 어려운 고통을 겪을 때, 친족들이 빨리 의사를 부르려고 하였다. 그러나 화살을 맞은 사람이 '아직 이 화살을 뽑아서는 안 된다. 나는 화살을 쏜 사람이 크샤트리아인지, 브라만인지, 바이샤인지 수드라인지, 또는 그 이름과 성은 무엇인지, 그의 키가 큰지 작은지 중간 정도인지, 그의 얼굴색이 하얀지 검은지, 어떤 마을에서 왔는지 먼저 알아야겠다. 또한 내가 맞은 화살이 어떤 종류의 것인지 알아야 화살을 뽑을 것이다. 아울러 어떤 새의 깃으로 장식된 화살인지, 화살 끝에 묻힌 독은 어떤 종류의 독인지 알아야 화살을 뽑을 것이다'라고 한다면, 그 사람은 이러한 사실을 알기도

전에 죽고 말 것이다."

이처럼 붓다는 십무기의 형이상학적 질문들에 대해 독화살의 비유를 들어 설명했다. 요컨대 세계가 영원하다거나 무한하다거나, 영혼과 육체가 동일하다거나 다르다거나, 여래가 사후에 존재한다거나 존재하지 않는다거나 단정적으로 말하지 않는다는 입장이다. 그러한 의문은 연기의 도리와 법에 맞지 않고 청정한 수행도 아니며, 깨달음으로 나아가는 길도 아니고 열반의 길도 아니기 때문이다.

뗏목의 비유

어떤 사람이 영원한 행복을 찾아 길을 떠났다. 그는 이곳저곳을 찾아 헤매다가 큰 강을 만났는데, 그가 원하는 영원한 행복은 강 너머에 있으므로 강을 건너야 했다. 궁리 끝에 그는 나무로 뗏목을 만들어 타고 강을 건너 저편에 도달하였다. 그곳에서 자신이 원하던 영원한 행복을 발견한 그는 강을 건너게 해준 그 뗏목이 너무나 고마워서 그 뗏목을 버리지 않고 가지고 다니면서 다시 사용하려고 생각하였다.

이 비유에서 강 이편(此岸)은 우리가 살고 있는 이 세상이고 강 저편(彼岸)은 열반의 세계이다. 뗏목은 진리의 길로 이끌어준 선한 법들이다. 그는 뗏목을 이용하여 영원한 행복인 진리를 찾았으므로 뗏목은 더 이상 소용이 없다. 집착하지 말고 뗏목도 버려야 한다.

농부의 비유

니간타라는 선인이 있었다. 어느 날 니간타의 제자 한 사람이 붓다에게 찾아와 질문을 하였다. "법의 가르침이 치우치고 고르지 않아서 도를 얻는 사람도 있지만 얻지 못하는 사람도 있는지요?" 이에 붓다는 농부의 비유를 들어 설명하였다.

어떤 농부에게 밭이 두 개 있었는데, 위에 있는 밭은 물이 잘 빠지고 비옥하지만, 아래에 있는 밭은 물이 잘 빠지지 않고 척박하였다. 봄을 맞아 농부가 두 개의 밭에 좋은 씨앗을 똑같이 뿌리고 똑같이 정성을 기울여 열심히 길렀다. 그러나 가을이 되어 추수할 때는 두 밭에서 나는 열매가 현저히 다름을 알 수 있다.

씨앗의 품질과 농부의 정성이 똑같았음에도 불구하고 두 밭의 수확이 다른 것은 땅이 비옥하거나 척박하기 때문이다. 이처럼 사람들이 붓다의 설법을 들은 뒤에 믿고 행하여 도를 얻는 것은 비옥한 땅에서 많은 열매를 수확하는 것과 같은 것이다. 사람들이 붓다의 설법을 듣고도 등을 돌려 그것을 믿지도 않고 행하지도 않는다면 이는 척박한 땅에 뿌려진 씨앗에서 열매가 맺지 않는 것과 같은 이치이다.

뚫어진 그릇의 비유

이것은 또한 뚫어진 그릇에 물을 채우는 것과도 같다. 어떤 사람이 그릇을 가지고 물을 받는데 하나는 온전한 그릇이고 하나는 구멍이 뚫어진 그릇이었다. 온전한 그릇에는 금방 물이 차지만 구멍이 뚫어진 그릇은 물이 차지 않는다. 붓다의 설법을 듣고 믿고 행하는 사람은 온전한 그릇과 같아서 도를 얻게 되지만 설법을 듣고도 믿지 않고 행하지 않는 사람은 뚫어진 그릇과 같아서 도를 얻지 못한다.

말이 먹는 보리의 비유

아그니닷타라는 한 브라만이 수란연이란 곳에 살고 있었다. 어느 날 그가 붓다를 찾아와 설법을 듣고는 매우 기뻐하며 붓다에게 한 철 석 달 동안 수란연에 와서 교화를 베풀어 주기를 청하였다. 어느 날 붓다는 오백 명의 제자들과 함께 수란연으로 갔다.

그러나 그때 아그니닷타는 마왕에 홀려 보배의 장식, 여자의 즐거움, 의복과 음식, 영화와 안락, 색욕 등 오욕의 유혹에 빠지고 말았다. 그래서 문지기에게 앞으로 한 철 석 달 동안 손님을 아무도 들여보내지 말라고 분부하고는 별당으로 들어가 버렸다.

수란연의 아그니닷타 집에 도착한 붓다는 그 집 안으로 들어가지 못하고 집 옆에 있는 커다란 나무 아래에 머물렀다. 당시 수란연 고을은 흉년인데다 사람들이 도를 좋아하지 않았으므로 붓다는 제자들에게 각자 편리한 대로 걸식을 하게 하였다. 그러나 제자들은 사흘째 빈손으로 돌아왔다.

그때 말을 부리는 사람이 말이 먹는 보리를 덜어서 붓다와 제자들에게 공양하였다. 아난다는 이 보리를 받고서는 한탄하였다. "무릇 여러 나라 임금들이 바치는 맛있는 음식조차도 붓다의 입에는 맞지 않다고 여겼는데 지금 받은 이 조악한 보리를 어찌 붓다에게 공양할 수 있겠는가?"

그러나 아난다는 어느 여인에게 부탁하여 말이 먹는 보리로 밥을 지어 붓다에게 공양하였다. 붓다는 그것을 맛있게 먹고 아난다의 마음을 풀어주려고 아난다에게도 남은 밥을 주었다. 아난다가 먹어 보니 너무 맛이 있고 향기로워 이 세상에서는 볼 수 없는 맛이었다. 아난다는 붓다가 왜 한동안 말이 먹는 보리를 먹었는지 몰라서 붓다에게 그 뜻을 묻자 붓다가 제자들에게 비유를 들어 말하였다.

먼 옛날 반두월이라는 나라에 빈두라는 왕이 살았는데, 그 왕에게는 유위라는 태자가 있었다. 태자는 출가하여 도를 닦고 붓다가 되어서 육만이천 명이나 되는 제자들과 함께 돌아왔다. 빈두 왕은 붓다가 된 태자와 제자들을 위해 성안을 장엄하고 진귀한 보석들로 장식하였다.

그때 청정하고 덕이 높은 범지가 성안에 볼일이 있어 들어왔다가 성안이 온통 화려하게 장식된 것을 보고 사람들에게 오늘이 무슨 특별한 명절인가 하고 물었다. 한 사람이 대답하기를, "오늘은 왕의 태자가 돌아오셔서 공양을 올리는 날입니다. 태자께서는 출가하신 후 도를 이루셔서 붓다라고 불립니다" 하였다.

이 말을 들은 범지가 말하였다. "이런 사람은 맛있는 음식을 먹어서는 안 되오. 그가 도를 얻고 깨달은 사람이라면 그는 말이 먹는 보리를 먹는 것이 마땅하오." 그러자 제자 중에서 한 사람이 범지에게 말하였다. "만약 이 사람이 말하는 태자가 도를 얻은 사람이라면 그분이야말로 덕이 높아서 하늘의 음식을 드시기에 마땅할 것입니다."

붓다가 제자들에게 말하였다. "그때의 덕이 높은 범지가 지금의 나이고 범지의 제자들은 지금 그대들이며 그때 스승을 일깨워준 사람이 바로 지금의 사리불이다. 나는 이러한 재앙을 심었다가 지금에야 비로소 이 세상에서 갚아야 할 것을 모두 마친 것이다. 그러므로 비구들이여, 저마다 마음과 입을 보호하여 방자함이 없게 하라."

오백 대의 수레 소리 비유

열반에 들기 석 달 전에 붓다는 아난다와 함께 쿠시나라로 가고 있었다. 가는 도중 잠시 쉬는 동안 목이 말라 아난다로 하여금 강에서 물을 떠오게 하였으나 그 강 상류로 오백 대의 수레가 지나가면서 흙탕물을 만들어 놓아 그 물을 마실 수가 없었다.

그때 화씨 족의 대신인 복계가 지나가다가 붓다를 발견하고 붓다에게 예를 올렸다. 붓다가 복계에게 질문했다. "그대는 무엇으로 법의 기쁨을 얻었습니까?" 복계가 대답하였다.

"역람이라는 비구를 통해서 법의 기쁨을 얻었습니다. 어느 날 제가 길을 가다가 역람이 나무 아래에 앉아 선정에 든 것을 보았습니다. 그때 길에는 오백 대의 수레가 지나가고 있었는데, 수레가 다 지나간 후 어떤 사람이 역람에게 다가와 오백 대의 수레가 어디로 갔는지 물었습니다. 그러나 그 비구는 보지 못했다고 답했습니다. 그 사람이 오백 대의 수레가 지나가는 소리도 듣지 못했느냐고 다시 물었지만 그 비구는 듣지 못했다고 답했습니다. 다시 그 사람이 잠들었냐고 물었으나 그 비구는 잠들지 않았고 도를 생각하고 있었다고 대답했습니다. 그 사람은 감탄하며 얼마나 마음을 집중하고 있었으면 오백 대의 수레가 지나가는 소리도 듣지 못했겠느냐고 그를 칭송했습니다. 제가 그때 그 말을 듣고 그 비구를 따르다가 법의 기쁨을 얻게 된 것입니다."

이 말을 들은 붓다가 말하였다. "옛날에 내가 아두마 마을을 지날 때였습니다. 갑자기 먹구름이 몰려오더니 천둥이 치며 폭우가 쏟아지고 벼락이 떨어져 밭에서 일하던 황소 네 마리와 두 형제가 죽고 말았습니다. 온 마을 사람들이 모여들어서 떠들썩하였습니다. 그때 나는 선정에서 깨어나 거닐고 있었는데 어떤 사람이 급하게 가는 것을 보았습니다.

내가 그에게 무엇이 그렇게 바쁘냐고 물었더니, 그는 조금 전에 벼락이 떨어져 황소 네 마리와 두 형제가 죽었는데 듣지 못하였느냐고 도리어 내게 물었습니다. 내가 듣지 못하였다고 대답하자 그는 그때 내가 잠들었었는지 물었으나 나는 그때 잠들지 않고 삼매에 들어있었다고 대답했습니다. 그러자 그가 감탄하며 말했습니다. 벼락 소리가 천지를 진동시켰는데도 고요한 선정에 들어 듣지 못하였다니 나 같은 사람은 본 적이 없다고 말하였습니다."

예수의 비유

예수는 갈릴래아와 유다, 사마리아 등 곳곳으로 전도 여행을 다니며 군중들에게 하느님의 말씀을 선포하고 병자들을 고쳐 주고 백성들을 가르쳤다. 예수는 군중에게 모든 것을 비유를 들어 가르쳤다. 비유를 들지 않고는 그들에게 아무것도 얘기하지 않았다. "나는 입을 열어 비유로 말하리라. 세상 창조 때부터 숨겨진 것을 드러내리라."(마태 13,34-35)

성경에 기록된 예수의 비유는 서른한 가지이다. 이 중 하늘 나라에 대한 비유가 네 번 나오며 예수와 제자들의 역할에 대한 비유는 여덟 번 나온다. 죄의 회개에 대한 비유가 네 번인데 하느님은 아무리 죄인이라 하더라도 회개하고 돌아오면 사랑으로 받아들인다. 사람들의 신앙 생활에 대한 비유가 열두 번으로 예수는 사람들에게 하느님의 말씀을 듣고 실천하는 충실한 신앙 생활을 강조하며 용서와 이웃 사랑, 겸손, 주어진 탈렌트의 활용 등을 비유로써 가르친다. 그리고 예수는 하늘 나라에 들어갈 시기는 아무도 모르므로 항상 준비하고 있어야 한다는 것을 세 가지 비유를 들어 설명한다.

하늘 나라에 대한 비유

저절로 자라는 씨앗(마르 4,26-29) : "하느님의 나라는 이와 같다. 어떤 사람이 땅에 씨를 뿌려놓으면 땅이 저절로 열매를 맺게 하는데 곡식이 익으면 곧 낫을 대어 수확한다."

　씨를 뿌리고 수확하는 사람은 하느님이고 씨는 사람들이고 땅은 세상이다. 씨 뿌린 사람이 추수하듯이 하느님은 세상 끝날에 사람들을 심판하여 거두어들인다.

　가라지(마태 13,24-30) : "하늘 나라는 이와 같다. 사람이 자는 동안에 그의 원수가 와서 밀 가운데에 가라지를 덧뿌리고 갔다. 가라지가 그대로 자라게 두었다가 수확 때에 일꾼들을 시켜 먼저 가라지를 단으로 묶어 태워버리고 밀은 곳간으로 모아들인다."

　씨 뿌리는 이는 사람의 아들이고 밭은 세상이다. 좋은 씨는 하늘 나라의 자녀들이고 가라지들은 악한 자의 자녀들이며 가라지를 뿌린 원수는 악마이다. 수확 때는 세상 종말이고 일꾼들은 천사들이다. 그러므로 수확 때에 가라지를 거두어 불에 태우듯이 세상 종말에도 악한 자의 자녀들은 불태워질 것이다.

　보물과 진주 상인(마태 13,44-46) : "하늘 나라는 밭에 숨겨진 보물과 같다. 그 보물을 발견한 사람은 그것을 다시 숨겨 두고서는 기뻐하며 돌아가서 가진 것을 다 팔아 그 밭을 산다." "하늘 나라는 좋은 진주를 찾는 상인과 같다. 그는 값진 진주를 하나 발견하자, 가서 가진 것을 모두 처분하여 그것을 산다."

　숨겨진 보물과 진주는 사람들에게 발견되기를 기다리고 있다. 이 보물과 진주를 발견한 사람은 엄청난 보상을 기대한다. 보물과 진주는 하늘 나라이다. 숨겨진 보물과 진주를 얻듯이 사람들은 예수를 통하여 숨겨진 하늘 나라를 발견하고 하늘 나라에 들어간다.

　그물(마태 13,47-50) : "하늘 나라는 바다에 던져 온갖 종류의 고기를 모아들인 그물과 같다. 사람들이 좋은 것들은 그릇에 담고 나쁜 것들은 밖으로 던져 버렸다. 세상 종말에도 그렇게 될 것이다."

그물로 고기를 잡는 것은 세상의 종말을 의미한다. 그때 좋은 것들, 즉 선한 사람들은 하늘 나라에 들지만 나쁜 것들, 즉 악인들은 불구덩이에 던져질 것이다.

예수와 제자들의 역할에 대한 비유

소금(루카 14,34-35) : "소금은 좋은 것이다. 그러나 소금이 제 맛을 잃으면 무엇으로 다시 짜게 하겠느냐?"

소금의 특징은 짠맛이다. 소금은 자신의 짠맛으로 음식의 간을 맞추고 음식을 보존하는 역할을 한다. 예수는 소금이 간을 맞춰 제 맛을 내듯이 제자들에게 예수의 제자로서 다른 사람들을 교화시키는 데 자기가 할 역할을 강조한다.

등불(마르 4,21-25) : 예수가 말하였다. "누가 등불을 가져다가 함지 속이나 침상 밑에 놓겠느냐? 등경 위에 놓지 않느냐? 숨겨진 것도 드러나기 마련이고 감추어진 것도 드러나게 되어 있다."

등불의 역할은 다른 모든 사물들을 밝게 비추는 것이다. 예수는 메시아, 즉 구세주로 이 세상에 왔다. 등불이 드러나게 되어 있듯이 예수의 역할도 앞으로 드러나게 될 것이다.

양을 되찾는 목자(마태 18,12-14) : "어떤 사람에게 양 백 마리가 있는데 그 가운데 한 마리가 길을 잃으면, 아흔아홉 마리를 산에 남겨 둔 채 길 잃은 양을 찾아 나서지 않느냐? 이와 같이 작은 이들 가운데 하나라도 잃어버리는 것은 하늘에 계신 아버지의 뜻이 아니다."

세상에는 길 잃은 양처럼 하느님을 모르는 사람들이 많다. 예수는 바로 이들을 찾아내어 구하려고 이 세상에 왔다.

목자(요한 10,1-6) : "양 우리에 들어갈 때 문으로 들어가지 않고 다른 데로 넘어 들어가는 자는 도둑이며 강도이다. 그러나 문으로 들어가는 이는 양들의 목자이다. 양들은 그의 목소리를 알아듣는다. 그는 앞장서 가고 양들은 그를 따른다. 양들이 그의 목소리를 알기 때문이다."

도둑과 강도는 바리사이와 율법 학자들을 뜻한다. 양들의 목자는 예수이다. 양들이 목자를 따르듯이 예수를 따르는 사람들은 도둑과 강도로부터 안전하게 된다. 착한 목자는 자기 양들을 위하여 목숨을 내놓는다. 그런데 착한 목자가 우리 안에 들어있지 않은 양을 데려오듯이 예수는 하느님 품을 떠난 사람들도 데려와야 한다는 것이다.

나는 세상의 빛이다(요한 8,12-20) : "나는 세상의 빛이다. 나를 따르는 이는 어둠 속을 걷지 않고 생명의 빛을 얻을 것이다."

예수는 많은 사람에게 하느님의 뜻을 전파했다. 그들이 예수를 따르는 것은 십자가를 통하여 성부의 영광 속으로 들어간 예수를 '빛' 그 자체로 보고 생명의 빛을 따르는 것이다.

불의한 재판관(루카 18, 1-8) : "저 과부가 나를 이토록 귀찮게 하니 그에게는 올바른 판결을 내려주어야겠다. 그렇게 하지 않으면 끝까지 찾아와서 나를 괴롭힐 것이다."

과부는 사회적 약자이니 불의한 재판관은 올바른 판단을 해주지 않을 수 있다. 그러나 그 약자가 재판관을 수도 없이 찾아가 올바른 판단을 요구하면 불의한 재판관은 귀찮아서라도 올바른 판단을 해줄 것이다. 여기서 하느님은 불의한 재판관에 비유되지만 불의한 재판관도 끊임없이 요구하면 들어주는데 선하신 하느님은 얼마나 더 잘 들어주시겠느냐는 뜻이다.

되찾은 은전(루카 15,8-10) : "어떤 부인이 은전 열 닢을 가지고 있다가 한 닢을 잃으면 등불을 켜고 집 안을 쓸며 그것을 찾을 때까지 샅샅이 뒤지지 않느냐?"

이 비유는 되찾은 양의 비유와 비슷하다. 은전 한 닢이 아무리 작다고 하더라도 부인에게 소중하듯이 죄인 하나도 하느님에게는 중요하다.

나는 참 포도나무다(요한 15,1-17) : "나는 참 포도나무요 나의 아버지는 농부이시다. 나에게 붙어 있으면서 열매를 맺지 않는 가지는 아버지께서 다 쳐내시고 열매를 맺는 가지는 모두 깨끗이 손질하시어 더 많은 열매를 맺게 하신다."

이 비유에서 농부는 하느님이고 참 포도나무는 예수이며 가지는 백성들이고 열매는 실천적 신앙이다. 포도나무 가지가 그루터기에 붙어서 생명을 받듯이, 신앙인들도 예수와 일치를 이루어야 참 생명, 곧 하느님의 생명에 동참하게 된다. 이러한 동참에는 예수가 계시하신 새로운 원칙에 따라 살고 행동하는 것이 요구된다. "가지가 나무에 붙어 있지 않으면 스스로 열매를 맺을 수 없는 것처럼, 너희도 내 안에 머무르지 않으면 열매를 맺지 못한다."

죄의 회개에 대한 비유

되찾은 아들(루카 15,11-32) : "어떤 사람에게 두 아들이 있었는데, 작은아들은 아버지의 재산 가운데에서 자신의 몫을 나누어 줄 것을 요구하였다. 아버지는 작은아들의 요구대로 아들들에게 재산을 나누어 주었다. 큰아들은 아버지와 함께 집에 머물러 있었으나 작은아들은 먼 고장으로 떠나 방탕한 생활을 하며 재산을 완전히 탕진하였다. 무일푼이 된 그는 크게 후회하며 아버지의 집에서 품팔이꾼이라도 하려고 되돌아왔다. 그러나 아버지는 혼을 내고 쫓아내기보다는 작은아들이 죽었다가 다시 살아났고 잃었다가 도로 찾았다며 큰 잔치를 베풀어 환영했다. 이에 대해 큰아들이 불만을 토로하자 아버지가 그에게 일렀다. '얘야, 너는 늘 나와 함께 있고 내 것이 다 네 것이다. 너의 저 아우는 죽었다가 다시 살아났고 내가 잃었다가 되찾았다. 그러니 즐기고 기뻐해야 한다.'"

작은아들은 방탕한 생활을 하다 배가 고파서 돌아왔지만 아버지는 작은아들을 사랑으로 받아들였다. 큰아들이 아버지에게 불만을 토로하자 아버지는 함께 있음이 근본적인 기쁨이므로 아버지의 것이 다 큰아들의 것이라고 얘기하였다. 이와 같이 하느님도 죄인들이 회개하고 돌아오면 사랑으로 받아들인다.

무화과나무(루카 13,6-9) : "어떤 사람이 자기 포도밭에 무화과나무를 심었는데 삼 년이 되어도 열매를 맺지 않았다. 주인이 포도밭 지배인에게 무화과나무를 잘라버리라고 했으나 그는 내년에도 열매를 맺지 않으면 베어버리겠으니 올해만 그냥 두기를 청했다."

이 비유는 죄를 지은 인간들이 회개하기를 권하는 것이다. 그러나 이제 하느님의 나라가 도래할 시간이 되었다. 마지막으로 올해만 더 기다려보고 열매를 맺지 않으면 베어버릴 것이다. 즉 곧 회개하지 않으면 하느님의 심판을 받을 것이다.

어리석은 부자(루카 12,16-21) : "어떤 부유한 사람이 땅에서 많은 소출을 내었다. 그는 더 큰 곳간을 지어 그것을 저장해 두고 쉬면서 먹고 마시고 즐기려 하였지만, 하느님은 오늘 밤에 그의 목숨을 되찾아 가려고 하였다. '어리석은 자야, 오늘 밤에 네 목숨을 되찾아 갈 것이다. 그러면 네가 마련해 둔 것은 누구 차지가 되겠느냐?'"

부자가 이 지상에 아무리 큰 부를 축적한들 오늘 죽으면 전혀 소용이 없다. 참 부자는 땅이 아니라 하늘에 부를 쌓는 사람이다.

부자와 라자로(루카 16,19-31) : "어떤 부자와 가난한 라자로가 같이 죽었다. 부자가 저승에서 고통받으며 눈을 떠보니 아브라함 곁에 라자로가 있는 것이 보였다. 부자는 아브라함에게 라자로를 자기에게로 보내 도움을 주도록 요청하였으나 거절당했다. 그러자 부자는 다시 라자로를 아버지 집으로 보내 다섯 형제에게 알려주기를 요청하였다. 죽은 이들 가운데에서 누가 가야 그들이 회개할 것이기 때문이었다. 그러나 그들이 모세와 예언자들의 말을 듣지 않으면 죽은 이들 가운데에서 누가 다시 살아나도 그들은 믿지 않을 것이다."

이 비유의 핵심은 회개이고 그 방법은 모세와 예언자들의 말을 들어야 한다는 것이다. 즉 믿음을 불러일으키는 결정적 표징은 죽은 이의 부활 같은 기적이 아니라 하느님이 일관되게 내리는 가르침을 믿는 것이다.

신앙 생활에 대한 비유

씨 뿌리는 사람(마태 13,1-9) : 어느 날 예수는 호숫가에서 많은 사람을 가르쳤다. "여기 씨를 뿌리는 사람이 있다. 그가 들로 나가서 씨를 뿌리는데, 어떤 씨는 길에 떨어져서 새가 쪼아 먹었다. 어떤 씨는 돌밭에 떨어졌는데 흙이 많지 않아서 싹은 났지만 곧 죽어 버렸다. 또 어떤 씨는 가시덤불에 떨어졌는데 그 가시덤불이 씨의 숨을 막아 씨앗이 자랄 수 없었다. 또 다른 씨는 좋은 땅에 떨어져서 싹이 나고 잘 자라서 많은 열매를 맺었다. 이 씨앗들은 서른 배, 예순 배, 백 배의 열매를 맺었다. 들을 귀 있는 사람은 들어라."

씨는 하느님의 말씀이다. 길에 떨어진 씨앗은 하느님의 말씀을 듣긴

들였지만 악마가 하느님의 말씀을 빼앗아 가버리는 경우이다. 돌밭에 떨어진 씨는 흙이 없어 씨가 자라지 못하는 것처럼 신앙심이 없어 한때는 믿다가 그냥 그만두고 만다. 가시덤불에 떨어진 씨는 가시덤불이 바람을 막아 씨가 자라지 못하듯이 세상의 걱정과 쾌락과 재물 등에 마음을 빼앗겨서 하느님의 말씀을 받아들이지 못한다. 좋은 땅에 떨어진 씨앗이 백 배, 예순 배, 서른 배의 열매를 맺듯이 하느님의 말씀을 알아듣고 충실히 따르는 사람들은 착한 마음으로 많은 열매를 맺게 된다.

겨자씨(마태 13,31-32) : "하늘 나라는 겨자씨와 같다. 겨자씨는 어떤 씨앗보다도 작지만 자라면 어떤 풀보다도 커서 나무가 되고 하늘의 새들이 와서 그 가지에 깃들인다."

이 비유의 핵심은 처음에는 겨자씨처럼 신앙심이 작거나 없는 사람도 하느님의 말씀을 받아들이면 신앙심이 커져 하늘 나라에 들게 된다는 것이다. 시작은 초라하다. 그러나 그 거대한 끝을 기대하라는 의미이다.

누룩(마태 13,33) : "하늘 나라는 누룩과 같다. 어떤 여자가 그것을 가져다가 밀가루 서 말 속에 집어넣었더니, 마침내 온통 부풀어 올랐다."

겨자씨의 비유처럼 적은 양의 누룩이 부풀어 올라 큰 덩어리로 변한다. 겨자씨와 누룩 모두 처음에는 작고 적었지만 자라는 과정과 부풀어 오르는 과정을 거쳐 나중에는 큰 나무와 큰 덩어리가 되듯이 신앙심이 없거나 적은 사람도 예수의 말씀을 듣고 행하면 큰 사람이 되어 하늘 나라에 든다는 의미이다.

매정한 종(마태 18,23-35) : "하늘 나라는 자기 종들과 셈을 하려는 어떤 임금에게 비길 수 있다." 주인에게 만 탈렌트를 빚진 종이 가엾어서 주인은 그 빚을 탕감해 주었다. 그런데 그 종은 매정하게도 자신에게

백 데나리온을 빚진 동료를 감옥에 가두었다. 이 사실을 알게 된 주인은 원래의 그 종을 고문 형리에게 넘겨 빚진 것을 다 갚게 하였다.

이 비유의 의미는 하느님이 인간의 큰 죄를 용서해 주었음에도 불구하고 인간은 이웃의 작은 잘못도 용서해 주지 않는다면 그런 사람은 하늘 나라에 들 수 없다는 것이다. "너희가 저마다 자기 형제를 마음으로부터 용서하지 않으면, 하늘의 내 아버지께서도 너희에게 그와 같이 할 것이다."

착한 사마리아인(루카 10,29-37) : "어떤 사람이 예루살렘에서 예리코로 내려가다가 강도를 만났다. 강도는 그 사람에게서 모든 것을 빼앗고 그를 초죽음으로 만들어 놓고 가버렸다. 마침 사제가 지나가다가 그 사람을 보고서는 길 반대쪽으로 가버렸다. 레위인도 지나가다가 그를 발견하고는 반대쪽 길로 가버렸다. 그런데 어떤 사마리아인이 지나가다가 그를 발견하고는 가엾은 생각이 들어 그를 치료하고 자기 노새에 태워 여관으로 데려가 보살펴 주게 하였다. 그리고 비용은 자기가 돌아오는 길에 갚겠다고 했다. 세 사람 중 누가 그에게 이웃이 되어 주었는가?"

물론 그 강도 당한 사람을 보살펴 준 사마리아인이다. 이 비유는 예수가 '누가 저의 이웃이냐'고 묻는 한 율법 교사의 질문에 대한 답이다. 당시 유다인들에게 '누가 나의 이웃이냐'에 대한 답은 확실했다. 유다인들에게 이웃은 이방인들을 제외한 자신들의 동족이기 때문이다. 문맥으로 보아 그 강도 당한 사람은 유다인인 것 같다. 그러나 같은 유다인인 사제와 레위인은 그를 외면하고 지나갔지만 그들의 이웃이 아닌 사마리아인이 강도 당한 유다인을 보살펴 주었다.

율법 교사가 이웃이 되어 준 사람은 그에게 자비를 베풀어준 사람이라고 답하자 예수가 말했다. "가서 너도 그렇게 하여라."

바리사이와 세리(루카 18,9-14) : "두 사람이 기도하러 성전에 올라갔다. 바리사이는 꼿꼿이 서서 기도하였다. 세리는 멀찍이 서서 하늘을 향하여 눈을 들 엄두도 내지 못하고 가슴을 치며 기도하였다."

바리사이들은 자신들이 의로운 사람들이라고 스스로 확신한다. 그러니 하느님 앞에서조차 꼿꼿이 머리를 들고 바라는 것이 없다. 세리는 죄인이다. 죄인의 참된 고백이 그를 의롭게 한다. 누구든지 자신을 높이는 이는 낮아지고 자신을 낮추는 이는 높아질 것이다.

약은 집사(루카 16,1-8) : "어떤 부자가 자신의 집사가 재산을 낭비한다는 말을 듣고 그를 해고하려 하였다. 해고 위기에 처한 집사는 해고되더라도 갈 곳을 마련하기 위해 자기 주인에게 빚진 사람들을 불러 그들의 빚을 감해 주었다."

이 비유에서 집사는 오로지 자신이 살아남기 위해서 주인에게 빚진 사람들을 자신이 대신 탕감해 주는 월권 행위를 하였지만 주인은 그 불의한 집사를 영리하다고 칭찬하였다. 예수는 이 비유를 통하여 자신만을 위하는 '이 세상의 자녀들'이 자기들끼리 이렇게 능숙하게 일을 처리하듯, '빛의 자녀들'인 제자들도 하느님의 나라를 섬기는 데 능숙해지라고 권고하고 있다.

선한 포도밭 주인(마태 20,1-16) : "하늘 나라는 자기 포도밭에서 일할 일꾼들을 사려고 이른 아침에 집을 나서는 밭 임자와 같다. 밭 임자는 품삯을 한 데나리온으로 합의하였다. 그는 아홉 시, 열두 시, 세 시, 다섯 시에도 일꾼들을 고용하였고 모두 품삯으로 한 데나리온씩을 지급하였다. 먼저 온 일꾼이 이 불공평한 처사에 대해 항의하자 밭 임자는 '당신과 나는 한 데나리온으로 합의했고 나중에 온 사람에게 얼마를 주든 그것은 내 것을 가지고 내가 하고 싶은 대로 하는 것이니 시기하지 말라'고 대답했다."

이 비유에서 중요한 것은 순서가 아니라 먼저 왔든 나중에 왔든 같은 액수의 품삯을 받는다는 것이다. 당시의 시대 상황에 비추어 보면, 나중에 부름을 받은 이교도인들도 앞서 부름을 받은 유다인들과 같은 대접을 받는다는 것이다.

탈렌트(마태 25,14-30) : "하늘 나라는 어떤 사람이 여행을 떠나면서 종들을 불러 재산을 맡기는 것과 같다. 그는 자기의 종들을 불러 한 사람에게는 다섯 탈렌트, 다른 사람에게는 두 탈렌트, 또 다른 사람에게는 한 탈렌트를 주고 떠났다. 주인이 돌아와서 셈해보니 다섯 탈렌트를 받은 사람은 그 돈을 활용하여 다섯 탈렌트를 더 벌었고 두 탈렌트를 받은 사람은 두 탈렌트를 더 벌었다. 그러나 한 탈렌트를 받은 사람은 땅 속에 묻어 두었다가 그대로 한 탈렌트만 가지고 있었다."

이 비유가 뜻하는 것은, 종들이 해야 할 바는 저마다 능력에 따라 맡겨진 탈렌트를 가지고 결실을 맺는 일이라는 것이다. "누구든지 가진 자는 더 받아 넉넉해지고 가진 것이 없는 자는 가진 것마저 빼앗길 것이다." 이 말은 심판의 엄정함과 더불어 하느님께서 가없이 후하심을 보여 준다.

미나(루카 19,11-27) : "어떤 귀족이 왕권을 받아오려고 먼 고장으로 떠나게 되었다. 그래서 그는 종 열 사람을 불러 열 미나를 나누어 주며, '내가 올 때까지 벌이를 하여라' 하고 그들에게 일렀다. 첫째 종은 한 미나로 열 미나를 벌었고 둘째 종은 한 미나로 다섯 미나를 만들었다. 그러나 셋째 종은 한 미나를 수건에 싸서 보관하고 있다가 그대로 돌려주었다."

이 비유는 앞의 탈렌트의 비유와 비슷하다.

두 아들(마태 21,28-32) : "어떤 사람에게 아들이 둘 있었는데, 맏아들에게 '얘야, 오늘 포도밭에 가서 일하여라' 하고 일렀더니 그는 '싫습니다' 하고 대답하였지만 나중에 생각을 바꾸어 일하러 갔다. 둘째 아들은 아버지의 말을 듣고 '가겠습니다' 하고 대답하였지만 가지는 않았다. 이 둘 가운데 누가 아버지의 뜻을 실천하였느냐?"

예수는 이 비유에서 '세리와 창녀들이 너희보다 먼저 하느님의 나라에 들어간다'고 하였다. 세리와 창녀들은 죄를 범하였으나 나중에 하느님을 믿었고 수석 사제들과 원로들은 먼저 믿는다고 하였으나 끝내 믿지 않았다. 세리와 창녀들은 맏아들에, 수석 사제들과 원로들은 둘째 아들에 비유된다.

포도밭 소작인(마태 21,33-46) : "어떤 밭 임자가 소작인들에게 자기 밭을 주고 멀리 떠났다가 돌아왔다. 그가 자기 몫의 소출을 받아오라고 종들을 보냈으나 소작인들은 종들을 매질하고 죽였다. 밭 임자가 두 번째로 종들을 보냈으나 소작인들은 또 같은 짓을 하였다. 세 번째로 밭 임자는 자기 아들을 보냈으나, 소작인들은 그 아들마저도 포도밭 밖으로 던져 죽여 버렸다."

이 비유에서 밭 임자는 하느님이고 그의 아들은 예수이다. 종들은 예언자들에 비할 수 있다. 포도밭은 하느님의 나라를 가리키고 소작인들은 백성 전체를 뜻한다. 하느님이 예언자들을 보내 백성들에게 돌아오라고 하였으나 그들은 첫 번째도 두 번째도 예언자들을 죽여 버리고 말을 듣지 않았다. 세 번째로 아들 예수를 보냈으나 아들마저도 십자가에 못 박혀 죽게 했다. "그렇게 악한 자들은 가차 없이 없애버리고 제때에 소출을 바치는 다른 소작인들에게 포도밭을 내줄 것입니다." 여기서 다른 소작인들은 믿는 이들의 새로운 세대를 의미한다.

하늘 나라의 준비에 대한 비유

혼인 잔치(마태 22,1-14) : "하늘 나라는 자기 아들의 혼인 잔치를 베푼 어떤 임금에게 비길 수 있다. 임금은 혼인 잔치에 초대된 이들을 불러오게 하였다. 그러나 그들은 밭으로 가고 장사하러 가는 등 핑계를 대고 혼인 잔치에 오지 않았다. 그래서 임금은 종들로 하여금 고을 어귀로 나가 아무나 잔치에 불러들이게 하였다. 잔칫방은 손님들로 가득 찼으나 임금은 혼인 예복을 입지 않고 참석한 이들을 어둠 속으로 내던지게 하였다."

이 비유에 나오는 혼인은 성경에서 자주 하느님과 그 백성의 일치의 상징으로 쓰인다. 임금, 즉 하느님이 백성들을 하느님의 나라로 초대하였지만 초대받은 이들은 거부하고 참석하지 않았다. 그러나 거리에서 아무런 준비도 없이 불려와 참석한 사람들에게 혼인 예복을 입지 않았다고 어둠 속으로 던지게 하는 것은 좀 이해하기 어렵다.

그러나 논리적 관점에서 이해하려고 하기보다는 혼인 잔치, 즉 하느님의 나라에 준비 없이는 들어갈 수 없음을 뜻하는 것으로 보는 것이 맞을 것 같다. 혼인 예복은 하느님의 나라에 들어갈 때 필요한 준비로서 하느님 아버지의 말씀을 듣고 이를 행하여야 하는 것으로 볼 수 있다.

열 처녀(마태 25,1-13) : "하늘 나라는 저마다 등불을 들고 신랑을 맞으러 나간 열 처녀에 비길 수 있을 것이다. 그 가운데 다섯은 어리석었고 다섯은 슬기로웠다. 슬기로운 처녀들은 등과 함께 기름도 가지고 있었고 어리석은 처녀들은 등은 가지고 있었으나 기름은 가지고 있지 않았다. 밤중에 신랑이 오자 슬기로운 처녀들은 신랑과 함께 혼인 잔치에 들어갔으나 어리석은 처녀들은 그들이 기름을 사러 간 사이 문이 닫혀 혼인 잔치에 들어가지 못하였다."

이 비유는 신랑이 도착하였음을 알리는 외침이 나올 때 '준비'가 되어 있어야 한다는 사실에 초점이 맞춰져 있다. "그러니 깨어 있어라. 너희가 그 날과 그 시간을 모르기 때문이다."

충실한 종과 불충실한 종(마태 24,45-51) : "주인이 종에게 자기 집안 식솔들을 맡겨 그들에게 제때에 양식을 내주게 하였으면, 어떻게 하는 종이 충실하고 슬기로운 종이겠느냐? 행복하여라, 주인이 돌아와서 볼 때에 그렇게 하고 있는 종! 그러나 만일 그가 못된 종이어서 '주인이 늦어지는구나' 하고 생각하며 동료들을 때리고 술꾼들과 어울려 먹고 마시면, 예상하지 못한 날, 짐작하지 못한 시간에 주인이 와서 그를 처단할 것이다."

여기서 주인은 하느님, 종은 교회를 맡아 다스리던 지도층, 집안 식솔들은 백성들을 비유한 것으로 보인다. 하느님이 교회의 지도층들에게 백성들을 잘 돌보라는 임무를 주었는데 그 임무를 잘 수행한 이들은 더 많은 직무를 받고 행복할 것이지만 그렇지 않은 이들은 벌을 받을 것이다. 주인이 돌아오는 날과 시간은 아무도 모르니 항상 충실하게 자기의 역할을 해야 한다는 것이다.

4. 제자와 가족들

붓다의 십대 제자

다섯 비구들이 깨달음을 얻게 한 뒤 붓다는 바라나시의 젊은 청년 야사를 만났다. 그는 매우 부유하여 온갖 향락을 즐겼으나 향락의 되풀이에 지치고 말았다. 그때 붓다가 나타나 깨달음을 전해 주자 총명한 야사는 금방 이해하고 아라한이 되었다. 이어서 그의 네 친구들도 붓다를 만나 깨달음을 얻고 아라한이 되었다. 붓다는 그 밖의 젊은이들 오십 명도 집단 출가하여 깨달음을 얻도록 하였다. 이리하여 붓다의 제자는 육십 명으로 늘어났다. 다섯 비구와 야사 및 그의 친구 네 명, 그 외 젊은이 오십 명이었다.

붓다는 이 육십 명의 제자들을 세상으로 파견하여 중생들을 교화하도록 하였다. 세상 사람들의 행복을 위해, 세상에 자비를 베풀기 위해 그들은 길을 떠났다. 세상에는 들으면 받아들일 수 있는 사람들이 있다. 이들이 진리를 들으면 깨닫게 되지만 그렇지 못하다면 퇴보할 것이다. 이들을 위하여 붓다에게서 들은 대로 잘 갖추어진 진리를 설하도록 했다.

붓다는 같은 길을 두 사람이 가지 않도록 한 사람씩 각기 방향을 정하여 떠나보냈다. 제자들을 파견한 붓다는 다시 마가다국으로 돌아왔다. 오는 도중에 만난 서른 명의 청년도 교화시켜 깨달음을 얻게 했다. 이제 붓다의 제자는 모두 구십 명으로 늘었다.

당시 마가다국에서는 배화교도인 카샤파 삼형제가 있었다. 붓다가 이 카샤파 삼형제를 교화시킨 과정은 앞의 붓다의 기적과 비유에서 본 것과 같다. 붓다는 화당의 용을 죽이는 등 3,500여 가지의 신통력을 보여 주었고, 불을 섬기는 배화교도인 그들을 타오르는 불의 법문 비유를 들어 교화시켰다. 카샤파 삼형제와 그들의 제자 천 명이 모두 붓다의 제자로 귀의하였다.

당시 이름난 선인이었던 산자야의 제자 중에 우파팃샤와 콜리타라는 사람이 있었다. 이 둘은 같은 마을의 부유한 집에서 같은 날 태어나서 자란 친구였다. 둘은 서로 뜻이 맞아 함께 출가하기로 하고 젊은 동료 오백 명과 함께 산자야를 찾아갔다. 그들은 산자야에게서 더 배울 것이 없어지자 새 스승을 찾기 시작했다.

어느 날 우파팃샤는 그전에 다섯 비구 중의 한 사람으로서 중생들을 제도하기 위해 떠났다가 돌아온 아슈바짓이란 아라한을 만나게 되었다. 우파팃샤는 그를 통해 당시 죽림정사에 머물고 있던 붓다를 알게 되었다. 우파팃샤와 콜리타 두 사람은 산자야의 제자 오백 명 중 그들과 뜻을 같이하는 이백오십 명의 수행자들과 함께 붓다의 제자가 되기 위해 붓다를 찾아갔다.

우파팃샤와 콜리타 두 사람이 이백오십 명의 동료들과 함께 오는 것을 본 붓다는 설법을 듣고 있던 비구들에게 말했다. "두 친구가 함께 온다. 이들은 내 두 큰 제자가 될 것이다. 오라, 비구들이여!"

이들이 바로 붓다의 유명한 제1, 제2 제자들인 사리불과 목건련이다. 붓다를 만난 후 우파팃샤는 사리불로, 콜리타는 목건련으로 불렸다. 이제 붓다의 제자는 천이백오십 명으로 늘어나게 되면서 하나의 교단을 형성하게 되었다. 불(佛), 법(法), 승(僧) 삼보(三寶)가 갖추어진 것이다.[31]

붓다의 제자 중에서 특히 뛰어난 제자 열 명을 십대 제자[32]라고 하는데 지혜제일 사리불, 신통제일 목건련, 두타제일 마하가섭, 천안제일 아나율, 다문제일 아난다, 지계제일 우바리, 설법제일 부루나, 해공제일 수보리, 논의제일 가전연, 밀행제일 라훌라 등이다.

본명이 우파팃샤인 사리불은 지혜(智慧)가 제일이다. 붓다는 그를 '지혜가 무궁하여 모든 의혹을 푸는 이는 바로 사리불 비구'라고 표현했다. 목건련과 함께 산자야의 제자로 있다가 붓다에게 귀의하였다. 목건련과 함께 붓다보다 먼저 입멸하였다.

목건련은 신통(神通)이 제일이다. 그의 본명은 콜리타였다. 붓다는 그를 '신령스런 발을 가져 가볍게 들어 사방 곳곳을 날아다니는 이는 바로 목건련 비구'라고 했다.

마하가섭은 두타에서 제일이다. 두타(頭陀)는 속세의 번뇌를 버리고 청정하게 떠돌면서 온갖 괴로움을 무릅쓰고 불도를 닦는 것이다. 즉 의식주가 모두 제한되는 수행인데, 걸식을 비롯하여 죽은 사람의 무덤에 있는 옷인 분소의를 입으며 잘 때도 눕지 않는다. 붓다는 그를 일러 '얻기 어려운 12두타를 행하는 이는 바로 마하가섭 비구'라고 했다. 염화시중의 미소, 이심전심으로 잘 알려져 있으며 붓다의 입적 후에 붓다의 어록을 집필하는 제1차 결집을 주도했다.

마하가섭은 원래 마가다국의 부유한 브라만 가문 아들이었다. 부모는 가섭을 결혼시켜 자손을 많이 보려 하였으나 가섭은 결혼하지 않고 출가할 결심이 확고하였다. 가섭은 집안에서 권하는 결혼을 피하기 위해 황금으로 아름다운 여인상을 만들어 이와 똑같은 사람의 여성이라면 결혼하겠다고 했다. 가섭으로서는 결혼을 피하기 위한 방편이었으나 집안에서 정말 그 황금 여인상과 똑같이 닮은 여인을 발견하자 가섭은 결혼하지 않을 수 없었다.

그러나 그 황금 여인상을 닮은 여인도 출가할 결심을 하고 있었으므로 두 사람은 뜻이 일치하여 결혼하였음에도 불구하고 부부관계를 갖지 않았다. 마침내 부모가 돌아가시고 가섭은 막대한 재산을 물려받았으나 부부는 서로 출가하겠다는 뜻을 밝혔다. 집안의 노예들을 전부 해방시켜 주고 두 사람은 함께 가기보다는 각자 헤어져서 수행하기로 하였다. 이후 가섭은 붓다에게 귀의하였다.

아나율은 붓다의 사촌으로 천안(天眼)이 제일이다. 붓다는 그를 '천안이 제일이라 사방을 보는 이는 아나율 비구'라고 표현했다. 그는 붓다 앞에서 졸다가 붓다의 꾸지람을 들었는데 그 후 아나율은 밤낮으로 정진에 힘쓰다가 그만 눈을 잃어버렸다. 육신의 눈을 잃은 대신 그는 지혜의 눈인 천안을 얻었다.

아난다도 붓다의 사촌으로서 다문(多聞)이 제일이다. 붓다는 그를 '나의 문중에서 제일가는 비구로서 때를 알고 사물에 밝아 어디에 가나 의심이 없고 잘 기억하여 잊지 않으며 많이 들어 아는 게 많고 어른을 잘 받드는 이는 바로 아난다 비구'라고 했다. 그는 붓다의 시자로서 항상 붓다와 함께 있으면서 설법을 모두 들었으므로 다문제일이다. 붓다 입적 후에 제1차 결집에서 붓다의 설법을 모두 기억하여 말하였다. 불경의 제일 처음에 나오는 여시아문(如是我聞), 즉 '나는 이와 같이 들었다'

는 아난다의 말이다.

우바리는 지계(持戒)가 제일이다. 붓다는 그를 '계율을 받들어 범하지 않는 이는 우바리 비구'라고 했다. 본래 붓다의 태자 시절 이발사로 천한 계급이었다. 브라만이나 왕족 계급으로 채워진 붓다의 십대 제자들 중에서 유일하게 노예 계급 출신이다. 아난다, 난다 등 석가족 남자들이 출가했을 때 그들의 머리를 깎아주었고, 자신은 출가하지 못하리라 생각했으나 붓다는 우바리를 먼저 출가시키면서 출가인들은 세속에 있을 때의 차별이 없이 평등하다고 말했다.

부루나는 설법(說法)이 제일이다. 붓다는 그를 '자세히 잘 설법하여 뜻과 이치를 분별하는 이는 부루나 비구'라고 표현했다.

수보리는 해공(解空)이 제일이다. 붓다는 그를 두고 '공정(空定)을 즐기며 사리가 분명한 이는 수보리 비구이다. 공적(空寂)과 미묘한 덕업에 뜻을 두고 있는 이도 수보리 비구'라고 했다. 공적이란 만물은 모두 실체가 없어 생각하고 분별할 것이 없다는 의미이다. 공(空)에 대해 깊이 연구했으며 십대 제자 중 유일하게 코살라국 출신이다.

가전연은 논의(論議)가 제일이다. 붓다는 그를 '선을 분별하고 도를 펴서 가르치는 이는 마하가전연 비구'라고 했다. 붓다가 처음 태어났을 때 "이 아이는 자라서 깨달음을 얻고 부처가 될 것이다"라고 예언했던 아시타 선인의 외조카이다.

아시타 선인은 "내가 늙어서 붓다의 설법을 들을 때까지 살 수가 없다" 하면서 눈물을 흘렸고, 가전연에게 "훗날 붓다가 일어날 터이니 너라도 가서 그분의 제자가 되어 그 설법을 들으라"고 했다고 한다. 말솜씨가 뛰어나 논리정연하게 상대방의 주장을 꺾어 논의제일이라 칭송받았다. 외도와 교리 논쟁에 지는 일 없이 논쟁으로 불법을 펼쳤다.

라훌라는 붓다의 친아들로서 밀행(密行)이 제일이다. 붓다는 그를 '금계(禁戒)를 깨뜨리지 않고 송독(誦讀)에 나태하지 않은 이는 라훌라 비구'라고 했다. 깨달음을 얻은 붓다가 자신의 고향으로 돌아왔을 때 자신을 마중 나온 라훌라를 바로 출가시켰다. 그때 그의 나이는 열두 살이었으므로 라훌라는 최초의 사미, 즉 견습승이 되었다. 후에 스무 살이 되어 다시 구족계를 받고 출가 수행승인 비구가 되었다.

예수의 열두 사도

어느 날 요한은 예수가 자기 쪽으로 가까이 오는 것을 보고 말했다. "보라, 세상의 죄를 없애시는 하느님의 어린양이시다." 요한은 이미 그전에 '내 뒤에 한 분이 오시는데 내가 나기 전부터 계셨기에 나보다 앞선 분이시다'라고 예수를 소개했었다. 그러면서 요한은 "그래서 저분이 하느님의 아들이시라고 내가 증언하였다"고 덧붙였다.

요한의 말을 들은 요한의 두 제자가 예수를 뒤따라갔는데, 그 중의 한 사람은 시몬 베드로의 동생 안드레아였다. 그날 예수와 함께 묵은 두 사람은 예수에 대해서 많은 것을 알게 되었다. 예수를 만난 안드레아가 형 시몬을 예수에게 소개하자 예수는 그를 눈여겨보고 "너는 요한의 아들 시몬이구나. 너는 앞으로 케파라고 불릴 것이다"라며 새 이름을 부여하였다. 케파는 베드로로 번역되는 말로, 새 이름을 부여하는 것은 그에게 새로운 사명을 부여하는 의미이다. 예수는 두 제자를 얻었다(요한 1,29-42).

다음 날 예수는 필립보를 만나 "나를 따라라" 하며 불렀다. 필립보는 안드레아, 시몬과 동향인 벳사이다 출신이었다. 이 필립보가 나타나엘을 예수에게 소개하였다. 나타나엘을 본 예수는 "보라, 저 사람이야말로 참으로 이스라엘 사람이다. 저 사람은 거짓이 없다"고 말했다(요한 1,47). 예수가 나타나엘이 무화과나무 아래에 있는 것을 보았기 때문이다.

'무화과나무 아래에 앉다'라는 표현은 라삐들이 흔히 사용하는 것으로, 선악을 알려준다는 무화과나무 아래에 앉아 성경 공부에 전념하는 율법 학자들의 관습과 관련이 있다. 아마 나타나엘은 성경 공부를 열심히 공부하는 사람이었을 것이다.[33]

이리하여 시몬, 안드레아, 필립보, 나타나엘 등 네 사람이 예수의 부름을 받았다. 나타나엘은 바르톨로메오와 동일시되는 인물이다.

예수가 시몬을 부르는 일화는 또 있다. 예수는 세례자 요한이 잡혀간 뒤에 본격적으로 갈릴래아 전도를 시작했다. 어느 날 예수가 갈릴래아 호숫가에 있을 때 군중들이 몰려와 하느님의 말씀을 듣고자 하였다. 예수는 호숫가에 정박 중인 시몬의 배에 올라 뭍에서 조금 떨어진 곳에서 군중들을 가르쳤다. 말씀을 마치자 예수는 시몬으로 하여금 조금 더 멀리 나가 그물을 내리게 하였다. 시몬이 예수의 말에 따라 그물을 던지자 그물이 찢어질 만큼 많은 고기가 잡혔다. 밤새도록 그물을 던져도 한 마리도 잡지 못했던 시몬은 너무나 놀라 엎드려 예수에게 떠나 달라고 했다. "주님, 저에게서 떠나 주십시오. 저는 죄 많은 사람입니다." 그러나 예수는 시몬에게 말하였다. "두려워하지 마라. 이제부터 너는 사람을 낚을 것이다." 예수는 시몬과 동업자인 제베대오의 아들 야고보와 그의 동생 요한도 함께 불렀다(루카 5,1-11). 예수가 부른 사람은 모두 여섯 명이 되었다.

예수는 전도 활동을 하며 다니다가 어느 날 세관에 앉아 있는 세리

마태오를 보고 "나를 따라라"고 하였다(마태 9,9). 그러자 그는 즉시 일어나 예수를 따랐다. 마태오 복음서에서는 이 세리를 마태오라고 부르나 마르코와 루카 복음서에서는 알패오의 아들 레위로 부른다. 마태오와 레위는 동일 인물이다.

다른 다섯 명의 제자들을 부르는 과정은 성경에 보이지 않는다. 붓다와 달리 예수는 자신의 제자들을 직접 선택했다. 그들은 모두 열두 명이었다. 베드로라 불리는 시몬과 그의 동생 안드레아, 제베대오의 아들 야고보와 그의 동생 요한, 필립보, 바르톨로메오(나타나엘), 세리 마태오(알패오의 아들 레위), 토마스, 알패오의 아들 야고보, 타대오(야고보의 아들 유다), 열혈당원 시몬, 그리고 유다 이스카리옷이었다(마태 10, 2-4). 이들을 예수의 다른 제자들과 구분하여 열두 사도라고 한다.

예수는 이들을 둘씩 묶어 자신보다 앞서 파견하며 상세한 활동 지침을 주었다. 다른 민족들의 고을, 사마리아인들의 고을에는 가지 말 것, 이스라엘의 길 잃은 양들에게 가서 '하늘 나라가 가까이 왔다' 하고 선포하며 앓는 이들을 고쳐줄 것, 돈주머니나 여행 보따리, 신발도 지니지 말 것, 길에서 아무에게도 인사하지 말 것, 어떤 집에 들어가거든 먼저 '이 집에 평화를 빕니다' 하고 인사하고 떠날 때까지 한 집에 머무르고 이 집 저 집으로 옮겨 다니지 말 것, 차려 주는 음식을 먹을 것, 병자들을 고쳐 주며 '하느님의 나라가 여러분에게 가까이 왔습니다' 하고 말할 것, 너희를 받아들이지 않는 고을은 발에 묻은 먼지까지 털어 버리고 갈 것 등이었다.

예수는 그들을 보내며 말했다. "나는 이제 양들을 이리 떼 가운데로 보내는 것처럼 너희를 보낸다. 그러므로 뱀처럼 슬기롭고 비둘기처럼 순박하게 되어라. 박해를 각오하고 복음을 선포하여라. 그분께서는 너

희의 머리카락까지 세어 두셨다. 그러니 두려워하지 마라."(마태 10,5-33)

사도는 예수의 공생활 동안 직접 예수를 따라다녔던 사람들에게만 붙여진 호칭이었다. 예수의 부름을 받기 전 이들은 20대 전후의 청년들이었고 베드로만 기혼자였다. 이들은 우둔하여 서로 자리 다툼을 하기도 했고 예수를 배반하기도 했다. 그러나 이들은 솔직하고 순수한 사람들이어서 예수의 죽음과 부활, 그리고 성령강림 이후 새로운 생명을 받아 열렬하고 용감한 복음 선교사들이 되었다.

베드로[34]는 전체 교회를 돌볼 반석이며 예수 부활의 최초 증인이었다. 충동적이며 분별력이 부족한 낙천적 성격이었다. 예수 부활 후 성령을 받고 주로 팔레스티나와 시리아의 안티오키아, 소아시아에서 전도 활동을 했으며 로마에서 십자가에 거꾸로 매달려 순교하였다. 천국문을 여는 열쇠가 그의 문장이다.

안드레아는 형 베드로와 달리 성실하고 온건하며 신중한 성격의 인물로 작은 어부로 불렸다. 묵묵히 자신의 사명을 다해 나눔의 영광을 받았던 사도였으며 그리스 북부 지역에서 전도하다가 아카이아에서 X자형 십자가에 못 박혀 순교하였다. X는 그리스어로 그리스도의 첫 글자이다.

제베대오의 아들 야고보는 알패오의 아들 야고보와 구분하기 위하여 대 야고보로 불리는데, 예수가 죽은 후 갈릴래아에서 선교하다가 순교하여 열두 제자 중 최초의 순교자가 되었다. 스페인의 수호 성인으로 공경을 받고 있는데 이는 스페인 선교가 그에 의해서 이루어졌다는 전승에 기원한다.

요한은 요한 복음서의 저자이다. 성서에서 '예수의 사랑받던 제자'로 표현되며 최후의 만찬 때, 스승의 가슴에 기댔던 사람으로 나타난다. 십자가에 매달린 예수는 그에게 자신의 어머니를 맡겼다. 후에 요한은 하느님의 말씀과 예수의 진리를 증언한 탓으로 파트모스 섬에서 유배 생활을 하였다. 그곳에서 그는 《요한 묵시록》을 썼고, 에페수스에서 복음서와 3통의 편지를 썼다. 기원 100년께 90세로 생애를 마침으로써 열두 사도 중 유일하게 순교하지 않고 수명을 다했다.

필립보는 전승에 따르면 흑해 서부 스키티아 지방에서 복음을 전했다. 말년에는 소아시아 프리기아 지방의 히에라폴리스에서 지내다 87세의 나이에 십자가에 매달려 돌에 맞아 순교했다.

바르톨로메오는 아르메니아에 복음을 전했다고 전해지며 아르메니아 교회의 수호 성인으로 공경을 받고 있다. 그는 이곳에서 왕의 동생을 개종시켰다는 이유로 순교했는데, 산 채로 살갗을 벗기는 고통을 당한 후 참수형을 받고 순교하였다. 이런 이유로 그의 상징은 칼과 벗겨진 살가죽이 되었다.

마태오는 세리로서 마태오 복음서의 저자이다. 전승에 따르면 마태오는 유다 지방을 순회하다가 에티오피아와 페르시아까지 갔고 그곳에서 복음을 선포하다가 에티오피아에서 화형 또는 돌에 맞아 순교하였다고 한다.

토마스는 의심 많고 고집 센 사람으로 쌍둥이 형제의 한 사람이다. 그러나 그의 의심은 진리를 알기 위한 것이었고, 일단 진리를 알게 되면 마음으로부터 진리를 따랐다. 지금의 이란 동북부와 아프가니스탄 북쪽, 페르시아 등지에서 복음을 전하다가 온몸이 창에 찔려 순교하였다.

알패오의 아들 야고보는 소 야고보로 불린다. '주님의 형제' 야고보와 같은 인물로 보이며 '주님의 동생'으로도 불린다. 예수 사후 그는 예루살렘의 사도들 사이에서 중요한 역할을 하였다. 전승에 의하면 소 야고보는 팔레스티나와 이집트에 정착해서 복음을 전하다가 이집트의 오스트라키네 또는 시리아에서 순교하였다. 그의 설교가 군중을 노하게 만들었고 그로 인해 신전 지붕에서 내던져져 군중들로부터 곤봉과 방망이에 맞아 순교하였다.

타대오는 루카 복음서와 사도행전에는 야고보의 아들 유다로 기록되어 있는데 같은 사람이다. 그의 행적은 요한 복음서에서 최후의 만찬 때 예수에게 질문한 것을 제외하고는 모두 전승이다(요한 14,22). 타대오는 예수가 승천한 후 에뎃사와 메소포타미아, 페니키아, 아르메니아 등지에서 전도하다가 순교했다. 그는 배를 타고 수많은 항구를 찾아다니며 복음을 선포했다고 한다.

열혈당원 시몬은 이집트에서 복음을 전하다가 페르시아에서 톱으로 몸이 잘리는 형벌을 받아 순교하였다. 그래서 시몬의 상이나 그림에는 톱을 쥐고 있는 모습으로 묘사되고 있다. 열혈당원이란 당시 이스라엘을 식민 통치하던 로마제국과 그 동조자들에게 무력으로 대항할 것을 주장하며 이스라엘의 자주 독립을 꾀하던 이들을 말한다.

마티아는 예수를 배반한 제자 가리옷 사람 유다 대신에 사도로 뽑혔으며 교회에서 '겸손의 인물'로 꼽힌다. 그는 예수가 세례자 요한에게서 세례를 받을 때부터 그를 따랐으며, 유다 지방에서 전도하다가 돌에 맞고 목이 잘려 순교했다. 공부하는 사람들의 수호 성인이다.

붓다의 귀향[35]

붓다는 출가한 지 십이 년 만에 고향을 방문했다. 붓다가 출가한 이후 아버지인 슈도다나 왕은 붓다가 어떻게 지내는지 은밀히 끊임없이 추적했다고 한다. 아시타 선인은 붓다가 탄생하여 집에 있으면 전륜성왕이 될 것이고 출가하면 붓다가 될 것이라고 하였다. 아버지 입장에서는 물론 집에 있으면서 대를 이어 전륜성왕이 되었으면 더 바랄 것 없이 기뻤겠지만 출가해서 붓다가 되었으니 이 또한 기쁜 일이었다. 붓다가 코살라국에 머물고 있을 때 왕의 사신이 붓다를 고향인 카필라국으로 초청했다.

그러나 고향으로 돌아온 붓다는 바로 아버지인 슈도다나 왕을 만나러 가지 않았다. 다른 수행자들처럼 거리에서 걸식을 하자 아버지 슈도다나 왕은 마음이 언짢았다. 이에 왕이 사신을 보내어 붓다를 꾸짖자 붓다는 "이것이 우리 가계에 옛날부터 내려오는 관습입니다" 하고 대답하였다.

왕이 다시 사신을 보내어 "명예로운 우리 왕가에 걸식이란 관습은 없다"라고 하자 붓다는 "제가 우리 가계라고 한 것은 옛날부터 이어오는 붓다를 가리킨 것입니다" 하였다. 왕과 붓다 모두 각자의 입장에서 가계를 가리킨다. 붓다는 인간 관계로 맺어진 인간의 가계를 떠나 수많은 과거 붓다들과 함께 붓다의 가계에 들어간 것이다.

붓다가 고향 집에 돌아오자 석가족은 아주 대대적으로 붓다를 환영했다. 석가족 수백 명이 붓다의 귀향에 맞춰 대거 출가하여 붓다에게 귀의하였다. 붓다가 집에 도착했을 때는 마침 이복 동생인 난다의 결혼식 준비로 한창 바쁠 때였는데 더구나 난다는 슈도다나 왕의 후계로 예정되어 있었다. 그런데 붓다는 난데없이 난다의 머리를 깎아서 출가시키고 말았다. 난다는 이복형인 붓다를 무척 존경했지만 갑작스런 출가에 적잖이 당황하였고 한동안 결혼 예정자인 여인을 잊지 못했다. 이에 붓다는 신통력을 발휘해 난다를 히말라야 깊숙한 곳으로 데려가 화상을 입어 보기가 아주 흉한 암원숭이 한 마리를 보여 주었다. "이 암원숭이와 너의 부인 중 누가 더 예쁘냐?" 물론 난다는 자신의 부인이 더 예쁘다고 답하였다.

이어 붓다는 난다를 데리고 천상으로 올라가 그곳에 사는 천녀들을 보여 주며 물었다. "네 부인과 이곳 천녀 중 누가 더 예쁘냐?" "천녀가 더 예쁩니다." 난다가 보니 천녀에 비하면 자신의 부인이 될 여인은 화상을 입은 암원숭이보다 더 못해 보였다. 이후 난다는 오로지 정진에 힘을 쏟아 마침내 부인에 대한 생각이 없어지고 아라한이 되었다.

붓다는 열두 살 난 자신의 아들 라훌라도 보자마자 머리를 깎아서 출가시켜서 그는 최초의 사미, 즉 견습승이 되었다. 자신의 왕위를 이을 아들과 손자를 한꺼번에 출가시키게 된 슈도다나 왕은 "앞으로 미성년자는 출가하기 전에 반드시 부모의 허락을 받아야 한다"는 명을 내렸다.

한편 슈도다나 왕은 자신의 석가족에서 붓다가 나온 것을 아주 자랑스럽게 여기면서 각 가정마다 한 명씩은 출가하도록 명하였다. 이때 붓다의 사촌 중에 마하나만과 아나율이라는 형제가 있었다. 두 사람 중 한 사람이 출가하게 되자 형인 마하나만은 자신이 출가할 테니 동생인 아나율은 가업을 이어달라고 했다. 그러자 아나율은 자신이 출가하겠으니 형인 마하나만에게 가업을 이어달라고 했다.

그러나 두 형제를 다 출가시키고 싶지 않았던 아나율의 어머니가 붓다의 또 다른 사촌인 바드리카가 출가하면 아나율의 출가를 허락하겠다고 했다. 당시 바드리카는 은퇴한 슈도다나 왕의 뒤를 이어 카필라국을 다스리고 있었기 때문에 아나율의 어머니는 바드리카가 출가할 리가 없다고 생각했던 것이다. 그러나 바드리카마저 그와 함께 출가하여 결국 마하나만이 카필라국의 왕이 되었다.

이때 출가한 붓다의 친족은 라훌라와 난다를 비롯해 아나율, 바드리카, 아난다, 데바닷타 등 모두 아홉 명이나 되었다. 이들 중 아난다와 데바닷타는 한 형제이다. 후에는 붓다의 양어머니 마하파자파티와 야소다라 비도 출가하여 비구니가 되었다.

예수의 귀향

예수는 요한으로부터 세례를 받은 이후 갈릴래아 지역을 다니며 호숫가와 산상, 회당에서 군중들을 가르쳤다. 어느 날 예수는 고향 나자렛의 회당에 들어갔다. 예수가 태어나고 자란 곳이므로 그곳 회당은 예수에게 익숙한 곳이었다. 예수는 '늘 하시던 대로'(루카 4,16) 회당에 들어갔다. 그리고는 성경을 읽으려고 일어섰다. 당시 유다인들은 안식일에 회당에 모여 성경을 읽고 설교를 들었는데 유다인 성인 남자는 누구나 설교를 할 수 있었다.

"주님께서 나에게 기름을 부어주시니 주님의 영이 내 위에 내리셨다. 주님께서 나를 보내시어 가난한 이들에게 기쁜 소식을 전하고 잡혀간 이들에게 해방을 선포하며 눈먼 이들을 다시 보게 하고 억압받는 이들을 해방시켜 내보내며 주님의 은혜로운 해를 선포하게 하셨다."(루카

4,18-19) 이는 이사야서 61장 1-2절의 내용이다. 그날의 성경을 읽은 예수는 이어서 설교를 했다.

그날의 성경 내용은 바로 예수 자신을 두고 한 말이었다. 예수의 설교를 들은 이들은 모두 예수의 입에서 나오는 은총의 말씀에 놀라워하였다. 그러나 "저 사람은 요셉의 아들이 아닌가? 저 사람은 목수로서 마리아의 아들이 아닌가? 야고보, 요셉, 유다, 시몬과 형제간이 아닌가? 그들의 누이도 우리와 함께 여기에 살고 있지 않는가?" 하면서 예수를 못마땅하게 여겼다. 그러자 예수는 그들에게 말했다. "예언자는 어디에서나 존경받지만 고향과 친척과 집안에서만은 존경받지 못한다." 그러자 회당에 있던 사람들은 화가 잔뜩 나서 예수를 벼랑에서 떨어뜨리려 하였다(루카 4,16-30).

붓다가 고향에 돌아왔을 때 고향 석가족 사람들은 붓다를 환영하며 수백 명의 고향 사람들이 출가하여 붓다에게 귀의하였다. 그러나 예수의 고향 사람들은 예수를 믿지 않고 벼랑에서 떨어뜨리려 하였다.

나자렛에서 일어난 예수 배척 사건은 앞으로 닥쳐올 예수의 수난을 상징하는 것으로 보인다. 나자렛은 예루살렘에 비할 수 있고 고향 사람들은 유다인에 비할 수 있다. 고향 나자렛에서 고향 사람들이 예수를 벼랑에서 떨어뜨리려 하였듯이 예루살렘에서 유다인들이 예수를 처형하려 할 것이다. 예수는 이 나자렛 배척 사건으로 앞으로 닥쳐올 자신의 수난을 예고한 것이다.

슈도다나 왕이 아들 붓다가 걸식하는 것을 보고 탄식하며 왕가의 가계를 얘기했을 때, 출가한 붓다에게는 더 이상 인간의 가계는 의미가 없었다. 예수도 자신의 가족을 부인했다. 예수는 하느님의 아들로서 성령의 힘으로 태어났다. 본래가 성부 성자 성령 삼위의 하느님 가계인 것이다. 그러나 마리아에게서 태어났으므로 사람의 아들이다. 예수는 성경 곳곳에서 자신을 '사람의 아들'로 표현했다.

그러나 어느 날, 예수의 가족이 찾아왔을 때 예수는 자신의 신성을 드러냈다. 예수가 군중에게 말하고 있을 때 예수를 찾아온 가족은 밖에서 기다리고 있었다. 어떤 이가 예수에게, "스승님, 스승님의 어머니와 형제들이 밖에서 기다리고 계십니다" 하였다. 그 말을 들은 예수가 반문하였다. "누가 내 어머니이고 누가 내 형제냐?"

그리고는 제자들을 가리키며 "이들이 내 어머니이고 내 형제들이다. 하늘에 계신 내 아버지의 뜻을 실행하는 사람이 내 형제요 누이요 어머니이다."(마태 12,46-50) 예수가 마리아에게서 태어난 사람의 아들로서 어머니와 형제자매들에게 매우 가혹하게 대한 것으로 보이지만 사실 예수는 자신이 하느님이 보낸 하느님의 아들임을 나타낸 것이다.

붓다는 고향에 돌아와서 자신의 아들, 이복 동생, 사촌 등 여러 명의 가족을 출가시켰다. 그중에 붓다의 십대 제자에 든 이들이 있었다면 예수를 따른 예수의 형제도 있었다. 성경에 명시적으로 나타나지는 않지만 예수의 열두 사도 중 알패오의 아들 야고보(소 야고보)를 가톨릭에서는 예수의 형제로 보고 있다.

소 야고보는 예수와 너무나 닮아서 사람들이 착각할 정도였다. 예수가 잡히던 날 예수를 배신했던 유다가 경비병들에게 이 두 사람을 구분하여 가르쳐 주기 위해 예수에게 인사하며 입맞춤했던 것이다. 예수가 죽은 후에 이 '예수의 형제 야고보'는 예루살렘 교회에서 매우 중요한 역할을 했다.[36]

5. 붓다의 교화 45년[37]

중생 교화에 나서다

붓다는 깨달음을 얻은 후 중생들을 위한 설법에 바로 나서지는 않았다. 보리수 아래에서 다시 49일 동안 깨달음에 이르게 된 과정을 돌아보며 열반에 들었음을 확고히 하였다. 이어 중생들을 교화하기로 결심한 붓다는 깨달음을 가르쳐 줄 대상으로 우드라카 문하에서 함께 도를 닦던 다섯 비구를 생각해내고는 그들을 찾아 바라나시의 녹야원으로 갔다.

붓다는 녹야원에서 다섯 비구에게 깨달음에 대해 첫 설법을 펼침으로써 세상에 불법을 처음 드러냈다. 이후 붓다는 야사와 그 친구들, 그리고 오십 명의 젊은이들을 교화하여 깨달음을 얻게 하고 중생 교화를 위해 이들을 파견하였다. 마가다국으로 들어간 붓다는 카샤파 삼형제를 교화하여 제자 천 명을 얻는 등 본격적인 중생 교화에 나섰다.

붓다가 수행과 교화로 일생의 대부분을 지낸 곳은 인도의 북동부에 있는 갠지스강 중류 지역이었다.

당시 이곳에는 16대국이라 불리는 나라들과 토착 민족들이 세운 작은 나라들이 자리 잡고 있었는데, 붓다가 태어난 카필라국은 석가족이 세운 작은 나라로서 이 16대국에는 들지 못하였다. 16대국 중에서도 아리아족이 세운 마가다국과 코살라국이 강대국으로 서로 협조하면서도 경쟁하고 있었다.

갠지스강은 히말라야에서 발원하여 동쪽으로 흐르면서 인도 북부를 지나 남동쪽의 뱅골만으로 흘러 들어가는 큰 강이다. 마가다국은 인도 북동부의 갠지스강 중류의 남쪽에 자리 잡고 있었으며 갠지스강 건너 마가다국의 북서쪽에는 코살라국이 있었다.

코살라국의 동쪽에 붓다가 태어난 소왕국인 카필라국이 있었고 그 남쪽에는 토착 민족의 소왕국인 밧지국의 수도 바이샬리가 있었다. 즉 강대국인 마가다국과 코살라국 사이에 소왕국인 카필라국과 밧지국이 끼어 있는 형태였다. 밧지국의 수도 바이샬리를 중심으로 한 이 지역 대부분은 수행자들로 가득 차 있는 인도 종교인들의 성지였다.

붓다 당시 마가다국은 신앙심이 깊은 빔비사라 왕과 아자타삿투 태자가 다스리고 있었으며 수도는 라자그리하였다. 코살라국은 프라세나지트 왕과 말리카 왕비, 제타 태자가 다스리고 있었으며 수도는 슈라바스티였다. 바이샬리에는 밧지족의 한 종족인 리차비인들이 많이 거주하였는데, 특히 바이샬리에 출가 수행자들이 많았다.

죽림정사

중생의 교화를 위해 육십 명의 제자들을 파견한 붓다는 마가다국으로 들어가 카샤파 삼형제를 교화하였다. 그들은 마가다국에서 최고의 선인들이었으며 맏형 우루빌바 카샤파가 오백 명, 둘째 나디 카샤파는 삼백 명, 셋째 가야 카샤파는 이백 명 등 모두 천 명의 제자들을 데리고 있었는데 이들도 모두 붓다에게 귀의하였다.

천 명의 제자를 거느리게 된 붓다는 마가다국의 빔비사라 왕을 찾아갔다. 빔비사라 왕이 붓다에게 깨달음을 얻거든 자신과 백성들을 교화해달라고 초청했었기 때문이다. 그는 종교적 믿음이 강해서 출가 수행자들을 존중하며 여러 방면으로 도와주고 있었다. 빔비사라 왕은 수만 명의 백성들과 함께 붓다 일행을 맞이하였다. 그런데 백성들은 나이가 든 우루빌바 카샤파 등 위대한 삼형제는 잘 알고 있었으나 젊은 붓다는 잘 모르고 있었다. '두 사람 중 누가 스승이고 누가 제자일까?' 그들의 생각을 타심통으로 알게 된 붓다가 카샤파로 하여금 백성들에게 설명하게 하였다. 우루빌바 카샤파는 즉시 왼쪽 가사를 벗어 왼쪽 어깨를 드러내고 경배하며 붓다에 대한 존경심을 나타내었다. "세존이야말로 나의 스승이십니다. 나는 세존의 제자, 세존은 나의 스승이십니다."

수행자들이 왼쪽 어깨를 드러낸다는 것은 자신보다 스승에 대한 예법이었다. 그러자 백성들은 붓다가 카샤파보다 더 위대한 스승임을 알게 되었다. 이어 붓다는 백성들을 향하여 법을 설하였다.

"괴로움은 집착에서 비롯된다. 괴로움과 괴로움이 발생하는 원인을 바로 보고 그 실체를 알게 되면 괴로움을 없앨 수 있다. 이것이 바로 괴로움에서 벗어나는 길이다."

빔비사라 왕은 태자 때부터 다섯 가지 소원이 있었다. 첫째는 왕이 될 것, 둘째는 자신의 영토에 붓다가 출현할 것, 셋째는 붓다에게 예배를 드리는 것, 넷째는 붓다의 설법을 들을 것, 다섯째는 붓다의 설법을 깨달을 것 등이었다.

왕이 말했다. "이제 저는 소원을 다 이루었습니다." 왕은 그전부터 신앙심이 깊은 신자였으므로 붓다의 설법을 듣고는 기꺼이 백성들과 함께 붓다에게 귀의하였다. 그리고는 붓다와 비구들에게 식사를 공양했다. 빔비사라 왕은 붓다에 귀의한 첫 번째 왕이 되었다.

한편 빔비사라 왕은 생각했다. '붓다와 제자들은 어떤 장소에서 지내야 할까? 마을에서 너무 멀지도 않고 가깝지도 않고, 오고가기에 편하며, 이런저런 목적을 지닌 사람들이 찾아뵙기 좋고, 낮에는 지나치게 붐비지 않으며 밤에는 소음이 없고 인적이 드물어 혼자 지내기에 좋고 좌선하기에 적절한 곳, 바로 그런 곳이 좋을 텐데.' 고민 끝에 빔비사라 왕은 벨루바나(竹林) 숲을 골라 붓다와 제자들에게 기증하였다. 이것이 불교 최초의 정사, 곧 죽림정사(竹林精舍)이다.

기원정사

마가다국의 빔비사라 왕과 백성들이 붓다에게 귀의하자 붓다를 따르는 사람들이 크게 늘어났다. 붓다가 죽림정사에 머무르고 있을 당시 마가다국과 협조하면서도 경쟁 관계에 있는 코살라국의 수도인 슈라바스티에 수닷타 장자라는 큰 부자가 살고 있었다. 그는 신심이 깊은 사람이어서 붓다가 세상에 오면 만나 뵙기를 간절히 바라고 있었다. 수닷타 장자는 마가다국의 수도인 라자그리하에 살고 있는 역시 큰 부자의 누이동생을 아내로 맞아들였으므로 자주 라자그리하를 방문하였다.

어느 날 수닷타 장자가 처남 집을 방문하니 처남은 잔치 준비에 여념이 없었다. '무슨 잔치인가? 누가 결혼을 하는가?' 하여 처남에게 물어보니 붓다에게 공양할 준비를 한다는 것이었다. 수닷타 장자는 자신이 뵙고 싶어 하는 붓다가 세상에 왔다는 것과 마가다국에 있다는 것, 더구나 처남 집에서 공양 한다는 것 모두가 처음 듣는 얘기여서 놀라지 않을 수 없었다. 그는 붓다를 만날 수 있다는 생각에 잠을 이룰 수가 없었다.

새벽녘에 그는 누구에겐가 이끌려 어느 묘지로 갔는데 거기서 붓다를 만났다. 수닷타 장자가 붓다에게 경배하며 예를 표하자 붓다는 그에게 불법을 설해 주었다. 수닷타 장자는 단번에 깨닫고 즉시 붓다에게 귀의하여 평생 우바새가 되겠다고 맹세하였다. 그리고는 붓다와 제자들을 초대하여 공양 준비를 하고 있는 처남을 물리치고 대신 붓다에게 크게 공양하였다. 그리고 붓다가 식사를 마친 후에 수닷타 장자는 붓다를 코살라국 슈라바스티로 초청하였다. 슈라바스티로 돌아온 수닷타는 붓다와 제자들을 위한 정사를 짓기로 했다. 마침 코살라국의 태자 제타가 소유하고 있는 숲이 조건에 맞았다. 제타의 숲이라고 하는 곳이다.

수닷타 장자는 제타 태자를 찾아가 그 숲을 사겠다고 제안하였다. 그러나 그 숲을 팔 생각이 없는 태자는 그 숲 전체를 황금으로 가득 덮으면 팔겠다고 하였다. 수닷타가 능히 할 수 없을 정도의 무리한 요구를 한 것이다. 그러나 수닷타는 아주 큰 부자였으므로 즉시 모든 수단을 강구하여 그 숲을 황금으로 다 덮자 제타 태자는 숲을 팔지 않을 수가 없었다. 다만, 숲 입구의 빈터만은 덮지 못했는데 수닷타의 신앙심에 크게 감명 받은 제타는 숲 입구 빈터와 정사를 지을 목재 등을 수닷타에게 기증하였다.

이렇게 슈라바스티에 지은 정사가 기원정사(祇園精舍)이다. 정사가 설립되자 붓다는 라자그리하의 죽림정사를 떠나 바이샬리를 거쳐 수십 일 동안의 여행 끝에 슈라바스티의 기원정사에 도착하였다. 들리는 곳마다 코살라국의 백성들은 붓다를 대대적으로 환영하며 붓다에게 귀의하였다.

이 기원정사는 죽림정사와 함께 붓다의 2대 정사가 되었고 붓다는 교화 기간 중 절반 이상의 우안거를 기원정사에서 보냈다.

프라세나지트 왕과 말리카 비

당시 슈라바스티에는 불교 신자가 그다지 많지 않았다. 코살라국의 프라세나지트 왕은 브라만교 신자였지만 여러 종파를 동시에 지지하여 붓다도 존경하고 있었다. 하지만 왕이 불교를 믿게 되기까지는 불교에 먼저 귀의한 말리카 왕비의 영향이 컸다.

어느 날 왕이 이상한 꿈을 꾸고는 이를 브라만들에게 문의하였다. 그들은 왕의 몸에 위험이 닥칠 것을 예언하고 이 재난을 피하려면 태자 내외를 비롯해 여러 후비들과 시종, 대신들을 모두 죽여 신들에게 바치고 보물이며 귀중한 물건들을 모두 불태워 버려야 한다고 했다.

왕은 매우 난처하여 이를 말리카 왕비에게 상의하자 불교 신자였던 왕비는 기원정사에 가서 붓다의 가르침을 받으라고 하였고, 붓다의 가르침을 받은 왕은 비로소 안심할 수 있었다.

왕비 말리카는 본래 화원 관리인의 딸로서 지체가 낮은 여인이었다. 말리카라는 이름도 '꽃을 만드는 여인'이라는 뜻이다. 어느 날 말리카는 붓다를 만나 꽃을 바쳤는데, 어쩐지 좋은 일이 생길 것 같은 예감이 들었다. 그날 프라세나지트 왕은 성 밖에 나왔다가 몹시 지쳐 홀로 쉬려고 화원에 들어갔다. 그때 말리카는 그 사람이 왕인 줄도 모르고 정성껏 시중을 들었는데 왕은 아주 만족해하며 그날로 말리카를 왕비로 삼았다고 한다.

프라세나지트 왕은 독실한 불교 신자가 되었으므로 붓다를 자주 방문해 가르침을 청했다. 석가족인 카필라국은 코살라국의 영향력 아래 있었지만 프라세나지트 왕은 석가족 출신인 붓다에게 예배를 했다. 이것은 그 당시에는 매우 주목할 만한 일이었다. 사람들이 그 까닭을 붓다에게 묻자 붓다는 다음과 같이 설명했다. "프라세나지트 왕은 세속적으로는 석가족보다 권력이 강하지만 진리의 구현자인 붓다에게 예배하는 것이다."

대림정사

태자 시절 출가할 것을 결심한 붓다는 수행자들의 활동 중심지인 바이샬리로 가서 아라다 카라마 선인에게서 수행을 한 적이 있었다. 깨달음을 얻은 붓다가 마가다국의 죽림정사에 머무르고 있을 때였다. 어느 해 바이샬리에 큰 가뭄이 들어 많은 사람이 굶어 죽고 질병이 횡행하는 등 큰 환난이 일어났다.

바이샬리의 왕은 여러 선인들과 종교 지도자들에게 부탁하여 가뭄과 질병을 극복하기를 바랐으나 효과를 얻지 못하자 신하들과 의논하여 붓다의 힘을 빌리기로 의견을 모았다. 바이샬리에서 온 사신과 함께 바이샬리로 간 붓다는 바이샬리의 여러 거리를 다니면서 바리때의 물을 뿌리며 경문을 외웠다.

"붓다께 귀의하오니 복 받을지어다. 법에 귀의하오니 복 받을지어다. 승단에 귀의하오니 복 받을지어다."

불, 법, 승 삼보에 귀의하겠다는 경문이다. 그러자 바이샬리의 가뭄과 질병은 멎었고 나라는 다시 평온을 되찾았다. 이에 바이샬리의 왕은 은혜를 갚기 위해서 대림정사(大林精舍)를 지어 붓다에게 기증하였다. 붓다는 이 대림정사에서 두 달 동안 머물렀다.

교단의 설립

첫 제자들인 녹야원의 다섯 비구를 포함하여 60명의 아라한들을 중생 교화를 위해 파견한 후 붓다는 카샤파 삼형제와 함께 온 천 명의 제자와 사리불 및 목건련과 함께 온 이백오십 명의 제자 등 천이백오십 명의 제자들을 거느리게 되었다. 이로써 교단이 생겨났다.

그 이후에도 빔비사라 왕과 마가다국의 신자들, 수닷타 장자와 코살라국의 신자들 등 제자들이 늘어나자 자연히 이들을 통제할 규율이 필요하게 되었다. 이러한 규율을 계(戒)라고 하는데 계의 조항은 교단 안에서 실제로 일어난 문제를 해결하기 위해 지켜야 할 것을 정한 것이다.

계의 조항을 모아 놓은 것을 율(律)이라고 하는데 율은 계의 조항뿐만 아니라 그 같은 계가 제정된 사정을 설명하고 계를 범한 자에 대한 처벌이며 계를 유지하는 방법과 규정을 나타낸다. 또 교단으로서 해야 할 정기적인 행사나 회의 방법 등에 대한 규정도 있다. 붓다가 성도한 뒤 라자그리하에 머물 때 교단을 통제할 필요성에 의해 계를 하나씩 제정하여 마침내 율이 성립되었다.

　제자들의 수가 적었던 초기에는 삼귀의(三歸依)만으로도 비구가 되는 것을 인정했다. 즉 "붓다께 귀의합니다. 법에 귀의 합니다. 승에 귀의합니다"라고 고백하면 되었는데 이는 형식보다는 실질적인 신앙을 중요시한 것이다. 그러나 제자들의 수가 많아지자 교단을 효과적으로 통제하기 위해 먼저 교단 내에 사제 관계를 제도화했다.

　비구는 자신의 스승을 선택하여 그 제자가 되어야 하며 스승은 제자를 부자지간처럼 보살피고 지도해 주어야 한다. 그리고 비구를 교단에 받아들일 때 보증인의 역할도 했다.

　이어 구족계를 제정했는데 구족계(具足戒)란 비구가 교단의 한 사람으로서 완전한 자격을 인정받기 위해 지켜야 할 계를 말한다. 구족계를 받을 사람은 적어도 스무 살이 되어야 하며 스무 살이 안 된 사람은 사미로서 출가를 허락하고, 그 후 모든 자격을 갖추면 구족계를 받아 비구가 된다. 사미에게는 10개의 계를, 비구에게는 250개의 계를 지킬 것이 요구된다.

　구족계를 받으면 당사자는 물론, 스승의 이름과 장소, 날짜와 시간, 의식의 형태 등을 기록해야 한다. 이렇게 구족계의 기록을 엄격하게 하는 이유는 불교 교단에서 좌석의 차례를 정하는 방법은 단 한 가지, 즉 구족계를 받은 시기밖에 없기 때문이다. 구족계를 언제 몇 시에 받았는가는 비구의 지위를 결정하는 기준이다.

　구족계를 받을 때 비구에게는 출가 생활의 근본 방침을 반드시 설해주고 있다. 이것을 사의(四依)라고 하는데 네 가지 의지해야 할 기본을 말한다. 첫째는 '출가 수행자는 걸식에 의한다'는 것이고, 둘째는 '출가 수행자는 분소의(糞掃衣)에 의한다'이며, 셋째는 '출가 수행자는 수하좌

(樹下座)에 의한다'는 것이다. 이는 출가자가 살 장소로 가장 어울리는 곳은 노천에 있는 나무 밑이라는 것이다. 넷째는 '출가 수행자는 진기약(陳棄藥)에 의한다'는 것인데, 진기약이란 동물의 대소변 또는 이것으로 만든 약을 말한다. 그러나 사의란 출가 생활의 기본 원칙으로 강제 규정은 아니지만 출가자라면 적어도 이런 각오는 필요했다.

이 계와 관련하여 불교 교단에는 포살이라는 제도가 있다. 포살(布薩)이란 계율을 반성하며 법을 어겼을 경우 참회하고 처벌 받는 모임이라는 뜻이다. 즉 매달 신성한 날을 정해 비구들끼리 모여 반성하는 기회를 갖는 것인데 이는 붓다의 생각이었다. 모든 비구는 한 달에 두 번 자기 지역의 집회 장소에 모여야 했다. 그 자리에서 계율의 조항을 읽어 가는 동안에 그 조항을 범한 비구가 있으면 바로 고백해야 했다. 고백하지 않으면 거짓말하는 죄를 범한 것이다. 이런 비구의 포살은 교단의 행사 중에서 가장 중요한 것으로서 병을 앓아 어쩔 수 없는 경우를 제외하고는 비구가 포살에 결석하는 것은 용서받을 수 없는 일이었다. 형식은 다르지만 죄를 고백한다는 점에서는 가톨릭의 고백성사와 비슷하다고 할 수 있다.

슈도다나 왕의 사망

붓다가 마가다국 라자그리하 교외의 영취산에 있을 때였다. 슈도다나 왕이 노쇠해서 위독하다는 전갈이 오자 붓다는 급히 카필라국으로 갔다. 슈도다나 왕은 말년에 몹시 외로웠다. 가장 사랑하던 아들 싯다르타는 출가해서 붓다가 되었고 둘째 아들 난다, 손자 라훌라, 조카 아난다, 데바닷타, 아나율 등도 모두 출가했기 때문이다. 자신의 뒤를 이어 왕이었던 바드리카도 출가하고 이제는 아나율의 형인 마하나만이 카필라국을 다스리고 있었다.

붓다가 아버지 슈도다나 왕에게 다가가자 한 줄기 광명이 왕의 몸에 닿아 슈도다나 왕은 잠시 고통을 잊을 수 있었다. 그것으로 왕은 아들 붓다가 가까이 왔다는 것을 알고는 마지막 소원이라며 붓다의 손으로 자신의 몸을 만져 극락 세계로 인도해 달라고 부탁하였다.

"걱정하실 것 없습니다. 당신의 덕은 청정하며 마음의 때도 없습니다. 지금까지 들은 진리를 다시 생각하며 지금까지 해온 선행을 믿고 마음 놓으십시오. 이 마지막 시간에 마음을 너그럽게 놓는 것이 좋습니다."

슈도다나 왕은 손을 내밀어 붓다의 손을 잡고 반듯이 누운 채로 만족한다는 뜻을 보이더니, 곧바로 숨을 거두었다. 붓다는 후세에 부모의 은혜를 저버리는 불효자가 나올 것을 염려하여 몸소 관을 멨다. 그리고 화장을 하여 유골을 황금으로 만든 그릇에 담은 뒤, 유골을 모시기 위한 탑을 세웠다.

사람들이 왕이 어느 곳에 태어났는지 묻자 붓다는 이렇게 말했다. "부왕은 맑고 깨끗한 사람이니 정거천에 태어나리라." 이때 왕의 나이는 아흔일곱 살이었다.

비구니 교단 설립

카필라국의 슈도다나 왕이 사망한 후, 왕비이자 붓다의 양모 겸 이모인 마하파자파티가 출가하기를 원했다. 그러나 붓다는 양모의 뜻을 받아들이지 않았다. 붓다는 여성들의 출가를 받아들이지 않으면서 양모의 출가 요청도 세 번이나 거절하였다. 붓다의 출가 거절에 마하파자파티 왕비는 매우 상심하였으나 출가의 꿈을 버리지 않았다.

그 후 붓다가 대림정사에 있을 때였다. 왕비는 스스로 자신의 머리를 깎고 붓다의 비였던 야소다라를 포함한 오백 명의 여성들과 함께 붓다를 찾아가 밖에서 목놓아 울었다.

그때 붓다의 시자로 있던 사촌동생 아난다가 큰어머니인 마하파자파티를 만났다. 왕비는 아난다에게 붓다를 설득해 달라고 애원하자 이를 측은히 여긴 아난다가 붓다에게 말하였다.

"세존이시여, 만약 여성이 세존의 가르침을 따라 출가하여 수행한다면 남성과 같은 수행의 효과를 거둘 수 있겠습니까?" 붓다는 여성이라도 물론 그렇게 할 수 있다고 대답하였다.

이 말을 들은 아난다는 붓다에게 세 번이나 출가의 허락을 받지 못한 마하파자파티 왕비 및 야소다라 왕비가 오백 명의 여성들과 함께 대림정사에 와 있음을 알렸다. 이 말을 들은 붓다는 마침내 여성의 출가를 허락하였다.

그러나 거기에는 여덟 가지 조건이 따랐다. 첫째, 비구니는 비구에게 먼저 합장하고 존경해야 한다. 둘째, 비구니는 비구가 없는 곳에서는 안거를 하면 안 된다. 셋째, 비구니는 한 달에 두 번씩 비구 승단에서 포살을 하고 설교를 들어야 한다. 넷째, 비구니는 안거가 끝난 뒤 남녀 양쪽의 승단에 수행이 순결했다는 증거를 제시해야 한다. 다섯째, 비구니가 중대한 죄를 범했을 때는 남녀 양쪽의 승단에서 반 달 동안 별거 취급을 당해야 한다. 여섯째, 비구니의 견습은 2년 동안 수행을 거친 다음

남녀 양쪽의 승단에서 온전한 비구니가 되는 의식을 받아야 한다. 일곱째, 어떤 일이 있더라도 비구니는 비구를 욕하거나 비난해서는 안 된다. 여덟째, 비구니는 비구의 허물을 꾸짖을 수 없지만 비구는 비구니의 허물을 꾸짖을 수 있다.

이 여덟 조항을 받아들임으로써 붓다의 양모인 마하파자파티 왕비는 마침내 최초의 비구니가 되었다.

붓다가 여성의 출가를 허락하지 않았던 것은 여성의 수행 능력이 떨어지기 때문이 아니었다. 여성도 남성과 같은 우수한 자질을 가지고 있음은 붓다 자신도 인정했다. 다만, 집에 머무르지 않고 밖에서 지내야 하는 어려움과 남성들과 함께 수행하다가 발생할 수 있는 문제들을 의식했던 것으로 보인다.

이런 이유로 붓다는 비구보다 비구니에게 더 엄격한 계율을 적용하여 출가를 허락하였다. 그러나 여성의 출가를 허용한 것은 종단 운영에 여러 가지 어려움을 가져왔다. 집단 생활에서 보이는 여성의 생리나 심리는 남성의 경우와는 다른 점이 있었다. 비구의 250계에 비해 비구니의 348계 규정은 이런 이유를 반영한 것이다.

기녀 비구니 암바팔리

붓다가 바이샬리에 있을 때 기녀 암바팔리를 만났다. 이 여인은 어릴 때 나무 아래에 버려져 있는 것을 동산을 지키는 사람이 데려다 길렀는데 커갈수록 미인이 되어갔다. 뛰어난 미모를 가진 암바팔리에게 바이샬리는 물론 다른 나라에서도 청혼이 쏟아져 들어오면서 그녀가 어느

한 사람과 결혼한다면 큰 파란이 일어날 것이 염려되었다.

그러자 사람들은 재판관의 판정을 받아 암바팔리를 나라의 공인된 기녀로 만들었다. 당시 인도에는 나라의 번영을 위하여 미녀를 기생으로 정하고 그들에게는 부와 함께 호화로운 생활을 제공하였다.

어느 날 암바팔리는 오백 명의 여인들과 함께 대림정사에 있는 붓다를 찾아가 설법을 들으려 하였다. 이에 붓다는 제자들에게, '색욕은 사람을 어지럽히니 오직 도로써만 제어할 수 있다'고 하며 저마다 행실에 조심할 것을 당부하였다. 그날 암바팔리는 붓다의 설법을 듣고 마음으로 욕망을 그치는 법을 깨닫고 스스로 붓다에 귀의하였다. 그리고는 다음 날 붓다를 공양하기 위해 자신의 집으로 초대하였다.

한편 바이샬리의 오백 명의 장자들도 붓다를 찾아가 설법을 듣고는 붓다를 공양에 초대하였다. 그러나 암바팔리의 초청이 먼저였으므로 붓다는 장자들의 공양 초청에 응할 수 없었다.

이에 장자들은 암바팔리를 찾아가 지체가 낮은 여자인 암바팔리보다 자신들이 먼저 붓다에게 공양을 올려야 한다며 금화 수만 냥을 줄 터이니 붓다의 초대를 자신들에게 양보해 달라고 청했다. 그러나 암바팔리는 수만 냥이 아니라 바이샬리를 모두 준다 해도 그럴 수 없다고 대답했다.

그러자 장자들은 붓다를 찾아가 공양을 모레로 미루어줄 수 없겠느냐고 물었지만 붓다는 이미 수락하였으니 번복할 수 없다고 대답하였고 붓다는 다음날 암바팔리의 집에서 공양을 받았다. 후에 암바팔리는 출가해서 아주 신심 깊은 비구니가 되었다고 한다.

육사외도[38]와 민족 종교

수닷타가 기원정사를 건립한 후 코살라국의 슈라바스티에도 불교 신자가 늘어났다. 붓다가 오기 전에도 슈라바스티에는 많은 수행자가 있었는데 대부분 교단을 형성하고 있었다. 그 중 세력이 크고 영향력을 발휘하던 여섯 개의 교단을 육사외도(六師外道)라고 한다.

외도란 불교의 입장에서 볼 때 이단의 사상가들이었기 때문에 붙인 이름이다. 이 여섯 명은 푸라나 캇사파, 막칼리 고살라, 산자야 벨라티푸타, 아지타 케사캄발린, 파쿠타 캇차야나, 니간타 나타풋다 등이다.

이 중 산자야 벨라티푸타는 앞에서 본 것처럼 한때 사리불과 목건련의 스승이었다. 사리불과 목건련은 붓다에게로 귀의하면서 산자야에게도 함께 가자고 권하였다. 그러나 이미 안정된 생활을 하고 있던 산자야는 오히려 두 제자의 귀의를 방해하려 하였으며 자신의 제자 이백오십 명이 함께 떠나자 분해서 피를 토하고 그 자리에서 죽었다.

육사외도 중 대웅(大雄)으로도 알려진 니간타 나타풋타, 즉 마하비라는 자이나교를 창시한 교조이다. 그는 붓다와 동시대의 종교가로서 붓다와 거의 비슷한 인생 행로를 걸었다. 니간타는 본래 자이나교의 전신이었던 교단의 이름이었는데 마하비라는 니간타를 개혁하여 자이나교를 창시하였다. 자이나교는 지금도 뭄바이 지방에 널리 퍼져 소수이지만 독실한 신자가 많은 것으로 알려져 있다.

막칼리 고살라는 아지비카교의 대표자이다. 아지비카교의 수행자들은 여러 가지 고행으로 육체를 괴롭히는 것이 수행 효과가 높다고 믿고 있어서 기원정사 근처의 제타 숲에는 박쥐처럼 나뭇가지에 매달려 있거나 바늘을 꽂아 놓은 판자 위에 앉아 있는 등 진기한 고행자들이 많았다.

또 검소한 생활을 소중히 여긴다면서 벌거벗은 채로 아무 데나 돌아다니는 나형파도 있었다. 고살라에 대해 붓다는 "막칼리 고살라는 많은 사람들을 파멸시킨다. 마치 강어귀에 그물을 쳐서 고기를 잡는 어부와 같은 자이다" 하고 말하였다.

붓다는 이처럼 이단자들에 대한 거부와는 달리 민족 종교는 장려하였다. 마가다국 빔비사라 왕의 뒤를 이은 아자타삿투 왕이 바이샬리의 밧지족을 정복하려 하자 붓다는 밧지족이 자신들 안팎의 종교를 공경하고 예전부터 내려오는 제사를 게을리하지 않는 것을 포함한 일곱 가지 조항을 지킨다면 밧지족은 결코 쇠퇴하지 않을 것이라고 하였다. 이는 밧지족 뿐만 아니라 모든 민족, 모든 종교에 대한 관용이다. 우리나라의 불교 사찰에도 우리의 민족 종교를 포용한 누각들이 있다.

불교의 사찰 구조는 불교의 우주관인 삼천대천세계의 가장 기본인 소세계를 본받은 구조라고 한다. 즉 수미산을 중심으로 한 구산팔해를 형상화한 것인데 본당인 대웅전은 수미산 정상에 해당한다. 여기에 덧붙여서 칠성각, 산신각, 독성각, 삼성각 등 우리나라의 토속 신들을 수용한 공간들이 자리 잡고 있는데 이것은 붓다의 정신을 따라 불교에서 우리나라 고유의 신앙을 받아들인 것이다.

붓다에 대한 모함[39]

코살라국의 기원정사에 머물던 붓다와 교단의 명성이 커지자 슈라바스티의 외도들은 큰 위기에 봉착했다. 붓다의 제자들이 수행을 통해 바른 법문을 들려주는 데에 반해 외도 수행자들은 존경을 받을 수 없었기 때문이었다. 신도들이 붓다의 법문 듣기를 기뻐하며 즐거워할수록 외도들은 붓다와 제자들을 시기하였다. 이것은 생계의 문제이기도 했다.

외도들은 붓다를 모함할 계획을 의논하였다. 그 중 한 사람이 당시 슈라바스티의 뛰어난 미인이었던 순다리를 이용하자는 제안을 하였다. 외도들이 계획을 전달하자 순다리는 그들의 부탁을 흔쾌히 수락하였다.

순다리는 다음 날부터 매일 옷을 곱게 차려 입고 화사하게 화장을 한 후 신도들이 설법을 듣고 나오는 시간에 맞춰 기원정사로 향했다. 그녀를 알아본 사람들이 어디로 가는지 물어보면 순다리는 큰 소리로 대답했다. "붓다를 뵈러 갑니다."

사람들은 설법이 끝난 시간에 붓다를 뵈러 간다는 순다리의 말에 고개를 갸웃거렸다. 그럴수록 그녀는 고개를 꼿꼿하게 치켜들고 말했다. "나는 설법을 들으러 가는 것이 아니라 붓다를 만나러 갑니다."

이런 일이 계속 반복되자 사람들 사이에는 붓다가 순다리를 은밀하게 만난다는 소문이 돌기 시작했다. 순다리는 자신을 보고 수군거리는 사람들이 많아질수록 속으로 기뻐하였다. 그렇게 하여 계획이 어느 정도 성공했다고 생각한 외도들은 순다리를 제거하고 그 시체를 기원정사 가까운 곳에 묻었다.

순다리 실종 사건은 프라세나지트 왕에게도 보고되어 왕은 사건을 자세히 조사할 것을 명했다. 그런데 순다리를 마지막으로 본 것은 붓다를 만나러 가는 길이었다는 증인들이 나오자 외도들은 기원정사 근처에서 자신들이 묻은 순다리의 시체를 찾아냈다.

순다리의 죽음과 붓다의 음행에 대한 소문은 순식간에 슈라바스티 전체에 퍼져 사람들은 붓다를 비난하기 시작했고 제자들이 걸식을 나오면 더러운 고다마의 제자들이라며 욕을 퍼부으며 돌을 던졌다. 영문을 모르는 제자들이 당황하여 기원정사로 돌아와 사실을 말하자 붓다는 제자들을 바라보며 조용히 대답했다. "거짓말은 결코 오래 가지 않는다. 세간의 비난과 욕설은 7일이 지나면 자연히 사라지게 될 것이다."

과연 7일이 지나자 순다리 실종 사건은 스스로 해결되어 범법자들인 외도들이 처벌당하자 사람들은 그때서야 붓다에 대한 의심을 거두고 깊이 반성하였다. 붓다의 말대로 7일이 지나자 세간의 비난과 욕설이 사라진 것이다.

순다리 외에도 붓다를 곤란하게 만든 여인이 또 있다. 여인의 이름은 친차인데 사건은 역시 붓다가 코살라국 기원정사에 머물 때 일어났다. 빼어난 아름다움으로 몸에서 마치 빛이 나는 것 같다는 칭송을 듣던 친차는 붓다를 비방하는 일에 선뜻 나섰다. 순다리와 마찬가지로 외도들의 사주를 받은 친차가 붓다의 아이를 임신했다고 주장한 것이다.

기원정사 근처에 은신처를 마련한 친차는 날이 어두워지면 기원정사에 가는 척하였고 이른 새벽이면 기원정사에서 나오는 척하였다. 그러다 사람들과 마주치면 마치 큰 비밀이 있는 것처럼 굴었다. 친차의 이상한 행동이 계속되자 결국 궁금증을 참지 못한 누군가가 그녀를 붙들고 도대체 기원정사에서 무슨 일을 하느냐고 물었다.

그러자 친차는 은밀하게 속삭였다. "붓다와 잠을 자고 나오는 길입니다." 친차의 말을 들은 사람들은 깜짝 놀랐으나 그녀의 말을 믿으려고 하지 않았다. 워낙 엄청난 일이었기 때문이었다. 하지만 몇 달 후 친차는 마치 임신을 한 것처럼 배에 천을 감고 돌아다니며 자신이 붓다의 아이를 임신했다고 떠들었다. 소문은 삽시간에 퍼져나갔다. 이윽고 9개월이 지났을 때 친차는 둥그렇게 깎은 나무를 배에 천으로 묶어 만삭인 것처럼 하고 대중 앞에서 설법을 하는 붓다 앞에 모습을 드러냈다.

"저는 당신 때문에 아이를 가졌습니다."

"친차여, 네 말이 진실인지 아닌지를 알고 있는 사람은 이 세상에 나하고 너밖에 없다."

"물론입니다. 당신과 나만이 알고 있는 결과가 바로 이것입니다."

그 순간, 붓다가 난처한 상황에 빠진 것을 알게 된 제석천왕은 하얀 쥐로 모습을 바꾼 뒤 친차의 빨간 치마 속으로 들어가 그녀의 허리에서 바가지를 고정하고 있던 끈을 물어뜯었다. 그 순간 만삭처럼 보였던 친차의 배가 쑥 꺼지고 둥근 바가지가 탕 소리를 내며 땅으로 떨어졌다. 친차의 거짓말이 만천하에 드러난 것이다.

친차의 거짓말에 분노한 사람들은 그녀를 기원정사 밖으로 내쫓았다. 친차의 두 발이 기원정사 밖으로 나간 순간, 땅이 두 갈래로 갈라지며 무간지옥에서 뿜어져 나온 불꽃이 그녀의 몸을 삼켰다. 친차는 지옥의 뜨거운 화염에 싸인 채 지옥으로 떨어진 것이다.

데바닷타의 모반

데바닷타는 아난다와 친형제이며 붓다의 사촌동생들이다. 붓다가 귀향하였을 때 두 사람은 붓다를 따라 출가하였다. 아난다는 붓다의 시중을 충실히 들어 십대 제자에 포함되며 다문제일로 칭하나, 데바닷타는 다른 교단을 세워 붓다를 배반하여 불교에서는 악명이 높다.

데바닷타는 어릴 때부터 붓다와 모든 면에서 경쟁의 대상이었다. 야소다라 비를 두고도 경쟁하였으며 붓다를 따라 출가한 뒤에도 반역할 기회를 노렸다. 마가다국의 왕자 아자타삿투와 공모하여 붓다를 죽이려 하거나 붓다의 제자를 빼앗아 분열을 시도하였지만 실패하였고 마침내 산 채로 지옥의 구렁으로 떨어졌다.

붓다가 마가다국의 죽림정사에서 설법을 할 때 데바닷타가 붓다는 이제 나이가 들었으니 교단의 통솔을 자신한테 맡겨달라고 했다. 데바닷타가 세 번이나 요청하였으나 붓다는 거절하였다.

"데바닷타여, 내가 사리불이나 목건련에게도 교단의 통솔을 맡기지 않고 있는데, 하물며 너에게 교단을 맡기겠느냐?"

그 뒤 데바닷타는 붓다에게 출가 수행자들에 대한 다섯 가지 건의를 했다. 즉 수행자들은 붓다가 말한 대로 항상 작은 바람으로 만족하고 조심스럽고 검소한 생활을 해야 하며 신심과 노력이 중요하므로 첫째, 한평생 숲속에서 생활할 것, 둘째, 걸식 탁발에 의해서만 음식을 먹을 것, 셋째, 분소의만 입을 것, 넷째, 항상 나무 아래에 앉을 것, 다섯째, 절대로 생선이나 고기를 먹지 말 것 등이었다.

실제로 마하가섭 같은 제자는 이미 이런 수행 생활을 하고 있었지만 붓다는 이것을 모든 수행자들에게 계율로 정해 지키도록 하는 것은 바람직하지 않다고 보았다. 생선이나 고기만 하더라도 스스로를 위해 잡은 것이 아닌 이상 대접을 받으면 먹어도 좋다고 하였다. 또한 수행자들은 정사의 구역 안에서 생활하며 일반 사람들과 어느 정도 접촉을 가지면서 수행한다는 붓다의 교단 운영 방침에도 반하는 것으로서 데바닷타는 속세와 인연을 끊고 고행하는 은둔주의를 주장한 것이다.

결국 데바닷타는 붓다를 독살하려 하였으나 죽이지 못하고 자신이 깊은 구렁 속으로 떨어지고 말았다.

석가족의 멸망

슈도다나 왕이 은퇴한 후 카필라국은 붓다의 사촌 바드리카가 다스리고 있었는데 그도 붓다를 따라 출가했으므로 역시 붓다의 사촌인 마하나만이 왕위를 이어받았다. 전설에 의하면 석가족은 시조인 오까까 왕 때부터 종족 내 결혼으로 혈통을 이어왔는데 이 혈통에 대한 자부심이 대단하였다.

붓다의 어머니 마야 왕비와 이모이며 양모인 마하파자파티 왕비도 콜리족 출신으로 석가족과 콜리족은 시조 때부터 친족이었다. 붓다 시절 카필라국은 이웃한 아리아족 국가이며 16대국 중 하나로서 강력한 나라였던 코살라국으로부터 사실상 보호를 받고 있었다.

코살라국의 프라세나지트 왕은 처음에는 붓다를 신뢰하지 않았다. 당시 육사외도라고 부르는 나이 든 선인들도 최고의 깨달음을 얻지 못했는데 젊은 붓다가 최고의 깨달음을 얻었다고 하였기 때문이었다. 그러나 말리카 왕비의 요청으로 붓다를 만나 설법을 들은 후 왕은 깊은 존경심을 가지고 붓다에게 귀의하게 되었다. 이에 프라세나지트 왕은 붓다의 나라인 카필라국과 인척 관계를 맺고 싶어 석가족에게 청혼을 하였다.

코살라국 프라세나지트 왕의 청혼을 받은 석가족은 고민에 빠졌다. 강대국인 코살라국의 보호를 받는 처지에서 왕의 청혼을 거절할 수는 없는데 자부심 강한 순수 혈통인 석가족을 외부 종족에게 줄 수 없었기 때문이었다. 생각 끝에 마하나만 왕은 자신의 하녀가 낳은 딸 바사바를 프라세나지트 왕에게 시집 보냈다.

  이 바사바가 아들을 낳았는데 그 아들이 비두다바 왕자이다. 왕자가 후에 외가인 석가족에게 다니러 갔다가, 자신의 어머니가 정비가 아니고 하녀 출신이어서 자신도 순수 혈통이 아니라는 출생 비밀을 알게 되었다. 비두다바 왕자는 크게 놀라며 언젠가는 복수를 하리라 굳게 마음 먹었다.

  훗날, 프라세나지트 왕이 없는 사이에 비두다바 왕자가 반란을 일으켜 왕의 자리를 차지하였다. 프라세나지트 왕은 자신의 누이동생을 마가다국의 빔비사라 왕에게 시집보냈으므로 빔비사라 왕과는 처남매부 사이였다. 프라세나지트 왕은 왕좌에서 쫓겨나자 외조카인 빔비사라의 아자타삿투 왕에게 의지하려 마가다국으로 찾아갔으나 그만 성문 앞에서 죽고 말았다.

  아버지의 자리를 뺏은 비두다바 왕은 석가족을 멸망시키기 위해 군사들을 출정시켰다. 이를 알게 된 붓다가 비두다바 왕과 군사들이 지나가는 길옆의 그늘 없는 나무 아래에 앉아 있었다. 그늘이 있는 나무가 많음에도 그늘 없는 나무 아래 앉아 있는 붓다를 발견한 비두다바 왕이 그 이유를 묻자 붓다가 대답하였다. "대왕이시여, 친척의 그늘은 서늘합니다." 이 말을 알아들은 비두다바 왕은 카필라국 공격을 중지하고 되돌아갔다. 이와 같은 일이 두 번 더 되풀이되었다.

  그러나 네 번째로 비두다바 왕이 카필라국 공격에 나서자 이번에는 붓다도 나타나지 않았다. 카필라국으로 들어간 비두다바 왕은 석가족을 한 사람도 남기지 않고 모두 처단하였다. 이로써 붓다 생전에 카필라국의 석가족은 이 지상에서 사라지게 되었다. 당시 카필라국의 왕이었던 마하나만은 백성들을 한 사람이라도 더 살리기 위해 자신이 연못 속에 들어가 있을 동안만이라도 살육을 금지해줄 것을 비두다바 왕에게 요청하였다. 왕의 승낙을 받은 마하나만은 연못 속에 들어가 머리를 물속에 있는 나무 뿌리에 묶고는 연못 위로 나오지 않았다.

카필라국을 정벌하고 돌아온 비두다바 왕은 이복 형제인 제타 태자도 죽였다. 비두다바가 이렇게 자신의 출생에 대한 복수를 하였지만 그도 얼마 후에 천재지변으로 죽고 말았다.

입적 전의 일들

어느덧 붓다의 나이는 여든이 되었다. 그 무렵 붓다는 마가다국의 죽림정사에서 우안거를 지내고 있었다. 그때 갑자기 붓다의 몸에 통증이 왔다.

'내가 제자들과 교단에 알리지도 않고 입적해서는 안 된다.' 붓다가 정신력으로 버티자 통증이 어느 정도 가라앉았다. 붓다의 시자인 아난다는 붓다가 교단에 아무 말 없이 입적할 리는 없다면서 붓다의 통증이 가라앉은 것을 기뻐했다. 그러자 붓다가 아난다에게 말했다.

"내가 여든이니 이미 노쇠했다. 마치 낡은 수레가 삐걱거리며 힘들게 굴러가듯이 나의 몸도 이제 힘들게 굴러간다. 내가 모든 종류의 감각을 멈추고 명상에 들어갈 때 나는 편안해진다. 아난다야, 잘 들어라. 내가 죽은 뒤에 의지할 곳이란 자기 자신과 법밖에 없다. 그러므로 자기 자신을 등불로 삼아 의지하고 남에게 의지하지 마라. 법을 등불로 삼아 의지하고 다른 것에는 의지하지 마라."

붓다의 이 입적 전 설법은 '자등명 법등명(自燈明 法燈明) 자귀의 법귀의(自歸依 法歸依)' 설법으로 잘 알려져 있다. 붓다가 살아 있을 동안은 붓다에게 의지하였지만 죽은 뒤에는 오직 자기 자신과 법에 의지하라는 것이다.

붓다가 바이샬리 교외의 차팔라에 머물고 있을 때, 붓다는 아난다에게 말했다. "여래와 같이 모든 신통력에 통달한 사람은 자신이 희망한다면 이 세상에 얼마든지 머물 수 있다." 그러나 아난다는 그때 악마에게 사로잡혀 있어서 이 말에 대한 대답으로, 붓다에게 사람들을 위해서 세상에 더 머물러 달라는 말을 하지 못하였다.

붓다가 세 번이나 같은 말을 되풀이하였으나 아난다는 세 번 다 잠자코 있었다. 붓다가 아난다를 물러가게 한 뒤 홀로 있을 때 마왕 파피야스가 나타나서 붓다에게 입적을 권했다. 붓다는 이제 때가 된 것을 알고 마왕 파피야스에게 석 달 뒤에 입적하겠다고 말했다. 이와 같이 붓다는 차팔라 사당에 머무는 동안에 생명을 포기했다. 바로 그때 큰 지진이 일어났다.

이에 놀란 아난다가 붓다에게 지진이 일어난 이유를 물었다. 붓다는 붓다의 생애에서 중요한 일이 있을 때 큰 지진이 일어난다고 하며 여섯 가지 경우를 들어 설명하였다. 첫째는 붓다가 어머니 태 안으로 들어갈 때, 둘째는 붓다가 태어날 때, 셋째는 붓다가 깨달음을 얻어 성도할 때, 넷째는 붓다가 첫 설법을 할 때, 다섯째는 붓다가 생명을 포기할 때, 그리고 마지막으로 입적할 때는 언제나 큰 지진이 일어난다고 하였다. 그런 다음 붓다는 오늘 마왕에게 석 달 뒤에 입적할 것을 약속했다고 말했다. 아난다는 깜짝 놀라 붓다에게 이 세상에 더 머물러 달라고 애원했으나 이미 때는 늦었다.

  붓다는 아난다 등 제자들과 함께 말라국 파발로 가서 금속 세공인 춘다의 소유인 과수원에 머물렀다. 그곳에서 붓다는 춘다가 제공하는 공양을 받았는데 그것이 이 세상의 마지막 공양이 되었다. 춘다의 공양은 팔리어로 '수카라맛다바'였는데 그것을 먹은 붓다는 이 음식을 다른 수행자들에게는 주지 말라고 말했다. 오직 붓다만이 그것을 소화시킬 수 있기 때문이었다.

  춘다의 공양을 받고 돌아오면서 붓다는 다시 몸에 통증을 느껴 자리를 깔고 앉았다. 붓다는 마지막 공양을 올린 춘다가 죄책감을 갖지 않도록 당부했다. "춘다의 공양이 이 세상의 마지막 공양이 되었지만 그것 때문에 춘다가 전혀 괴로워할 이유가 없다. 붓다가 깨달음을 얻고 처음 받은 공양과 마찬가지로 마지막 공양도 중요하기 때문이다."

  붓다의 마지막 공양인 이 수카라맛다바는 전단나무버섯으로 번역되었는데, 이는 멧돼지의 날고기 또는 멧돼지가 즐기는 버섯이라는 설도 있다.

생을 마치다

  붓다는 제자들과 함께 강에 이르러 목욕을 하고는 근처 숲속에 가사를 네 겹으로 접어 펴게 하여 그곳에 앉았다. 그리고는 다시 아난다에게 "오늘 아침 공양으로 춘다가 괴로워하는 일이 없도록 하라"고 당부했다. 붓다에게 마지막 공양을 올린 것은 큰 공덕이지 결코 죄가 아니라는 것이다.

붓다는 다시 말라국의 쿠시나가르로 가서 숲속 두 나무 사이에 자리를 펴게 하여 오른팔을 베고 오른쪽으로 누웠다. 그리고는 아난다에게 붓다 입적 후 사람들이 붓다를 기억해 찾아갈 장소로 처음 태어난 곳, 깨달음을 얻은 곳, 처음 법을 설한 곳, 입적한 곳 등 네 곳을 알려 주었다. 이곳이 붓다의 4대 성지로 꼽히는 룸비니, 보드가야, 바라나시의 녹야원과 쿠시나가르이다.

아난다가 붓다 입멸 후 시신을 어떻게 처리할 것인지 붓다에게 묻자 붓다는 '출가 수행자들은 장례 문제에 대해 관여하지 말라'고 하며 그것을 재가 신자들의 몫으로 돌렸다. 다만, 장례 의례는 전륜성왕의 장례 의례와 같게 하라고 당부하였다. 붓다는 말라족 사람들에게 오늘 밤중에 붓다가 입멸한다는 사실을 알리도록 하였다. 붓다가 작별 인사도 없이 입적하면 그들이 매우 섭섭해할 것이기 때문이었다. 많은 말라족 사람들이 붓다의 마지막 길을 배웅하였다.

그때 쿠시나가르에 수바드라라고 하는 나이 든 수행자가 있었다. 그는 붓다가 곧 입멸할 것이라는 소식을 듣고는 지금 기회가 아니면 붓다의 대답을 들을 기회가 없다며 평소에 궁금해하던 의문을 풀기 위해 붓다를 찾아갔다. 그러나 입적 직전에 있는 붓다에게 안내하기를 아난다는 거절하였다. 수바드라의 요청을 아난다가 세 번이나 거절하였으나 붓다가 이를 알고는 수바드라를 들게 했다.

마지막으로 알고 싶은 것이 무엇인가? 수바드라의 질문은, '명망 있는 종교가들은 수없이 많이 있는데 그들이 모두 깨달았다고 한다. 그들이 정말 깨달은 것인가, 아니면 깨닫지 못한 것인가, 아니면 깨달은 사람도 있고 깨닫지 못한 사람도 있는가' 하는 것이었다. 붓다는 수바드라에게 그런 의심은 그만 두라고 하며 대신 팔정도의 진리를 설했다. 수바드라는 즉시 이해하고 붓다로부터 직접 구족계를 받고 붓다의 마지막 제자가 되었다.

이어 붓다는 오백 명의 제자들에게 마지막 설법을 하였다. "모든 현상은 변한다. 쉬지 말고 정진하라." 이 세상은 무상(無常)이고 고(苦)이며 무아(無我)이므로 이를 벗어나 해탈하기 위해서는 끊임없이 정진하라는 것이다. 이 마지막 설법 후에 붓다는 선정에 들었다. 그리고는 입적하였다.

초선정, 제2선정, 제3선정, 제4선정, 공무변처정, 식무변처정, 무소유처정, 비상비비상처정, 상수멸정!

이 과정을 한 번 더 되풀이한 뒤 붓다는 조용히 입적했다. 대지가 크게 흔들리는 지진이 일어나고 천둥이 울렸다.

재가 신자들인 말라족은 붓다의 화장을 마친 후 7일 동안 가무와 향화로 공양을 올렸다. 그리고는 붓다의 사리를 여덟 등분으로 나누어 마가다국, 바이샬리, 카필라바스투, 알라캇파, 라마촌, 베다디파, 파바, 쿠시나가르 등 여덟 도시에 나누어 주었다. 핍팔리촌의 몰리야족에게는 화장에 쓰인 숯을 주고, 붓다의 사리를 분배한 드로나는 분배에 사용한 병을 얻었다. 도합 열 곳에 붓다의 사리탑이 세워졌다.

6. 예수의 공생활 3년[40]

자신을 드러내다

갈릴래아에서 행한 첫 전도 후 예수는 제자들과 갈릴래아를 비롯하여 유다, 사마리아, 페레아, 데카폴리스 등을 두루 다니며 전도 활동을 하였다. 이 지역은 북쪽의 갈릴래아 호수와 남쪽의 사해를 잇는 요르단강을 중심으로 서쪽과 동쪽으로 나뉜다.

요르단강 서쪽 지역은 북으로부터 갈릴래아, 사마리아, 유다가 자리 잡고 있으며 요르단강 동쪽에는 북으로부터 이투래아, 데카폴리스, 페레아가 위치한다. 이 지역들은 예수가 3년 동안 하느님 말씀을 선포하고 기적을 행하며 비유를 들어 사람들을 가르치던 주 무대이다.

앞에서 본 대로 당시 통치자들은 유다와 사마리아를 다스리는 본시오 빌라도 총독, 갈릴래아를 다스리는 헤로데 안티파스 분봉왕이었다. 카야파가 대사제로 있었으며 그의 장인인 한나스 전임 대사제도 영향력을 행사하고 있었다.

세례자 요한으로부터 세례를 받은 예수는 시몬 베드로와 안드레아,

필립보, 나타나엘 등 제자들을 불렀다. 그해 파스카 축제 기간에 예수는 제자들과 함께 예루살렘 성전을 방문했다. 이번 방문은 평소와 달랐다. 때가 되어 이 세상에 자신을 드러냈기 때문이었다.

예수는 성전 안에서 환전상과 소와 양과 비둘기를 파는 상인들을 회초리로 치며 쫓아내었다. "이것들을 여기에서 치워라. 내 아버지의 집을 장사하는 집으로 만들지 마라."(요한 2,16) 그러자 유다인들이 예수에게 '이런 일을 할 수 있는 표징'을 보여 달라고 하였다. 무슨 권한으로 예수가 이런 일을 저지르는지 그 권한을 보이라는 것이었다. 그러자 예수가 말했다. "이 성전을 허물어라. 그러면 내가 사흘 안에 다시 세우겠다."(요한 2,19)

46년에 걸쳐 지은 성전을 헐어버리면 예수가 사흘 안에 다시 세우겠다고 한 것이다. 예수의 이 말을 이해하지 못한 유다인들은 예수를 없앨 방법을 찾았다. 예수의 이 행동은 예수가 후에 빌라도 앞에서 재판을 받을 때 주요 죄목으로 등장한다. 그러나 예수는 자신의 몸을 성전에 비유하며 죽은 지 사흘 뒤에 부활할 것을 예고한 것이다. 예수가 파스카 축제 때 예루살렘에 머무는 동안 일으킨 표징들을 보고 많은 사람이 그를 믿었다.

그때 예루살렘에는 의로운 바리사이이며 유다인 최고 의회 의원인 니코데모가 있었다. 그는 예수가 일으킨 표징들을 보고 예수가 하느님에게서 오신 분임을 믿고는 밤에 예수를 찾아가 얘기를 나누었다.

예수는 그에게 자신이 세상에 온 목적을 밝히며 누구든지 물과 성령으로 다시 태어나지 않으면 하느님 나라에 들어갈 수 없다고 말했다. "하느님께서 아들을 세상에 보내신 것은 세상을 심판하려는 것이 아니라 세상이 아들을 통하여 구원을 받게 하시려는 것이다."(요한 3,17)

예수는 유다와 갈릴래아 사이에 있는 사마리아를 가로질러 갈릴래아로 돌아갔다. 예수는 시카르라는 고을 우물가에서 쉬고 있었다. 그곳은 야곱의 우물이라고 불리는 곳이었다. 그때 물을 길러 온 사마리아 여인에게 예수가 물을 청하자 그 여인은 놀라서, "선생님은 유다 사람이시면서 어떻게 사마리아 여자인 저에게 마실 물을 청하십니까?" 하고 말하였다(요한 4,9). 유다인들은 사마리아인들을 종교적으로 부정하게 여겨 서로 적대적이었기 때문이다.

사마리아는 솔로몬 대왕 이후 유다인들이 남유다와 북이스라엘의 두 왕국으로 갈라졌을 때 북이스라엘의 수도였다. 기원전 722년 북이스라엘이 앗시리아에게 멸망하여 이스라엘 민족들이 앗시리아로 끌려가는 사태가 일어났다. 이후 앗시리아에서 돌아온 북이스라엘인들이 이교도인들과 결혼하여 혼혈이 되었으므로 유다인들은 이들을 사마리아인이라 부르며 경멸하였다. 사마리아인들은 그리짐산 위에 자기들만의 성전도 가지고 있었다. 유다인들과 사마리아인들은 어떤 형태의 접촉도 피할 정도로 서로 사이가 좋지 않았다.

그러나 유다인인 예수는 사마리아 여인에게 자신이 구원자 메시아임을 드러냈다. "저는 그리스도라고도 하는 메시아께서 오신다는 것을 압니다." 사마리아 여인이 말하자 예수가 대답하였다. "너와 말하고 있는 내가 바로 그 사람이다."(요한 4,26)

예수는 요한으로부터 세례를 받은 이후 첫 번째 예루살렘 여행에서 자신을 구원자인 메시아로 드러내는 데 주력하였다. 예루살렘 성전을 정화하고 여러 표징을 보임으로써 사람들로 하여금 믿게 하고, 정통 유다인 바리사이인 니코데모에게, 그리고 유다인들이 이교도로 취급하는 사마리아 여인에게 자신을 드러냈다.

예수의 구원 목표는 유다인들에게만 국한된 것이 아니라 세상 모든 민족을 위한 것임을 나타낸 것이다. 세례자 요한이 예수의 길을 닦아놓고 투옥되자 예수의 때가 도래하였다. 예수는 갈릴래아에서 힘차게 외쳤다. "때가 차서 하느님의 나라가 가까이 왔다. 회개하고 복음을 믿어라."

본격적인 전도 여행

이후 예수는 자기를 따르는 제자들과 함께 전도 여행을 떠났다. "나는 하느님 나라의 기쁜 소식을 다른 고을에도 전해야 한다. 사실 나는 그 일을 하도록 파견된 것이다."(루카 4, 43)

예수는 카파르나움을 비롯한 카나, 나자렛, 코라진, 벳사이다 등 갈릴래아의 온 고을을 다니며 회당과 산, 호숫가에서 사람들에게 하느님의 말씀을 선포하였다.

그리스도교의 대헌장으로 불리는 산상 설교도 이 무렵에 행하였다. 그리고 병든 사람들, 눈이 멀고 귀가 안 들리는 사람들, 중풍 환자들, 나병 환자들, 마귀 들린 사람들을 고쳐주었다. 일이 다 끝나면 예수는 물러가 기도하였다.

예수가 갈릴래아 여러 곳을 다니며 회당에서 가르치고 병자들과 허약한 이들을 모두 고쳐주자 소문은 온 시리아에 퍼졌다. 그리하여 갖가지 질병과 고통에 시달리는 환자들과 마귀 들린 이들, 간질 병자들과 중풍 환자들을 예수에게 데려왔다. 예수는 그들을 모두 고쳐주었다.

그러자 갈릴래아, 데카폴리스, 예루살렘, 유다, 그리고 요르단 건너편에서 온 많은 군중이 그를 따랐다(마태 4,23-25). 티로와 시돈의 해안 지방에서도 그를 찾아왔다. 군중은 모두 예수에게 손을 대려고 애를 썼다. 그에게서 나온 힘이 사람을 고쳐주었기 때문이었다(루카 6,17-19).

이와 같이 예수는 제자들과 함께 여러 고을을 다니며 비유를 들어 설교하고 기적을 행하며 바리사이들과 논쟁하고, 일이 끝나면 혼자 물러나와 기도하는 일상이 되풀이되었다. 예수의 전형적인 전도 활동 일정이었다.

예수와 제자들은 처음에는 갈릴래아 위주로 전도 활동을 하였지만 이후에는 예루살렘을 중심으로 사마리아, 바타나이아의 카이사리아 필리피, 데카폴리스의 가다라, 페레아의 베타니아 지역도 다녔다. 예수가 행한 많은 비유 설명과 기적들은 3년 동안의 전도 시기에 이루어졌다.

안식일 논쟁

예수의 이런 가르침과 기적 행위는 나자렛에서 성장하면서 익힌 것도 있지만 성령의 힘으로 나오는 것이어서 당시 유다인들이 지키던 율법 규정을 뛰어넘는 파격적인 내용이었다. 앞에서 본 산상 설교에서 예수는 "(율법 규정을) 너희는 들었다. 그러나 나는 너희에게 말한다"고 하며 율법의 규정을 넘어서는 이웃 사랑과 윤리적 측면에서 하느님의 뜻에 더 부합하는 내용들을 가르쳤다.

예수는 특히 안식일과 관련하여 바리사이들과 많은 부딪침이 있었다. 당시 유다인들은 안식일은 쉬는 날이므로 아무것도 하지 않았다.

구약에 의하면 안식일에는 일을 하면 안 되기 때문에 적군이 쳐들어와도 방어를 하지 않아 모두가 몰살하는 일이 벌어지기도 했다(1마카 2,31-38).

예수의 제자들이 배가 고파 안식일에 밀 이삭을 뜯어 먹었을 때(마태 12,1-8), 예수가 안식일에 손이 오그라든 사람이나(마르 3,1-6) 등이 굽은 여자(루카 13,10-17)와 수종 앓는 이(루카 14,1-6)를 고쳐주었을 때 바리사이들은 예수가 안식일을 지키지 않는다고 항의했다.

이에 대해 예수는 "사람이 양보다 얼마나 더 귀하냐? 그러니 안식일에 좋은 일을 해도 된다"(마태 12,12), "안식일에 좋은 일을 하는 것이 합당하냐? 남을 해치는 일을 하는 것이 합당하냐? 목숨을 구하는 것이 합당하냐, 죽이는 것이 합당하냐?"(루카 6,9) 하며 그들을 질타했다. 그들은 아무 대답도 못했다. 이어서 예수는 "안식일이 사람을 위하여 생긴 것이지, 사람이 안식일을 위하여 생긴 것은 아니다. 그러므로 사람의 아들은 안식일의 주인이다"(마르 2,27-28)라고 결론지었다.

그러나 예수는 율법을 폐지하러 온 것이 아니라 완성하러 왔다고 했다(마태 5,17). 예수는 율법을 지키고 따르되 안식일이라 하더라도 사람의 목숨을 구하는 일 등은 합당하다고 했다. 이런 것이 바로 '율법에서 한 자 한 획도 없어지지 않고'(마태 5,18) 율법을 바르게 완성하는 것이다.

생명의 빵

빵의 기적을 본 군중들이 예수를 찾아 카파르나움으로 갔다. 예수가 말했다. "너희가 나를 찾는 것은 표징을 보았기 때문이 아니라 빵을 배

불리 먹었기 때문이다. 너희는 썩어 없어질 양식을 얻으려고 힘쓰지 말고, 길이 남아 영원한 생명을 누리게 하는 양식을 얻으려고 힘써라." 그러자 군중들이 그 빵을 달라고 하였다. "선생님, 저희에게 그 빵을 주십시오."(요한 6,26-34)

군중들이 예수를 찾은 것은 그들이 예수가 일으킨 빵의 기적을 보고 그 표징을 이해한 것이 아니라 무언가 이익을 얻기 위함이었다. 예수는 영원한 생명을 주는 양식을 얻으라고 하였으나 군중들은 그 참뜻을 이해하지 못하고 배불리 먹을 빵을 달라고 하였다. 그러자 예수가 말했다.

"내가 생명의 빵이다. 나에게 오는 사람은 결코 배고프지 않을 것이며, 나를 믿는 사람은 결코 목마르지 않을 것이다. 나는 나를 보내신 분의 뜻을 실천하려 하늘에서 내려왔기 때문이다."

이 말을 들은 군중들이 수군거리기 시작하였다. 이 수군거림은 예수가 하늘에서 내려왔다는 말을 받아들일 수 없었고 믿을 수도 없었기 때문이었다.

"하늘에서 내려오다니! 저 사람은 요셉의 아들 예수가 아닌가? 그의 아버지와 어머니도 우리가 알고 있지 않은가? 그런데 어떻게 '나는 하늘에서 내려왔다'고 말할 수 있는가?"(요한 6,35-42)

다시 예수가 말했다. "너희가 사람의 아들의 살을 먹지 않고 그의 피를 마시지 않으면 너희는 영원한 생명을 얻지 못한다. 내 살은 참된 양식이고 내 피는 참된 음료다."

이는 나중에 수난을 받기 전 제자들과 함께 파스카 음식을 먹으며 예수가 한 말과 같다. 최후의 만찬 때의 빵과 포도주, 즉 십자가에 매달림으로써 내어 줄 그리스도의 구원의 살과 피를 여기에서 예언했다. 그러나 군중들은 알아듣지 못했다. "이 말은 듣기가 너무 거북하다. 누가 들고 있을 수 있겠는가?" 예수의 말을 듣고 믿지 못하는 많은 사람이 되돌아가고 더 이상 예수와 함께 다니지 않았다(요한 6,53-66).

베드로의 고백

이 일이 있은 후 전도 여행 중 카이사리아 필리피에서 예수는 제자들에게 "사람의 아들을 누구라고 하느냐?" 하고 물었다. 제자들은 어떤 이들은 세례자 요한이라 하고 어떤 이들은 엘리야라 하고 어떤 이들은 예레미야라고 한다고 답하였다. 예수가 다시 물었다. "그러면 너희는 나를 누구라고 하느냐?" 그러자 베드로가 대답하였다. "스승님은 살아 계신 하느님의 아드님 그리스도이십니다."(마태 16,13-16)

여기서 베드로는 예수가 그리스도, 즉 메시아임을 고백하였다. 성경에서 다른 사람이 예수를 하느님의 아들 그리스도라고 부른 것은 네 번이다. 말구유에서 태어난 예수를 목동들이 경배할 때 그들을 안내한 천사, 예수가 정결례를 받을 때 성전에 있던 시메온, 예수가 마귀 들린 사람을 고쳐 줄 때 쫓겨나가던 마귀에 이어 베드로가 네 번째로 예수를 그리스도라고 고백하였다. 그러나 당시 유다인들은 예수를 하느님이 보낸 인류를 구원하러 온 메시아가 아니라 단순히 인간 세상 유다의 왕으로 오는 메시아로 생각하고 있었다.

그러자 예수가 베드로에게 말했다. "시몬 바르요나야, 너는 행복하다. 살과 피가 아니라 하늘에 계신 내 아버지께서 그것을 너에게 알려 주셨기 때문이다. 나 또한 너에게 말한다. 너는 베드로이다. 내가 이 반석 위에 내 교회를 세울 터인즉, 저승의 세력도 그것을 이기지 못할 것이다."

예수는 베드로에게 하늘 나라의 열쇠를 주고 관리하는 권한을 주었다. "네가 무엇이든지 땅에서 매면 하늘에서도 매일 것이고, 네가 무엇이든지 땅에서 풀면 하늘에서도 풀릴 것이다."(마태 16,17-19)

영광스러운 변모

어느 날 예수는 베드로와 야고보와 그의 동생 요한만 따로 데리고 기도하러 높은 산에 올랐다. 그리고 그들 앞에서 예수의 얼굴은 해처럼 빛나고 옷은 빛처럼 하얘졌다. 그때에 모세와 엘리야가 나타나 예수와 이야기를 나누었다. 그들은 예수가 예루살렘에서 이룰 일, 곧 세상을 떠날 일을 말하고 있었다. 그러자 베드로가 예수에게 말하였다.

"스승님, 저희가 초막 셋을 지어 하나는 스승님께, 하나는 모세께, 하나는 엘리야께 드리겠습니다." 베드로는 자기가 무슨 말을 하는지도 몰랐다. 이때 구름이 일더니 그들을 덮었다. 이어 구름 속에서 "이는 내가 선택한 아들이니 너희는 그의 말을 들어라" 하는 소리가 들려왔다. 이러한 소리가 들린 뒤로는 예수만 보였다. 그들이 산에서 내려올 때 예수는 그들에게 사람의 아들이 죽은 이들 가운데에서 다시 살아날 때까지, 지금 본 것을 아무에게도 말하지 말라고 분부했다(루카 9,28-36. 마르 9,2-10. 마태 17,1-9).

여기서 예수는 모세, 엘리야와 함께 예루살렘에서 이룰 일, 즉 세상을 떠날 일을 이야기하고 있었다. 모세와 엘리야는 구약을 대표하는 위대한 지도자요 예언자이다. 엘리야는 죽지 않고 회오리바람에 실려 하늘로 올라갔고(2열왕 2,11), 모세는 "주님께서 얼굴을 마주 보고 사귀시던 사람"(신명 34,10)으로서 그가 주님을 만나고 오면 사람들이 가까이 하기 두려워할 정도로 피부가 빛났다(탈출 34,29-30).

'예루살렘에서 이룰 일'은 모든 일을 다 마치고 '세상을 떠날 일'로서 예수가 예루살렘에서 배척을 받고 수난을 겪고 죽임을 당하는 것뿐만 아니라 부활하여 하늘에 오르는 일까지 포함한다. 그러나 예수는 혼자서만 승천하는 것이 아니다. 예수의 죽음과 부활과 승천은 이 세상 사람들을 구원하러 온 그 목적을 달성하고 구원을 받은 사람들과 함께 하는 것이다.

수난과 부활의 예고

예수는 자신이 반드시 예루살렘에 가서 원로들과 수석 사제들과 율법 학자들에게 많은 고난을 받고 죽임을 당하였다가 사흘날에 되살아나야 한다는 것을 제자들에게 밝혔다. 그러자 베드로가 예수를 꼭 붙잡고 그런 일은 절대로 일어나지 않을 것이라고 반박하였다. 예수가 베드로에게 말했다. "사탄아, 내게서 물러가라. 너는 나에게 걸림돌이다. 너는 하느님의 일은 생각하지 않고 사람의 일만 생각하는구나!"(마태 16,23)

예수는 본래 하느님의 계획에 따라 인류 구원을 위해 이 세상에 와서 고난을 받고 죽기로 되어 있었다. 그 험난한 길을 준비하기 위해 예수는 요한으로부터 세례를 받고 40일 동안 단식 기도를 하며 완벽한 준비를 마치고 이제 실천에 옮기는 일만 남았다. 그러나 그 말을 들은 제자들은 이해를 하지 못하였다. 그 뒤, 예수와 제자들이 갈릴래아에 모여 있을 때 다시 한 번 제자들에게 수난과 부활을 예고했으나 제자들은 이해하지 못하고 슬퍼하기만 하였다(마태 17,22-23).

예수는 세 번째로 예루살렘으로 가면서 제자들에게 이번에는 좀 더 구체적으로 자신의 수난과 부활을 예고하였다.

"보다시피 우리는 예루살렘으로 가고 있다. 거기에서 사람의 아들은 수석 사제들과 율법 학자들에게 넘겨질 것이다. 그러면 그들은 사람의 아들에게 사형을 선고하고 그를 다른 민족 사람들에게 넘겨 조롱하고 채찍질하고 나서 십자가에 못 박게 할 것이다. 그러나 사람의 아들은 사흗날에 되살아날 것이다."(마태 20,18-19) 그러나 제자들은 이 말 역시 이해하지 못하였다.

예수의 세 번에 걸친 이 수난과 부활의 예고를 제자들이 이해하지 못한 것은 붓다가 세 번에 걸쳐 아난다에게 한 말을 아난다가 알아듣지 못한 것과 비견할 수 있다. "여래와 같이 모든 신통력에 통달한 사람은 만약 자신이 희망한다면 얼마든지 이 세상에 머물 수가 있다."

아난다가 붓다의 이 말에 응답하여 붓다에게 세상에 더 머물러 달라고 했다면 붓다는 신통력을 이용하여 이 세상에 더 머무를 수 있었다. 그러나 예수의 경우, 제자들이 예수의 말을 이해했다 하더라도 그들이 예수를 위해 할 수 있는 것은 아무것도 없었다.

예수를 따르려면

예수가 어떤 사람에게 "나를 따르라" 하자 그는 먼저 집에 가서 아버지의 장사를 지내게 허락해 달라고 했다. 그러자 예수가 그에게 "죽은 이들의 장사는 죽은 이들이 지내도록 내버려 두고 너는 가서 하느님의 나라를 알려라" 하고 말했다(루카 10,59-60).

이는 붓다의 입멸이 가까워져서 아난다가 붓다에게 입멸 후 시신을 어떻게 처리할 것인지 물었을 때 붓다가 '출가 수행자들은 장례 문제에 관여하지 말라'고 하며 이를 재가 신자들의 몫으로 돌린 것과 비슷하다. 다만 예수는 살아 있는 사람들이 아니라 죽은 이들의 몫으로 돌렸다. 붓다와 예수 모두 장례의 의무까지도 부차적인 것이고 수행과 예수를 따르는 것이 우선적이라는 것이다.

또 다른 사람이 먼저 가족과 작별 인사를 하게 해달라고 하자 예수는 "쟁기에 손을 대고 뒤를 돌아보는 자는 하느님 나라에 적합하지 않다"고 했다(루카 9,59-62).

어떤 사람들이 예수를 따르는가? 예수는 다음과 같은 조건을 제시한다. "누구든지 나에게 오면서 자기 아버지와 어머니, 아내와 자녀, 형제와 자매, 심지어 자기 목숨까지 미워하지 않으면 내 제자가 될 수 없다. 누구든지 제 십자가를 짊어지고 내 뒤를 따라오지 않는 사람은 내 제자가 될 수 없다."(루카 14,25-27)

예수는 이 세상에 자신을 보낸 아버지 하느님의 뜻을 실천하기 위해 이미 모든 것을 버렸다. 자신을 찾아온 어머니와 형제들을 보고 말했다. "누가 내 어머니이고 누가 내 형제냐?" 그리고는 제자들을 가리키며, "이들이 내 어머니이고 내 형제들이다. 하늘에 계신 내 아버지의 뜻을 실행하는 사람이 내 형제요 누이요 어머니이다."(마태 12,48-50)

그러므로 하느님의 뜻을 실천하는 예수의 제자가 되려면 예수처럼 모든 것을 버려야 한다. "너희 가운데 누구든지 자기 소유를 다 버리지

않는 사람은 내 제자가 될 수 없다."(루카 14,33)

그러면 하느님의 뜻을 실천하는 것은 무엇인가? 원죄를 범한 이 세상 사람들을 구하기 위해 자신을 희생하는 것이다. 마르코 복음서는 예수와 함께 하느님의 뜻을 실천하려는 사람을 이렇게 표현한다.

"누구든지 내 뒤를 따르려면 자신을 버리고 제 십자가를 지고 나를 따라야 한다. 정녕 자기 목숨을 구하려는 사람은 목숨을 잃을 것이고, 나와 복음 때문에 목숨을 잃는 사람은 목숨을 구할 것이다."(마르 8,34-35)

한편 마태오 복음서에서는 이렇게 표현한다.

"아버지나 어머니를 나보다 더 사랑하는 사람은 나에게 합당하지 않다. 아들이나 딸을 나보다 더 사랑하는 사람도 나에게 합당하지 않다. 또 제 십자가를 지고 나를 따르지 않는 사람도 나에게 합당하지 않다. 제 목숨을 얻으려는 사람은 목숨을 잃고, 나 때문에 제 목숨을 잃는 사람은 목숨을 얻을 것이다."(마태 10,37-39)

죄 많은 여인들

예수 시절에 죄 많은 여인이라 함은 보통 창녀를 일컬었다. 어느 날 예수가 시몬이라는 바리사이 집에 초대를 받아 식사를 하게 되었는데, 예수가 그 고을에 온 것을 알고는 죄 많은 여인이 그 바리사이의 집으로 예수를 찾아왔다. 그 여인은 향유가 든 옥합을 들고서 예수의 뒤쪽 발치에 서서 울며 눈물로 예수의 발을 적시고 자기 머리카락으로 예수의 발을 닦고는 그 발에 입을 맞추고 향유를 부어 발랐다.

죄 많은 이 여인이 한 행동은 자신의 죄에 대한 회개와 참회, 그리고 예수에 대한 존경과 감사와 사랑을 표현한 것이다. 그러나 참예언자라면, 죄인인 여인과 접촉하면 부정을 타게 되므로 당연히 그러한 접촉을 물리쳐야 했다. 그래서 바리사이인 시몬은 예수의 행동을 의아하게 생각했다.

예수는 시몬의 생각을 알고는 그에게 비유를 들어 질문하였다. "어떤 채권자에게 두 명의 채무자가 있었다. 한 사람은 오백 데나리온을 빚졌고 다른 한 사람은 오십 데나리온을 빚졌는데, 채무자는 두 사람 다 그들의 빚을 탕감해 주었다. 두 사람 중 누가 더 그 채권자를 사랑하겠는가?" 물론 더 많이 탕감을 받은 사람이 그 채권자를 더 사랑할 것이다. 예수는 누구보다도 많은 죄를 지은 여인을 용서해 주었다.

"네 믿음이 너를 구원하였다. 평안히 가거라."(루카 7,36-50)

요한 복음서에는 간음하다 현장에서 붙잡힌 또 다른 여자의 이야기가 나온다. 율법 학자들과 바리사이들은 이 여인을 예수 앞에 끌고 와 모세는 이런 여자에게 돌을 던져 죽이라고 했는데 당신의 생각은 어떠냐고 예수를 다그쳤다. 그러자 예수가 그들에게 대답하였다. "너희 가운데 죄 없는 자가 먼저 저 여자에게 돌을 던져라." 그 말을 들은 바리사이들은 나이 많은 사람들부터 시작하여 하나씩 모두 떠나갔다. 예수가 그 여인에게 말했다. "나도 너를 단죄하지 않는다. 가거라. 그리고 다시는 죄짓지 마라."(요한 8,1-11)

예수가 산상 설교에서 말한 참행복에 의하면, 죄 많은 여인은 마음이 가난하고 슬퍼하는 사람이다. 하느님의 용서와 위로가 필요한 사람이다. 간음한 여인에게서 하나 둘씩 떠나간 바리사이와 율법 학자들은 자기들이 지은 죄를 알고 있으므로 그에게 돌을 던지지 못하고 떠나갔다.

'불행하여라, 지금 부유하고 배부르고 웃는 사람들.'

예수는 죄를 지었으면서도 짓지 않은 체하는 율법을 많이 아는 사람들보다 가난하고 나약하며 자신의 죄로 슬퍼하는 사람들을 사랑한다. 죄 많은 사람들도 진정으로 뉘우치고 회개하면 하느님의 용서를 받고 하늘 나라에서 위로를 받을 것이다.

부자와 하늘 나라

"재물을 많이 가진 자들이 하느님 나라에 들어가기는 참으로 어렵다." 예수가 부자 청년을 두고 한 말이다. 예수가 길을 떠나는데 어떤 사람이 달려와서 '영원한 생명을 받으려면 무엇을 해야 하는지' 예수에게 질문했다. "가진 것을 팔아 가난한 이들에게 주어라. 그러면 네가 하늘에서 보물을 차지하게 될 것이다. 그리고 와서 나를 따라라." 그러자 그는 울상이 되어 슬퍼하며 떠나갔다. 그는 많은 재물을 가지고 있었기 때문이었다.

예수가 제자들에게 말했다. "하느님 나라에 들어가기는 참으로 어렵다. 부자가 하느님 나라에 들어가는 것보다 낙타가 바늘귀로 빠져나가는 것이 더 쉽다." 그러자 제자들이 '그러면 누가 구원을 받을 수 있겠는지' 의심스러워 했다. "사람에게는 불가능하지만 하느님께는 그렇지 않다. 하느님께는 모든 것이 가능하다."(마르 10,17-20)

루카 복음서에는 부자와 라자로의 비유 이야기가 있다. 이 이야기에 나오는 라자로는 '하느님이 도와 주신다'라는 뜻인데, 마르타와 마리아의 오빠, 즉 부활한 라자로와는 다른 사람이다. 당시에는 유다, 요셉, 야고보 등과 같이 라자로도 흔한 이름이었다.

이 부자는 매일 좋은 옷을 입고 좋은 음식을 먹는 호화로운 생활을 했는데, 이 부자의 집 대문 앞에 라자로라는 가난한 이가 종기투성이로 몸져 누워 있었다. 그는 부자의 식탁에서 떨어지는 음식으로라도 배를 채우기를 간절히 바랐으며 개들이 와서 그의 종기를 핥았다.

라자로는 죽어 아브라함 곁으로 갔고 부자도 죽었다. 부자가 저승에서 고통을 받으며 보니, 생전에 자기 집 대문 앞에 앉아 있던 라자로가 아브라함 할아버지 옆에 있는 것이 눈에 들어왔다. 부자는 아브라함에게 청하여, 라자로로 하여금 자신에게 물을 보내도록 당부했으나 거절당했다. 살아 있는 동안에 부자는 좋은 것들을 받았고 라자로는 나쁜 것들을 받았기 때문에, 죽어서 부자는 고통을 받고 라자로는 위로를 받는 것이다.

그러자 부자가, 그렇다면 라자로를 세상의 자기 다섯 형제에게 보내어 그들만은 저승의 고통스러운 곳에 오지 않게 해달라고 부탁했다. 모세와 예언자들의 말이 있지만 살아서 고생하다가 죽은 라자로가 직접 가서 진실을 전해야 그들이 믿을 수 있기 때문이었다. 그러나 그들은 죽은 이들 가운데에서 누가 다시 살아나도 믿지 않을 것이다(루카 16,19-31).

마태오 복음서의 산상 설교의 참행복에 이어 루카 복음서에는 불행론도 나온다. "불행하여라, 너희 부유한 사람들! 너희는 이미 위로를 받았다."(루카 6,24)

바리사이들과 율법 학자들

　예수가 전도 활동을 하던 시절 유다인들의 식자층은 바리사이들과 율법 학자들이었다. 그들은 요즘 표현을 빌면 기득권층이었다. 당시 유다는 비록 로마제국의 지배를 받았지만 종교적인 측면에서는 그들이 유다인들을 지배하고 다스렸다. 유다인들의 최고 의회도 그들 차지였고 대사제도 바리사이였다. 이 바리사이들과 사두가이들, 율법 학자들에 대해 성경은 대부분 부정적으로 표현하고 있다. 우선 세례자 요한부터 그들을 적대시했다. 요한은 요르단강으로 자기에게 세례를 받으러 오는 바리사이와 사두가이를 보고 말하였다. "독사의 자식들아, 다가오는 진노를 피하라고 누가 너희에게 일러 주더냐?"(마태 3,7) 다가오는 심판 날에 하느님의 진노는 인간의 죄에 대한 진노이다. 독사의 자식이란 죄인들을 의미한다. 그러나 비단 바리사이와 사두가이들뿐만 아니라 모든 군중이 죄인이다.

　그들은 율법을 철저히 지켰는데, 특히 안식일을 지키는 데에 집중하였다. 성경의 여러 곳에서 안식일을 지키는 문제를 두고 예수와 논쟁을 벌인다. 병자들을 고쳐준 예수에 대해 왜 안식일을 지키지 않느냐고 따지자 예수는 "안식일이 사람을 위하여 있는 것이지, 사람이 안식일을 위하여 있는 것은 아니다"라며 "사람의 아들은 안식일의 주인이다"라고 선포한다(마르 2,27-28). 하느님이 제정한 안식일이지만 하느님의 아들 예수는 안식일에까지 그 권한이 미친다.

　그들이 예수를 시험하려고 예수에게 하늘에서 오는 표징을 보여 달라고 하였다. 예수가 말했다. "너희는 하늘의 징조는 분별할 줄 알면서 시대의 표징은 분별하지 못한다. 악하고 절개 없는 세대가 표징을 요

구하지만 요나의 표징밖에는 아무런 표징도 받지 못할 것이다."(마태 16.3-4)

여기서 '시대의 표징'은 메시아가 올 때 나타나는 표징들로서 예수가 일으킨 기적들을 가리킨다. 즉 하늘의 변화를 보고 날씨는 분별할 줄 알면서 예수가 일으킨 기적들을 보고도 메시아가 왔다는 것은 분별하지 못한다는 것이다. 그들은 요나의 표징밖에는 아무런 표징도 받지 못할 것이다. 요나는 물고기 뱃속에서 사흘을 보내고 살아났다. 이는 예수의 부활을 예고한 표징이다.

예수는 바리사이들과 율법 학자들이 율법을 잘 알고 있다는 것은 인정했다. 예수가 말했다. "율법 학자들과 바리사이들은 모세의 자리에 앉아 있다."(마태 23.2) 이는 그들이 모세의 합법적인 후계자이며 해설가임을 뜻하는 것이다. 그러므로 그들이 말하는 것은 율법이므로 지키는 것이 마땅하다.

예수는 또 말했다. "그러나 그들의 행실은 따라 하지 마라. 그들은 말만 하고 실행하지는 않는다. 그들이 하는 일이란 모두 다른 사람들에게 보이기 위한 것이다." 그들은 성구갑을 넓게 만들고 옷자락 술을 길게 늘인다. 성구갑은 율법의 핵심을 적은 양피지를 넣은 조그마한 가죽 상자인데, 요즘으로 말하자면 두꺼운 가죽 성경책이다.

그들은 긴 겉옷을 입고 다니기를 즐기고, 잔칫집에서는 윗자리를, 회당에서는 높은 자리를 좋아하며 장터에서는 인사받기를, 사람들에게는 스승이라고 불리기를 좋아한다.

그들은 과부들의 가산을 등쳐먹으면서 남에게 보이려고 기도는 길게 한다. "불행하여라, 너희 위선자 율법 학자들과 바리사이들아!" 예수는 율법 학자들과 바리사이들을 통렬하게 꾸짖는다. "너희 뱀들아, 독사의

자식들아! 너희가 지옥형 판결을 어떻게 피하려느냐?"(마태 23.1-36)

그러나 율법 학자들과 바리사이들이 모두 그런 것은 아니었다. 그들 중에서 예수를 믿고 따른 사람도 있었다. 예수가 요한에게서 세례를 받고 일부 제자들과 함께 예루살렘에 가서 환전상들을 쫓아내며 자신을 드러냈을 때 밤에 은밀히 예수를 찾아왔던 니코데모와 예수가 죽은 후 예수의 시신을 거두어 자신의 사용하지 않은 무덤에 안치하게 한 아리마태아의 요셉이 그들이다.

예수의 정체성

예수는 갈릴래아를 비롯하여 유다, 사마리아, 페레아, 데카폴리스, 이투래아 등 여러 곳을 다니며 가르치고 기적을 행하며 하느님의 말씀을 전하였다. 군중들이 지금까지 보아왔던 율법 학자들이나 바리사이들과는 판이하게 다른 가르침이고 표징이었다. 많은 사람들이 예수를 믿게 되었지만 바리사이들을 비롯한 다른 많은 사람들은 믿지 않고 예수를 잡으려 하였다. 예수는 누구인가?

예루살렘 주민들 가운데 몇 사람이 말하였다. "그들이 죽이려고 하는 이가 저 사람입니까? 그런데 보십시오. 저 사람이 드러내놓고 이야기하는데 그들은 아무 말도 하지 못합니다. 최고 의회 의원들이 정말 저 사람을 메시아로 알고 있는 것은 아닐까요?"(요한 7.25-26)

군중 가운데 어떤 이들은 "저분은 참으로 예언자이시다", "저분은 메시아이시다" 하고 말하였다. 그러나 어떤 이들은 "메시아가 갈릴래아에서 나올 리가 없지 않은가? 성경에 메시아는 다윗의 후손 가운데에서,

그리고 다윗이 살았던 베들레헴에서 나온다고 하지 않았는가?"(요한 7,40-42) 그들은 예수가 갈릴래아 나자렛 출신임을 알고 있었으므로 예수가 메시아일리는 없다고 판단하고 있었다.

예수가 다시 그들에게 말하였다. "너희는 아래에서 왔고 나는 위에서 왔다. 너희는 이 세상에 속하지만 나는 이 세상에 속하지 않는다."(요한 8,23) 그러자 그들이 예수에게 "당신이 누구요?" 하고 물었다. 그러자 예수가 대답하였다. "나는 너희에 관하여 이야기할 것도 심판할 것도 많다. 그러나 나를 보내신 분께서는 참되시기에, 나는 그분에게서 들은 것을 이 세상에 이야기할 따름이다." 그러나 그들은 예수가 아버지를 가리켜 말한 줄을 깨닫지 못했다(요한 8,25-27).

유다인들은 예수를 이해하지 못하고 마귀가 들렸다고 판단하였다. 그리고 예수가 '나는 아브라함이 태어나기 전부터 있었다'고 하자 돌을 들어 예수에게 던지려 하였다(요한 8,58-59).

예수를 죽이려는 이유

예수가 유다 지방 여러 곳을 다니며 당시 신봉되던 율법을 넘어서는 많은 가르침과 기적을 일으키자 많은 사람이 예수를 믿고 따르게 되었다. 이는 유다 민족의 지도층인 율법 학자들과 바리사이들, 수석 사제들의 입장에서는 위기였다. 우매한 군중들에게 자신들의 율법이 이제 더 이상 통하지 않게 될 것이기 때문이었다. 그들은 최고 의회를 소집하였다.

"저 사람이 저렇게 많은 표징을 일으키고 있으니, 우리가 어떻게 하면 좋겠소? 저자를 그대로 내버려 두면 모두 그를 믿을 것이고, 또 로마인들이 와서 우리의 이 거룩한 곳과 우리 민족을 짓밟고 말 것이오."(요한 11,47-48)

유다인 모두가 그를 믿게 되면 율법을 지키고 가르치는 자신들의 역할이 없어지고, 최고 의회가 유다인들을 효과적으로 다스리지 못하면 로마인들이 다시 개입할 개연성이 있기 때문이었다. 그해의 대사제인 카야파가 대사제로서 예언을 하였다. "온 민족이 멸망하는 것보다 한 사람이 백성을 위하여 죽는 것이 여러분에게 더 낫다는 사실을 여러분은 헤아리지 못하고 있소."(요한 11,50) 이렇게 하여 그날 그들은 예수를 죽이기로 결의하였다.

이후 그들은 예수를 없앨 방법을 찾았다. 예수는 날마다 성전에서 가르쳤지만, 어떻게 해야 예수를 잡을 수 있는지 그 방도를 찾지 못하였다. 온 백성이 예수의 말을 듣느라고 곁을 떠나지 않았기 때문이었다(루카 19,47-48).

예루살렘 입성

예수는 제자들에게 자신이 반드시 예루살렘에 가서 원로들과 수석 사제들과 율법 학자들에게 많은 고난을 받고 죽임을 당했다가 사흘날에 되살아나야 한다는 것을 밝혔다. 예수는 예고한 수난을 받으러 예루살렘으로 갔다. 보통 때와 달리 어린 나귀를 타고 입성했다. 나귀는 이스라엘의 선조들이 이용하던 짐승으로 다른 짐승에 비해 힘이 약하기 때문에 겸손을 나타낸다.

제자들을 비롯한 많은 사람이 길에 자기들의 겉옷을 깔며 예수를 환영했다. "다윗의 자손께 호산나! 주님의 이름으로 오시는 분은 복되어라. 지극히 높은 곳에 호산나!"(마태 21,9) 예수가 임금처럼 예루살렘에 입성한 것은 땅 위에서 이번이 처음이자 마지막이었다.

최후의 만찬

예수는 유다의 파스카 축제일을 맞아 파스카 음식을 준비시켰다. 파스카 축제의 시작은 춘분 다음에 오는 보름날이다. 유다력으로 니산 달 14일, 즉 정월 보름날의 전날은 파스카 축제를 준비하는 날이다. 유다력에서는 해가 지는 때부터 다음 날이 시작되므로 14일 저녁 해가 지면 15일이다. 따라서 낮 시간인 14일에 파스카 양을 잡아 음식을 준비하고 해가 진 후 15일에 파스카 음식을 먹으면서 준비일을 포함하여 8일간의 축제가 시작된다.

파스카 양을 잡는 것은 유다 민족이 이집트에서 탈출할 때 양을 잡아 그 피를 문설주에 발라 놓으면 천사들이 그 집의 맏아들은 죽이지 않고 지나간 것을 기념하는 것이다. 이는 맏아들의 살해 위험에서 건너뛰었으므로 구원받은 것을 의미한다.

예수는 이날 제자들과 함께 한 최후의 만찬에서 자신의 몸과 피를 파스카 양처럼 희생 제물로 제공했다. "받아먹어라. 이는 내 몸이다." "모두 이 잔을 마셔라. 이는 죄를 용서해 주려고 많은 사람을 위하여 흘리는 내 계약의 피다."(마태 26,26-29)

최후의 만찬이 시작되기 전에 예수는 식탁에서 일어나 겉옷을 벗고 제자들의 발을 씻어 주었다. 당시에는 남의 발을 씻어 주는 것은 노예라 할지라도 유다인인 경우에는 시킬 수 없는 굴욕적인 일로 여겼다. 이제 예수는 자신이 하느님께로 돌아간다는 것을 알고는 그가 이 세상에서 사랑했던 사람들에게 끝까지 사랑한다는 것을 보여 주고 또 자신의 죽음을 예고하는 것이다. 그러나 제자들은 알지 못했다. "내가 하는 일을 네가 지금은 알지 못하지만 나중에는 깨닫게 될 것이다."(요한 13.7)

그리고 예수는 제자들에게 새 계명을 주었다. "내가 너희에게 새 계명을 준다. 서로 사랑하여라. 내가 너희를 사랑한 것처럼 너희도 서로 사랑하여라. 너희가 서로 사랑하면, 모든 사람이 그것을 보고 너희가 내 제자라는 것을 알게 될 것이다." 이 '새 계명'은 예수의 종말적 공동체 안에 들어갈 수 있는 근본 조건이며 실생활에서 실천되는 형제적 사랑이야말로 사람들의 삶 속에 하느님의 사랑이 현존한다는 표징 그 자체가 된다(요한 13,31-35).

겟세마니 기도

그날 밤, 예수는 사랑하는 제자 베드로와 야고보, 요한을 데리고 겟세마니 동산으로 가서 마지막 기도를 드렸다. 예수는 마음이 괴로워 죽을 지경이었다. 예수는 그들에게 "내 마음이 너무 괴로워 죽을 지경이다. 너희는 여기 남아서 나와 함께 깨어 있어라" 하고는 조금 더 나아가 얼굴을 땅에 대고 기도하였다.

"아버지, 하실 수만 있다면 이 잔이 저를 비켜 가게 해 주십시오. 그러나 제가 원하는 대로 하지 마시고 아버지께서 원하시는 대로 하십시오." 그리고 나서 제자들에게 돌아와 보니 그들은 자고 있었다. 예수는 베드로에게 "너희는 나와 함께 한 시간도 깨어 있을 수 없더란 말이냐? 유혹에 빠지지 말고 기도하여라. 마음은 간절하나 몸이 따르지 못한다" 하고는 다시 두 번째로 가서 기도하였다.

"아버지, 이 잔이 비켜 갈 수 없는 것이라서 제가 마셔야 한다면 아버지의 뜻이 이루어지게 하십시오." 그리고 다시 와 보니 그들은 여전히 눈이 무겁게 감겨 자고 있었다. 예수는 그들을 그대로 두고 다시 세 번째 같은 말로 기도하였다. 그리고 제자들에게 돌아와 말했다. "아직도 자고 있느냐? 이제 때가 가까웠다. 사람의 아들은 죄인들의 손에 넘어간다."(마태 26.3 6-45) 그리고 예수는 자기를 잡으러 유다와 함께 온 성전 경비병들에게 붙잡혔다.

지금까지 예수는 사람들에게 '하느님의 아들'로서 모습을 보여 주었다. 그들을 가르치고 기적을 일으키며 비록 사람들이 이해하지 못했지만 '하느님의 아들'임을 암시하는 여러 말들을 했다. 그러나 죽음을 앞둔 겟세마니 기도에서는 '사람의 아들'로서 겪는 괴로움을 적나라하게 기도했다.

예수는 '가능하다면', 즉 아버지가 하실 수만 있다면 이 잔을 비켜 가게 해 주기를 바랐다. 그러나 그것은 그의 뜻이었다. "그러나 제가 원하는 대로 하지 마시고 아버지께서 원하시는 대로 하십시오." 끝까지 하느님 아버지에게 순종한 것이다.

사형 선고

예수는 먼저 한나스에게로 끌려갔다. 한나스는 전임 대사제로서 그 해의 대사제인 카야파의 장인이었다. 카야파는 얼마 전에 있었던 최고 의회에서 예수를 죽이기로 결의할 때, '온 민족이 멸망하는 것보다 한 사람이 백성을 위해 죽는 것이 낫다'고 말함으로써 예수의 사형 선고에 찬성하였다(요한 11, 50). 카야파는 자신도 모르는 사이에 한 사람이 죽음으로써 여러 사람이 구원받는 예수의 죽음이 갖는 의미를 설명한 것이 되었다.

예수는 한나스에게서 카야파에게로 보내졌다. 이미 최고 의회에서 예수를 사형에 처하기로 결정된 상태였다. 대사제가 물었다. "당신이 찬양받으실 분의 아들 메시아요?" 예수가 대답했다. "그렇다. 너희는 사람의 아들이 전능하신 분의 오른쪽에 앉아 있는 것과 하늘의 구름을 타고 오는 것을 볼 것이다."(마르코 14,62)

예수가 이렇게 대답함으로써 유다인들의 율법에 따라 예수는 메시아, 구세주, 유다인들의 왕을 참칭한 '신성 모독' 죄목이 결정되었다. 단순히 '내가 메시아이다' 하는 것만으로는 신성 모독이 아닐 수도 있었다. 그러나 예수는 전능하신 분의 오른쪽에 앉아 있는 것, 하늘의 구름을 타고 오는 것 등 하느님의 특징을 언급하였으므로 '신성 모독죄'가 성립되었다.

예수는 다시 빌라도에게로 보내졌다. 빌라도가 예수를 심문하지만 서로의 입장과 생각이 너무나 다르므로 빌라도는 예수를 이해하지 못했다. 빌라도는 로마제국의 총독으로 유다 지역의 방어와 치안을 책임지고 있었다. 그러나 예수는 유다 지역에서 사회적 폭력을 행사한 것도 아니었고 백성을 선동하여 로마 황제에게 대항한 것도 아니었으며 황제에게 내는 세금을 포탈한 것도 아니었다.

따라서 로마제국의 총독인 빌라도가 보기에 예수는 로마에 대하여 아무런 죄도 범하지 않았다. 빌라도는 유다인이 아니므로 유다인들 사이의 종교적 갈등은 관심사가 아니었다. 빌라도가 예수에게 말했다. "나야 유다인이 아니잖소? 당신의 동족과 수석 사제들이 당신을 나에게 넘긴 것이오. 당신은 무슨 일을 저질렀소?"(요한 18,35)

빌라도는 로마 총독의 입장에서 예수의 죄목을 찾지 못했지만 유다인들은 그들의 입장에서 율법에 따라 예수는 죽어 마땅한 자였다. 예수가 스스로 메시아, 구세주, 유다인의 왕이라고 자처했다는 '신성 모독죄'이다. 그러나 유다인들 스스로는 사람을 죽일 권한이 없었으므로 빌라도를 압박하여 결국 예수의 사형 선고를 받아냈다.

십자가 위에 달 명패는 빌라도가 '유다인들의 임금 나자렛 사람 예수'라고 직접 썼다. 유다인들은 "'나는 유다인들의 임금이다'라고 저자가 말하였다"라고 다시 쓰라고 했으나 빌라도는 자신이 한번 썼으면 그만이라며 거절했다(요한 19,19-22). 예수는 자신이 못 박힐 십자가를 지고 사형장으로 끌려갔다.

예수의 죽음

그날 함께 사형이 집행될 두 죄수가 있었다. 그들의 십자가도 각각 예수의 십자가 옆에 세워졌다. 왼쪽의 죄수는 다른 유다인들과 마찬가지로 예수를 조롱했다. "당신은 메시아가 아니시오? 당신과 우리를 구원해 보시오." 그러나 오른쪽의 죄수는 그를 꾸짖으며 말했다. "우리야 당연히 우리가 저지른 짓에 합당한 벌을 받았지만 이 분은 아무런 잘못도 하지 않으셨다." 그러면서 예수에게 "예수님, 선생님의 나라에 들어가실 때 저를 기억해 주십시오" 하였다. 예수가 그에게 말했다. "내가 진실로 너에게 말한다. 너는 오늘 나와 함께 낙원에 있을 것이다."(루카 23,32-43)

성경에는 그의 이름이 나와 있지 않으나 다른 문헌에는 그가 디스마스로 알려져 있다.[41] 예수가 십자가에서 한 이 약속으로 그는 구원을 받았다. 가톨릭에서는 마지막으로 예수에게 구원받은 그를 '성 디스마스'로 부르며 성인 반열에 올렸다.[42]

예수는 마지막 숨을 거둘 때 "엘로이 엘로이 레마 사박타니?" 하고 부르짖었다. 이는 "저의 하느님, 저의 하느님, 어찌하여 저를 버리셨습니까?"라는 뜻이다(마르 15,34). 그러나 이 말뜻은 하느님에 대한 원망의 부르짖음이 아니라, 지금 겪는 극심한 고통 속에서 외치는 비명 속에 하느님께로 돌아간다는 신뢰의 표현으로 보고 있다.

루카 복음서에서 예수가 "아버지, 제 영을 아버지 손에 맡깁니다" 하고 기도하기 때문이다. 또한 요한 복음서에는 "다 이루어졌다"라고 말한 후 숨을 거둔 것으로 기록되어 있다. 예수는 하느님 아버지께서 완수하라고 맡긴 예수의 사명을 모두 완수하였다.

그날 낮 열두 시쯤이 되자 어둠이 온 땅에 덮여 오후 세 시까지 계속되었다. 그리고 성전 휘장 한가운데가 두 갈래로 찢어졌다(루카 23,44-45). 무덤이 열리고 잠자던 많은 성도들의 몸이 되살아났다. 그들은 무덤에서 나와 거룩한 도성에 들어가 많은 사람에게 나타났다(마태 27,52-53).

부활과 승천

주간 첫날 아침, 마리아 막달레나와 여자들이 무덤을 보러 갔다. 무덤 입구를 막은 무거운 돌을 어떻게 치우고 들어가나 걱정했는데, 갑자기 큰 지진이 일어나더니 주님의 천사가 무덤 돌을 옆으로 굴려 치우고 그 위에 내려앉았다. 누가 시신을 꺼내갈까 봐 무덤을 지키던 경비병들은 놀라 까무러쳤다. 천사가 여인들에게 말했다. "두려워하지 마라. 너희들이 찾는 십자가에 못 박힌 예수는 여기에 계시지 않는다. 가서 그분의 제자들에게 일러라. 그들보다 먼저 갈릴래아로 가실 터이니 그들은 거기에서 그분을 뵙게 될 것이다." 여자들은 두려우면서도 기쁨에 넘쳐 제자들에게로 달려갔다(마태 28,1-8).

요한 복음서에서는 예수의 부활 소식을 조금 달리 전한다. 주간 첫날 아침 일찍 마리아 막달레나가 무덤에 가서 보니 무덤 입구를 막은 돌은 치워져 있었고 시신은 무덤에 없었다. 마리아는 급히 제자들에게 달려가 누가 주님의 시신을 꺼내 갔다고 알렸다.

베드로와 제자들이 달려와서 보니, 시신을 쌌던 아마포는 놓여 있으나 예수의 얼굴을 쌌던 수건은 아마포와 함께 있지 않고 따로 한곳에 개켜져 있었다. 이는 누가 시신을 꺼내 간 것이 아니라 예수가 부활하였다는 표지가 된다. 그들은 예수가 부활했다는 것을 믿었다(요한 20,1-10).

부활한 예수는 마리아 막달레나와, 엠마오로 가고 있는 두 제자와, 유다인들이 두려워 문을 잠가 놓고 있는 제자들에게 나타났다. "왜 놀라느냐? 어찌하여 너희 마음에 여러 가지 의혹이 이느냐?" 그리고 토마스에게 일렀다. "네 손을 뻗어 내 옆구리에 넣어 보아라. 그리고 의심을 버리고 믿어라. 보지 않고 믿는 사람은 행복하다."(요한 20,24-29)

예수는 다시 티베리아스 호수에서 제자들에게 나타났다. 예수가 제자들과 함께 고기를 잡으러 나가서 그물을 끌어 올리니 큰 고기가 백쉰세 마리나 들어 있었다. 부활한 예수와 제자들은 같이 아침을 먹었으나 감히 누구냐고 묻는 사람이 없었다. 그분이 예수라는 것을 알고 있었기 때문이었다.

아침을 먹은 다음 예수가 시몬 베드로에게 물었다. "요한의 아들 시몬아, 너는 이들이 나를 사랑하는 것보다 더 나를 사랑하느냐?" "예, 주님! 제가 주님을 사랑하는 줄을 주님께서는 아십니다." "내 어린양들을 돌보아라." 예수와 베드로 사이에 이와 같은 문답이 두 번 더 되풀이되었다.

예수의 세 번째 물음에 베드로는 슬퍼하며 대답하였다. "주님, 주님께서는 모든 것을 아십니다. 제가 주님을 사랑하는 줄을 주님께서는 알고 계십니다." 예수가 다 알고 있으면서 계속 되풀이해서 세 번이나 질문하므로 베드로는 슬펐다. "내 양들을 돌보아라." 예수는 베드로에게 자신을 대신하여 세상의 백성들을 돌볼 임무를 주었다(요한 21,1-19).

열한 명의 제자들은 예수가 여인들을 통하여 명령한 대로 갈릴래아로 떠나 예수가 분부한 산으로 갔다. 그들이 예수를 뵙고 엎드려 경배하자 예수가 그들에게 말하였다. "나는 하늘과 땅의 모든 권한을 받았다. 그러므로 너희는 가서 모든 민족을 제자로 삼아, 아버지와 아들과 성령의 이름으로 세례를 주고, 내가 너희에게 명령한 모든 것을 가르쳐 지키게 하여라. 보라, 내가 세상 끝날까지 언제나 너희와 함께 있겠다."
(마태 28,16-20)

예수는 제자들에게 백성들을 구원할 권한을 주었다. '아버지와 아들과 성령의 이름으로' 세례를 받은 사람은 아담과 하와의 죄에서 비롯된 원죄를 씻고 구원을 받았다. 사람들이 예수의 가르침대로 선을 행하며 살면 하늘 나라가 그들의 것이다. 강생구속이 완성되었다.

　가톨릭 신자들이 기도하기 전후에 오른손으로 이마에서 가슴, 왼쪽 어깨에서 오른쪽 어깨로 십자의 형태로 긋는 성호가 '아버지와 아들과 성령의 이름으로' 세례를 주라는 예수의 이 말씀에서 비롯되었다.

　"성부와 성자와 성령의 이름으로. 아멘!"

　예수는 그들을 베타니아 근처까지 데리고 나간 다음 손을 들어 그들에게 강복하였다. 그들을 떠나 하늘로 올라간 예수는 하느님 오른쪽에 앉았다. 그들은 예수에게 경배한 뒤에 크게 기뻐하며 예루살렘으로 돌아갔다. 그리고 줄곧 성전에서 하느님을 찬미하며 지냈다(루카 24,50-53).

7. 닮은 부분

불교와 가톨릭은 서로 다르면서도 어떤 부분에서는 비슷한 부분도 많다. 크게 보아 불교는 절대자로서 신앙의 대상인 신의 존재를 부정하는 무신교이고 가톨릭은 인격신을 믿는 유일신교라는 점에서 가장 큰 차이가 있지만 붓다와 예수의 일생과 가르침을 살펴보면 비슷한 부분들이 있다.

아시타 선인과 시메온 예언자

싯다르타가 태어났을 때 그가 붓다가 될 것이라고 말한 아시타 선인과 예수가 태어난 후 예루살렘 성전에서 정결례를 올릴 때 예수를 그리스도라고 말한 시메온이 비슷하다.

천안통으로 붓다를 확인하고 찾아온 아시타 선인은 이 세상에서 붓다를 만난 것에 너무 감격한 나머지 크게 기뻐하였지만 이내 눈물을 흘렸다. 자신이 나이가 많아 곧 죽을 때가 되었으므로 장차 붓다의 설법을 듣지 못하는 것이 한스러웠기 때문이었다. 아시타 자신은 붓다의 설법을 듣지 못하더라도 자기 외조카에게 '너라도 후에 반드시 붓다의 제자가 되어 설법을 들으라'고 권했다. 이 아시타 선인의 외조카가 붓다의 십대 제자 중 한 사람인 논의제일 마하가전연이다.

예수의 부모는 예수가 태어난 지 8일 만에 정결례를 행하려고 예루살렘 성전으로 예수를 데리고 갔다. 그때 성전에 있던 시메온이라는 예언자는 예수의 부모가 예수를 데리고 들어오자 즉시 아기 예수가 그리스도가 될 분임을 알아보았다. 그는 아기를 두 팔에 받아 안고 하느님을 찬미하였다. "주님, 이제야 말씀하신 대로 당신 종을 평화로이 떠나게 해 주셨습니다." 이제 하느님의 약속이 실현되어 세상을 구원할 그리스도를 뵈었으므로 기쁘게 죽음을 맞이할 수 있게 되었다는 것이다.

붓다를 만난 아시타 선인이 붓다의 설법을 못 듣고 죽는 것을 안타까워한 반면에 예수를 안은 시메온 예언자는 생전에 그리스도를 뵈었으므로 죽어도 여한이 없다고 했다.

마왕의 유혹과 사탄의 유혹

마왕의 붓다 유혹과 사탄의 예수 유혹은 상당히 비슷하다. 마왕은 색욕, 폭력, 권력으로 붓다가 깨달음을 얻는 것을 방해하고자 하였으나 실패하였고 사탄은 식욕, 시험, 권력으로 예수를 유혹하였으나 실패하였다. 세 번의 유혹 중 첫 번째, 두 번째가 실패하자 세 번째 유혹으로 마왕과 사탄은 똑같은 유혹을 했다. 즉 자신에게 굴복하면 세상의 지배권을 주겠다는 것이었다.

그러나 붓다와 예수는 세 가지 유혹을 모두 물리쳤다. 붓다는 모든 중생을 제도하기 전에 먼저 마왕을 선제 제압함으로써 욕계의 모든 신을 포함한 중생들을 떳떳하게 제도할 수 있는 힘을 얻었다. 사탄은 40일 간의 단식 기도 후 모든 인류를 위해 구원 사업을 시행하려는 예수를 방해하기 위해 예수를 유혹하였으나 실패하였다.

팔정도와 산상 설교

팔정도는 고통이라는 병을 치료하는 수단이다. 붓다의 가르침에 따라 팔정도의 수행을 하여 고통을 끊으면 해탈하여 열반에 들 수 있다. 붓다는 두 극단의 길이 아닌 중도, 즉 팔정도를 일상 생활에서 직접 몸으로 실천해야 하는 수행법으로 제시하였다.

예수는 산상 설교와 4복음서의 여러 곳에서 일상 생활 속에서 이웃 사랑을 실천하는 구체적인 행동 방향을 제시하였다. 아버지의 뜻을 실천하고 구원을 받으면 하늘 나라에 들 수 있다.

붓다가 제시한 팔정도 수행과 예수의 산상 설교 가르침은 특별한 것이 아니라 인간이 일상 생활 속에서 실천해야 할 가르침이라는 점에서 같다고 할 수 있다.

기적의 능력

붓다는 깨달음을 얻음과 동시에 육신통이라 불리는 신기한 힘을 얻었다. 즉 숙명통, 타심통, 천안통, 누진통, 신족통, 천이통이다. 붓다는 이 육신통을 이용하여 갠지스강을 날아 건너고 카샤파 삼형제를 교화시키고 죽은 사람들이 어디에 태어났는가를 알아내는 등 3,500여 가지의 기적을 행하였다. 붓다 당시 이 육신통은 붓다처럼 높은 경지에 도달한 종교가들은 대부분 행할 수 있는 능력이었으며 이 육신통으로 서로 누가 우세한지 겨루기도 했다.

예수는 앞에서 본 서른다섯 가지를 포함한 많은 기적을 행하였다. 예수가 기적을 행한 능력은 모든 것을 알고 모든 것을 할 수 있는 하느님의 능력이다. 따라서 붓다의 육신통은 깨달은 사람이 얻게 되는 초능력이고, 예수의 기적 능력은 하느님의 아들로서 전지전능한 하느님의 능력이란 점에서 차이가 있다. 그러나 붓다와 예수의 이런 기적 능력은 이를 본 사람들의 경외심과 존경심을 불러일으켜 많은 사람들을 교화시키고 믿음으로 이끌었다.

붓다와 예수의 기적 능력을 현재의 기준으로 판단해서 사실이 아닌 것으로 간단히 접어버리기보다는 2,000년 내지 2,500년 전의 인류가 위대한 성자를 대하는 종교적 표현으로 보는 것이 옳을 것 같다.

비유 가르침

붓다는 80세에 입적하기까지 45년 동안 대부분 비유를 들어 설명하였다. 따라서 붓다를 비유의 달인이라고도 한다. 붓다는 깨달음을 얻은 후 이 내용을 사람들에게 가르쳐야 할지를 잠시 고민했다. 가르치지 않아도 깨달음을 얻는 사람도 있고 가르침을 들어도 깨달음을 얻을 수 없는 사람도 있지만, 이 세상의 많은 사람은 가르침을 들으면 깨달음을 얻을 것이다. 붓다는 이런 사람들을 위하여 설법을 하기로 결심하고 그 설법 내용을 알기 쉽게 비유를 들어 설하였다. 어려운 내용도 많은 사람이 듣고 깨달음을 얻게 하기 위한 것이었다.

예수 또한 앞에서 말한 여러 비유와 같이 비유를 들지 않고는 아무것도 말하지 않았다고 성경에서 언급하고 있다. 예수가 비유로 말하는 이유는 사람들이 '보아도 보지 못하고 들어도 듣지 못하고 깨닫지 못하기 때문'(마르 4,12)이었는데 그런 사람들에는 두 가지 부류가 있다. 첫째는, 아예 스스로의 의지로 보려고도, 들으려고도 하지 않는 사람들이고 둘째는 보고 싶고 듣고 싶고 깨닫고 싶지만 능력이 모자라서 할 수 없는 사람들이다.

비유를 들어 말하면 첫째 부류의 사람들에게는 그들을 설득하게 되고 둘째 부류의 사람들에게는 그들에게 쉽게 설명하게 된다. 따라서 예수는 군중에게 모든 것을 비유로 말하고 비유를 들지 않고는 아무것도 말하지 않았다.

즉 붓다와 예수의 비유 가르침은 사람들이 이해하기 쉽게 가르쳐서 깨달음을 얻거나 구원을 받게 하기 위함이었다.

죽음 앞의 갈등

죽음을 앞둔 붓다도 죽음 앞에서 인간적인 갈등을 느꼈던 것일까? 붓다는 시자인 아난다에게 이렇게 말했다. "여래와 같이 모든 신통력에 도달한 사람은 만일 자신이 희망한다면 이 세상에 얼마든지 더 머물 수가 있다." 붓다는 여섯 가지 신통력을 다 얻었으므로 모든 일을 다 할 수 있었다.

　원하기만 하면 이 세상에 더 머물 수도 있었다. 그러나 몸이 쇠약해진 붓다는 자기 스스로 이 세상에 더 머물기를 희망하지는 않았다. 붓다는 같은 말을 두 번 더 되풀이하였으나 당시 곁에 있던 아난다는 마음이 악마에게 사로잡혀 있어서 붓다에게 이 세상에 더 머물러 달라는 말을 하지 못하고 잠자코 있었다. 아난다가 물러간 후에 붓다는 마왕 파피야스에게 석 달 후에 입적하겠노라고 약속하고 생명력을 포기하고 말았다. 이에 깜짝 놀란 아난다가 "오래 이 세상에 머물러 주십시오" 하고 청하였으나 이미 때는 늦었다.

　제자들과 함께 마지막 식사를 마친 예수는 죽음을 앞두고 마지막 기도를 하기 위해 겟세마니로 갔다. 하느님의 아들로서 인류를 구원하기 위해 이 세상에 올 때부터 십자가의 고통과 죽음이 예정되어 있었으나 죽음을 앞둔 예수는 역시 고뇌하지 않을 수 없었다. "아버지, 하실 수만 있다면 이 잔이 저를 비켜 가게 해 주십시오. 그러나 제가 원하는 대로 하지 마시고 아버지께서 원하시는 대로 하십시오."

　예수가 제자들에게 와서 보니 그들은 자고 있었다. "너희는 나와 함께 한 시간도 깨어 있을 수 없더란 말이냐? 유혹에 빠지지 않도록 깨어 기도하여라." 그러나 제자들은 두 번째도, 세 번째도 깨어 있지 못하였다.

　아난다가 세 번이나 붓다의 말을 알아듣지 못한 것이나 예수가 기도하다가 제자들을 보러 왔을 때 그들이 세 번이나 자고 있었던 것은 비슷하다 할 수 있다. 아난다가 붓다의 말을 듣고 붓다에게 '이 세상에 더 머물러 달라'고 말했다면 붓다는 자신의 신통력으로 이 세상에 더 머물 수 있었을 것이다. 그러나 예수는 이미 예정된 죽음의 때가 왔으므로 제자들이 깨어서 함께 기도했다 하더라도 죽음을 피할 수는 없었다. 다만 죽음을 앞두고 고뇌와 번민에 사로잡혀 있었던 예수에게 조금이나마 위로는 되었을 것이다.

마지막 제자와 마지막 구원

붓다는 입적 직전에 한 제자에게 직접 불법을 설하고 구족계를 주어 붓다의 마지막 직계 제자로 받아들였다. 예수 역시 십자가에서 죽기 직전에 한 죄수의 회개하는 말을 듣고 직접 죄를 용서하고 마지막으로 구원해 주었다.

붓다가 입적하는 날 밤, 수바드라라고 하는 늙은 수행자가 평생 품었던 의문을 풀기 위해 붓다를 찾아왔다. 입적을 앞둔 붓다를 위해 수바드라의 붓다 면담 요청을 아난다는 세 번이나 거절하였다. 붓다가 이 사실을 알고 아난다에게 수바드라를 들이게 하였다.

"진리를 알고자 찾아온 사람을 막지 마라. 내 설법을 듣고자 온 것이다. 그는 내 말을 들으면 곧 깨달을 것이다." 붓다는 수바드라의 부질없는 질문에 답하는 대신 팔정도와 사향사과에 대해 설명해 주었다. 수바드라는 붓다로부터 직접 설법을 듣고 후에 아라한이 되었으며, 붓다의 마지막 직계 제자가 되었다.

예수는 빌라도로부터 사형 선고를 받고 십자가를 지고 골고타로 올라갔다. 거기서 예수는 십자가에 못 박혀 세워졌다. 그날 예수와 함께 십자가에 못 박힌 두 사람의 죄수가 있었는데 그들은 각각 예수의 좌측과 우측에 세워졌다. 좌측의 죄수는 군중과 율법 학자들과 같이 예수를 모독하였으나 우측의 죄수는 예수에 대한 믿음을 고백하여 구원을 받았다. "내가 진실로 너에게 말한다. 너는 오늘 나와 함께 있을 것이다." 이 우측의 죄수는 예수로부터 직접 구원을 받은 마지막 사람이 되었다. 앞에서 본 바와 같이 그의 이름은 디스마스로 알려져 있다.

  이로써 수바드라는 붓다의 마지막 직계 제자가 되었으며, 디스마스는 예수로부터 마지막 구원을 받은 사람이 되었다.

8. 다른 부분

깨달음의 종교

흔히 불교를 무신교라고 얘기하지만 불교에도 신은 있으므로 신이 없는 종교, 즉 완전한 무신교는 아니다. 불교를 무신교라고 언급할 때는 가톨릭의 유일신처럼 절대자로서 신봉하는 신이 없다는 의미이다.

붓다는 힌두교에서 윤회론과 우주론은 받아들였지만 세상을 창조하고 유지하고 파괴한다는 힌두교의 삼신, 즉 절대자로서 브라흐마와 비슈누, 쉬바 신의 개념은 제거하고 받아들이지 않았다. 그 이유는 삼계육도를 윤회하는 인간의 고통을 해결하는 데 불필요하기 때문이다.

이는 앞에서 본 붓다의 십무기설에 잘 나타나 있다. 다만 윤회를 받아들임으로써 삼계육도를 윤회하는 신의 개념은 인정했다. 따라서 불교의 신은 신앙의 대상이 아니라 삼계육도를 윤회하는 중생의 한 부류일 뿐이다. 즉 인간과 신, 짐승들을 포함한 모든 중생이 지옥, 아귀, 축생, 아수라, 인간, 천계 등을 윤회한다.

지옥, 아귀, 축생을 삼악도(三惡道)라고 하며 아수라, 인간, 천계를 삼선도(三善道)라고 한다. 윤회론에 따르면 중생이 전생에 선업을 쌓으면 삼선도에, 악업을 쌓으면 삼악도에 가게 된다. 생전의 선업으로 천상에 태어난 신은 인간보다 좀 더 오래 살고 좀 더 좋은 조건에서 사는 생명체에 불과하다. 깨달음의 정도에 따라 삼계의 28천에는 무수한 신들이 살고 있어 이들을 신중(神衆)이라고도 한다.

또한 불교에서는 붓다도 신앙의 대상이 아니고 다만 붓다에 귀의할 뿐이다. 귀의(歸依)란 붓다와 불법과 승가로 돌아가 의지한다는 의미이다. 붓다 스스로도 죽음을 앞두고 아난다에게 이렇게 말했다. "아난다야, 잘 들어라. 내가 죽은 뒤에 의지할 곳이란 자기 자신과 법밖에 없다. 그러므로 자기 자신을 등불로 삼아 의지하고 남에게 의지하지 마라. 법을 등불로 삼아 의지하고 다른 것에는 의지하지 마라." 즉 '자등명 법등명(自燈明 法燈明) 자귀의 법귀의(自歸依 法歸依)'이다.

붓다가 살아 있을 동안에는 붓다에게 의지하였지만 붓다가 죽은 뒤에는 의지할 곳이 없는 것이 아니라 오직 자기 자신과 법에 의지하라는 것이다. 따라서 불교는 붓다가 스스로 깨달아서 설파한 법의 진리를 실천하며 붓다에게 의지하여 스스로 깨달음을 추구하여 윤회를 끊고 해탈하는 깨달음의 종교이다.

믿음의 종교

가톨릭은 유일신 하느님을 믿는 종교이다. 이 세상이 생기기 전부터 존재하고 미래에도 영원히 존재하는 오직 한 분뿐인 하느님은 불가능이란 없는 절대자이며 아버지 하느님인 성부, 외아들인 예수 성자, 그리고 성령의 삼위(三位)로 존재한다. 이 전지전능한 하느님은 천지를 창조하고 하느님의 모습을 따라 인간을 만들었다.

그런데 인간이 번성하고 수가 많아지면서 악을 저지르고 죄를 범하기 시작하자 유일신 하느님은 이 세상을 물로 심판하고 노아의 가족들만 살려 주었다. 인류가 다시 번성하자 하느님은 아브라함을 선택하여 계약을 맺으며 아브라함이 하느님을 믿으면 그의 후손이 하늘의 별처럼 많아지게 하겠다고 했다. 과연 하느님의 명에 따라 사랑하는 아들까지도 제물로 바치려는 아브라함의 믿음을 보고 하느님은 그의 후손이 하늘의 별처럼 많아지게 했다. 그 후손이 유다인이다.

이집트에서 종살이하던 유다인들은 하느님이 선택한 모세를 통하여 이집트를 탈출하고 십계명을 받았다. 이중 첫째와 둘째 계명이 하느님에 관한 것인데 첫째 계명은 한 분이신 하느님을 흠숭하는 것이며 둘째 계명은 하느님의 이름을 함부로 부르지 말라는 것이다. 이와 같이 하느님은 모세를 통하여 유다인들에게 한 분이신 하느님, 즉 유일신 하느님을 믿고 이름을 함부로 부르지 말라고 명하였다.

그러나 그 후손들이 하느님을 믿지 않고 다른 민족들의 신인 우상을 숭배하는 등 하느님을 배반하자 하느님의 응징이 뒤따랐다. 그러나 하느님의 벌을 받은 유다인들이 회개하고 용서를 빌자 그들을 다시 용서해 주었다. 그리고 그 민족들을 구원하기 위해 메시아, 즉 하느님의 아들 예수를 세상에 보냈다.

예수는 유다인 뿐만 아니라 전 인류를 구원하기 위해 십자가 위에서 희생되었고 이로 말미암아 '성부와 성자와 성령의 이름으로' 세례를 받고 유일신 하느님을 믿으면 인류는 구원을 받게 된다.

이와 같이 가톨릭은 아브라함이 하느님을 믿었듯이, 모세가 하느님을 믿고 하느님의 뜻을 충실히 이행하였듯이, 성부 성자 성령의 삼위로 존재하는 유일신 하느님을 믿고 구원을 받는 믿음의 종교이다.

고통으로부터 해탈

불교에서는 인간의 삶이 고통으로 가득 차 있다고 본다. 태어나는 것 자체가 고통이며 늙고 병들고 죽는 것이 모두 고통이다. 사랑하는 사람과 헤어져야 하는 것도 고통이며 원망하고 미워하는 사람과 만나야 하는 것도 고통이고 원하는 것을 얻지 못하는 것도 고통이다. 태어나는 것이 고통이니 다시 태어나는 윤회 자체가 고통이다.

힌두교에서는 이 고통에서 벗어나는 방법으로 고행을 택했다. 붓다 시절에도 고통의 원인인 자신의 몸을 괴롭혀 깨달음을 얻을 수 있다는 생각으로 고행을 하는 수행자들이 많았으며, 붓다 자신도 수행자 시절에는 깨달음을 얻기 위해 극심한 고행을 하였다.

그러나 이런 극단적 고행과 극단적 향락, 어느 방법으로도 진리에 도달할 수 없다는 것을 붓다는 깨달았다. 드디어 붓다는 핍팔라나무 아래에서 윤회를 벗어나 인간의 고통을 해결하는 방법을 깨달았다. 이것이 바로 실천적 수행법으로서 사성제, 팔정도이며 십이연기법이다. 따라서 인간은 올바른 실천적 수행을 통하여 고통을 끊고 열반에 들게 된다.

원죄로부터 구원

모든 것을 알고 모든 것을 할 수 있는 절대자 유일신 하느님은 이 세상을 창조하고 인간을 창조하였다. 하느님이 창조한 최초 인류인 아담과 하와는 에덴동산에서 하느님처럼 살 수 있었으나 하느님이 먹지 말라고 명령한 나무의 열매를 따먹음으로써 하느님을 거역하였다. 이 벌로 아담과 하와는 천상 낙원인 에덴동산에서 쫓겨나 아담은 살기 위해 평생 땅을 갈아야 하는 벌을 받았고, 하와는 출산의 고통이라는 벌을 받았다.

이후 태어나는 인류는 아담과 하와의 죄를 안고 태어나게 되는데 이를 원죄라 한다. 그러나 하느님은 여자를 유혹한 뱀의 후손이 여자의 후손 발꿈치에 상처를 입히고 여자의 후손은 뱀의 후손 머리에 상처를 입힐 것이라는 말과 함께 인류의 구원을 약속했다.

하느님은 아담과 하와의 자손 중 아브라함을 선택하여 큰 민족을 이루게 하였으며 모세를 통하여 하느님을 믿기 위해 지켜야 하는 율법을 부여하였다. 유다인들은 율법을 지키며 이사야가 예언한 임마누엘, 즉 메시아가 자신들을 구원하러 올 때를 기다렸다. 그리고 예수가 이 세상에 태어나 율법을 넘어서는 하느님 아버지의 말씀을 전하고 십자가에서 죽음으로써 인류의 구원을 완성하였다.

원죄는 인간이 하느님을 거역하여 받은 벌이므로 오직 하느님만이 원죄를 사해줄 수 있다. 따라서 인간은 '성부와 성자와 성령의 이름으로' 세례를 받고 하느님을 믿음으로써 구원을 받는다.

불교의 탄생론

불교의 우주론은 삼천대천세계로 이루어진 공간적 우주가 생성되고 발전하다가 괴멸하는 성주괴공을 윤회론에 따라 무한히 되풀이한다는 것이다. 즉 한 번의 성주괴공에 80겁이 소요되는 우주도 중생의 공업(共業)에 따라 무한히 윤회한다는 뜻이다.

붓다는 우주가 괴멸했다가(壞) 쉬는 시간을 거쳐(空) 다시 생성될 때에(成) 중생들이 어떻게 윤회하는지를 설명했다. 장아함경의 소연경에 의하면, 붓다는 브라만 출신의 바셋타 비구에게 당시의 사성 계급인 브라만, 크샤트리아, 바이샤, 수드라의 생성을 설명하면서 성겁 동안에 일어나는 우주와 중생의 탄생에 관하여 설명하였다.

> 천지가 마지막 겁이 다해 무너질 때에 중생은 목숨을 마치고 모두 광음천에 태어났는데, 저절로 화생(化生)하여 생각을 음식으로 삼고 광명은 스스로 비치고 신족으로 허공을 날아다녔다. 그 뒤에 이 땅은 다 물로 변해 두루 미치지 않은 곳이 없었다. 그때는 해와 달과 별도 없었고 낮과 밤과 연월의 헤아림도 없이 다만 큰 어둠이 있을 뿐이었다. 그 뒤에 이 물은 땅이 되었고 모든 중생은 복이 다해 목숨을 마치고는 다시 땅에 태어났다. 그러나 여전히 생각을 먹고 살았으며 신족으로 날아다니고 몸의 광명은 스스로 비치면서 여기서 오랫동안 살았다. 그리고 그들은 서로를 '중생 중생'이라고 하였다. 그러나 탐심과 호기심으로 인해 음식을 먹기 시작하면서 중생들은 서서히 모든 것을 잃게 되었다. 먼저 음식을 먹으면서 몸이 비로소 드러나고, 남녀가 서로 구별되었으며, 마침내 천지가 운행하고 시간의 개념이 생겨났다. … 천지의 영원한 법칙이란, 큰 어둠이 있은 뒤에 반드시 해와 달과 별들이 허공에 나타나고 그런 뒤에야 밤과 낮과 어둠과 밝음과 연월의 헤아림이 있다는 것이다.[43]

당시 인도의 힌두교에서는 브라흐마 신이 세상과 중생을 창조하였다고 믿었지만 붓다는 힌두교의 브라흐마, 비슈누, 쉬바 등 삼신들의 존재를 인정하지 않았다. 따라서 붓다는 세계의 기원에 대해서 무시무종(無始無終), 즉 '시작과 끝에 대해서는 헤아릴 수 없다'고 했다. 붓다는 이 세상과 태어나고 죽는 중생들의 윤회에 대해서 정해진 시작점과 마지막 끝은 정확하게 알 수 없다고 하였던 것이다. 이것이 세계의 기원, 즉 성겁에서 일어나는 우주와 중생의 탄생에 대한 붓다의 설명이다.

가톨릭의 창조론

하느님은 엿새 만에 이 세상을 창조하였다. 창세기에 의하면, 땅은 아직 꼴을 갖추지 못하여 비어 있고 어둠이 심연을 덮고 있을 때, 하느님이 "빛이 생겨라" 하자 빛이 생겼다. 하느님은 빛을 낮이라 부르고 어둠을 밤이라 불렀다. 하느님이 보기에 좋았다. 저녁이 되고 아침이 되니 첫날이 지났다(창세 1,2-5).

하느님의 창조 행위는 첫날을 비롯하여 이튿날부터 엿샛날까지 같은 형식의 말씀으로 진행된다. 즉 '하느님이 말씀으로 창조 활동을 하고 그 결과물에 이름을 지어준다. 하느님이 보기에 좋았다. 저녁이 되고 아침이 되니 첫날이 지났다'와 같이 6일 동안 창조 활동이 진행된다. 여기서 '저녁이 되고 아침이 되니'와 같은 시간의 표현은 유다인들의 달력에서 해가 지면 날짜가 바뀌어 다음 날이 되는 것과 관련이 있는 것으로 보인다.

하느님은 첫날에 빛을 만들고 낮과 밤을 구분하였다. 이튿날에 궁창을 만들어 물과 물 사이를 갈라놓고 궁창을 하늘이라 불렀다. 사흗날에는 물을 한 곳으로 모으고 드러난 뭍을 땅이라 부르고 물이 모인 곳을 바다라 불렀다. 그리고 땅에는 온갖 풀과 과일나무가 돋아나게 하였다. 나흗날에는 빛물체들을 만들어 낮과 밤을 다스리게 하였다.

닷샛날에는 물속의 온갖 생물들과 새들을 창조하였다. 엿샛날에는 집짐승과 기어 다니는 것들과 들짐승들을 제 종류대로 만들었다. 마지막으로 하느님의 모습을 닮은 사람을 창조하고 모든 것들을 다스리게 하였다. 그리고 이렛날에는 휴식을 취하였다.

불교와 과학

앞에서 여러 번 얘기한 바와 같이 붓다는 인간의 고통을 끊고 해탈하는 문제에 집중하고 있었으므로 우주의 크기나 시간성, 영혼의 존재나 사후 세계의 존재 여부 등에 대해서는 관심이 없었다. 또한 붓다는 다음과 같은 이유로 브라흐마와 비슈누, 쉬바 등 힌두교의 삼신을 인정하지 않았다. 즉 절대자로서 신은 모두 전지전능하다. 그런데 브라흐마 등 전지전능한 삼신도 윤회설에 따라 그들의 전생이 있을 터인데, 브라흐마 신도 전생이 있다면 브라흐마가 우주를 창조했다는 것은 불가능하다. 그리고 브라흐마 신이 전능하다면 이 세상의 고통도 없앴어야 하는데 그렇지 못하다. 그러므로 그들은 신의 자격이 없고 신이 아니다.[44]

이렇게 삼신을 제거하고 나니 성주괴공하는 우주는 창조자, 유지자, 파괴자 없이 스스로 성주괴공하게 된다. 붓다는 영혼과 사후 세계도 인정하지 않았다. 세상을 창조한 창조주도 없고 영혼과 사후 세계도 인정하지 않으니 불교는 종교라기보다는 철학이라고 주장하기도 한다. 따라서 불교와 과학은 다툴 일이 없게 되었다.

가톨릭과 과학

가톨릭은 절대자 유일신 하느님의 존재를 믿는다. 하느님이 엿새 동안에 세상을 창조하고 인간도 하느님의 모습으로 창조하였다. 예수가 죽은 후에 기록된 신약 성경들은 창세기를 포함한 그전의 구약들과 함께 가톨릭 신앙의 근간을 이룬다.

겉보기로는 태양이 지구를 돌고 있는 것처럼 보이니 당시의 우주론인 천동설, 즉 지구중심설은 창세기의 창조론과 잘 들어맞았다. 따라서 과학이 본격적으로 발전하기 시작한 16세기까지 약 1,500년 동안은 가톨릭과 과학의 충돌은 없었다. 오히려 과학이 곧 신앙이고 신앙이 곧 과학이었다고 낸시 브라운은 그의 책 《주판과 십자가》에서 말했다.[45]

그러나 과학이 발전함에 따라 창세기에서 말하는 하느님의 천지 창조와 인간 창조론은 지동설, 진화론과 크게 부딪치게 되었다. 코페르니쿠스에 이어 지동설을 주장하던 갈릴레오 갈릴레이는 파문을 당하고 연금되었다. 이후 다윈의 진화론이 발표되자 가톨릭과 과학은 크게 다투게 되었고 계몽주의의 발전과 함께 가톨릭의 지위는 점점 위축되어 갔다.

제3부
종교, 과학, 종교인

1. 우주의 간단한 역사
2. 종교와 과학
3. 과학과 불교
4. 과학과 가톨릭
5. 종교, 과학, 종교인

1. 우주의 간단한 역사

앞에서 본 바와 같이 불교는 과학과 다투지 않는다. 가톨릭도 지구중심설이 믿어지고 있던 중세까지는 과학과 다투지 않았다. 그러나 과학혁명 이후 태양중심설이 사실로 받아들여지고 이어 진화론이 등장하게 되자 가톨릭은 과학과 다투게 되었다. 종교와 과학의 관계를 알아보기에 앞서 먼저 지구와 인간을 포함한 우주의 역사와 진화론 등에 대해 간단히 살펴보기로 한다.

우주의 탄생

빅뱅 우주론에 의하면 우주는 약 137억 년 전에 시작되었다. 미국의 천문학자 허블이 1929년 우주가 팽창하고 있음을 발견하고 우주의 현재 팽창 속도를 역으로 계산해 보니, 우주가 한없이 수축된 상태, 즉 하나의 점에서부터 시작됐다는 사실을 알아낸 것이다. 이는 우주에는 우리가 특이점이라고 부르는 시작점이 있었고 이 특이점의 대폭발로 우주가 팽창하기 시작했다는 뜻이다. 그리고 그때부터 시간이 흐르기 시작했다.

영국의 천체물리학자 스티븐 호킹은 그의 책 《시간의 역사》에서 '시간은 대폭발에서 시작되었다고 말해야' 할 것이라고 했다.[46] 즉 시간이란 개념은 우주가 시작되기 전에는 아무런 의미가 없다. 지금의 우주는 시작점이 있고 시간도 특이점의 빅뱅으로부터 시작되었다.

그러나 허블보다 먼저 우주가 팽창하고 있음을 밝혀낸 과학자가 있다. 벨기에의 예수회 신부인 조르주 르메트르는 1927년에 아인슈타인의 방정식을 풀어서 처음으로 지구가 팽창하고 있음을 제시했다. 그의 논문은 1931년에 영어로 번역되었지만 이미 허블이 명성을 얻은 뒤였고 그는 과학적 사실을 누가 첫 번째로 발견했는가에 대해서는 그다지 크게 신경을 쓰지 않았다고 한다. 현재 과학계에서는 뒤늦게 르메트르의 공을 인정해 2018년부터 허블의 법칙을 허블-르메트르 법칙이라고 부르고 있다.

지구의 역사

우주의 나이 137억 년에 비하면 지구의 나이는 약 46억 년에 불과하다. 우주의 나이가 지구의 나이보다 세 배나 많은 것이다. 새로 태어나는 태양과 함께 그 한 귀퉁이에 모여 있던 먼지와 가스가 조금씩 뭉쳐지면서 작은 덩어리가 만들어지고, 이 덩어리들이 중력으로 서로를 끌어당기면서 점점 덩치를 키워갔다. 시간이 흐르면서 뜨겁게 끓어오르던 표면도 점차 식었다. 하늘에는 구름이 생기고 땅을 적시는 비가 내리면서 바다도 만들어졌다. 태양의 강한 자외선으로부터 보호를 받는 바다 속은 생명 진화의 온실 역할을 했다.

생명의 탄생

과학자들은 그린랜드에 있는 한 암석에서 약 38억 5,000만 년 전의 원시 생명의 흔적을 발견하였다. 그 암석을 어떻게 발견하였으며 또 원시 생명의 흔적은 어떻게 찾았는지, 인간의 능력, 과학자들의 능력에 감탄을 금할 수가 없다. 하여간 지구 최초의 생명체는 지구 탄생 후 11억 년이 지난 약 35억 년 전 시생대에 태어난 세포 하나로 된 세균, 즉 박테리아라고 한다.

원시 대양으로부터 여러 유기물이 모인 액체 상태의 무생물이 생겨났는데 여기에서 박테리아가 나타났다고 한다. 그런데 이 세포 하나가 자기 스스로 분열해서 세포는 두 개가 되고 다시 네 개가 되었다. 이렇게 생명체란 자기생식을 하는 것을 말한다. 즉 자신과 똑같은 것을 복제해서 자신이 죽더라도 똑같은 생명체가 계속 살아남는다. 그러나 생명체 탄생의 궁극적 비밀은 아직 밝혀지지 않았다.

생명의 진화

35억 년 전에 어떤 계기로 탄생한 단세포 생물인 박테리아는 자기복제를 했다. 세포 하나가 분열해서 둘이 되고 다시 분열해서 넷이 되고 다시 여덟이 되었다. 이렇게 첫 생명체가 태어난 이후 이어지는 약

30억 년 동안 이 지구상에 생명체라고는 미생물밖에 없었다. 그러나 이 기간 동안 미생물들은 에너지를 생명으로 바꾸는 온갖 진화를 거쳐서 드디어 동물이 등장할 수 있었다. 46억 년 전 지구가 탄생한 이후 약 40억 년이 지난 후였다.

이후 동물 생명체는 다윈이 주장한 적자생존의 법칙에 따라 진화에 진화를 거듭했다. 진화는 돌연변이 같은 생명체의 유전적 변화 외에도 기후 변화, 대기 변화, 빙하 작용, 화산 폭발, 운석 충돌 등과 같은 지구 환경의 변화에 생명체가 어떻게 적응하여 살아남는가에 달려 있다. 변화하는 환경에 적응해서 살아남거나(適者生存) 멸종하거나(不適者淘汰) 하는 것이다.

화석의 분포로 본 지구상의 생명체 진화 과정을 보면, 35억 년 전부터 5억 년 전까지 약 30억 년이라는 긴 세월 동안에는 단세포 생물과 다세포 생물 등 미생물이 번성했고 5억~2억5천만 년 전에는 어류의 번성과 함께 육상 생물이 출현했다. 다음 6,500만 년 전까지는 파충류와 조류의 시대였고 그 이후부터는 포유류가 번성하기 시작했다. 그리고 500만 년 전에 원숭이와 분화되어 인간의 조상인 원생 인류가 생겨났고 20만 년 전에 아프리카에서 현생 인류가 출현하였다.

장구한 기간의 미생물 시대에 이어 어류, 육상 생물, 파충류, 조류, 포유류, 그리고 원생 인류와 현생 인류 순이다.

인간의 진화

고생물학자들은 화석 자료를 분석하여 인류의 진화 과정을 추정했다. 화석상으로 본 가장 오래된 인류는 500만 년 전 남아프리카에서 발견된 오스트랄로 피테쿠스라고 한다. 남쪽의 원숭이라는 뜻이며 이들은 나무에서 내려와 땅 위에서 두 발로 걸었다고 한다.

다음으로 오래된 인류 화석은 호모 하빌리스로 손을 사용하는 사람이라는 뜻이다. 이들은 약 250만 년 전부터 160만 년 전까지 존재했던 것으로 추정된다. 이들의 큰 특징은 직립 보행한다는 것이었다. 직립 보행한다는 의미는 손을 사용한다는 의미이고 손을 사용한다는 것은 도구를 만들어 사용한다는 것을 의미한다. 이때부터 구석기 시대가 시작되었다.

호모 하빌리스에서 진화한 호모 에렉투스는 직립 인간이란 뜻이다. 150만 년 전에서 20만 년 전까지 살았던 것으로 추정되며 호모 사피엔스의 직접 조상이라고 한다.

다음 시대의 인류 화석인 호모 사피엔스는 지혜로운 사람이라는 뜻이다. 네안데르탈인과 크로마뇽인이 이에 속한다. 20만 년 전에서 3만 년 전까지 살았던 네안데르탈인이 한때는 인류의 조상으로 생각되었으나 DNA 분석 결과 인류의 직접 조상은 아닌 것으로 판명되어 구인(舊人)이라고도 한다. 이들은 불을 사용했고 동물을 사냥했으며 매장 풍습이 있었고 동굴에서 살았다고 한다.

크로마뇽인은 호모 사피엔스 사피엔스, 신인(新人)이라고도 불리며 우리 인류의 직접 조상이다. 약 4만~3만 년 전 마지막 빙하기가 끝나갈 무렵 등장했다. 크로마뇽인은 생각을 하고 이 생각을 분명하게 전달할 수 있는 언어 능력을 가진 '슬기로운 사람'이었다. 이들은 사냥과 채집을 했으며 정교한 도구를 사용하여 라스코 동굴과 알타미라 동굴에 벽화를 그리는 등 예술 활동을 한 사람들이다.

생각과 언어의 기원

《생각의 기원》의 저자 토마셀로에 의하면 인류가 생각을 하고 언어를 사용한 것은 약 40만년 전부터였다고 한다. 호모 에렉투스의 시대이다. 그 무렵 인류는 뇌의 용량이 커지고 개체 수가 급격히 증가하면서 혼자 힘으로 식량을 구하기가 어려워졌으므로 함께 식량을 구하자는 생각을 전달하기 위하여 언어가 발생했다고 한다. 이 시기에 사용되었던 언어는 아마 원시적인 언어 수단 또는 비언어적인 의사 소통 수단 등 단순한 수준이었을 것이다.

약 20만 년 전 네안데르탈인의 시대가 되면서 협력 규모는 더욱 확장되고 생각과 언어도 획기적으로 진화하여 말을 통한 의사 소통 체계가 생겨났다. 생각을 하고 자신의 생각을 표현하는 말을 할 수 있었다.

말을 한다는 것은 한 개체가 다른 개체를 구별해서 알아본다는 것이다. 즉 인간은 무리 내에서 한 개체는 다른 개체들을 A, B, C로 구별해서 알 수 있었다. 부모 형제 자식 이웃 등 상대를 구분할 수 있었으며 친밀감, 사랑 등 감정도 느낄 수 있었을 것이다. 크로마뇽인에 이르러 생각과 언어는 가족과 이웃 등 집단 내 의사 소통과 집단 구성원 간 협동을 도왔으며 예술 활동도 하는 단계에 이르게 되었다.

2. 종교와 과학

영혼과 내세관

약 40만 년 전에 생겨난 '생각'은 친밀감, 사랑 등 감정과 함께 네안데르탈인에 이르러 의식, 정신, 마음, 영혼 등으로 진화해 있었다. 그런데 말이 통하고 감정이 통하던 부모 형제 자식 이웃 등의 개체가 죽게 되자 그 개체와는 여태까지 함께 해오던 활동을 아무것도 함께 할 수 없게 되었다. 즉 '죽음의 의미'를 알게 되었다. 그러나 그들은 죽은 자들과 함께 했던 '기억'을 가지고 있었으므로 그 기억 속에서 죽은 자들의 영혼이 아직도 그들과 함께 하는 것으로 여겼을 것이다.

몸은 죽어도 기억과 함께 영혼은 살아 있다. 그래서 약 20만 년 전에서 3만 년 전까지 살다가 멸종한 네안데르탈인들은 '기억 속에서 죽은 자들의 영혼과 함께 하기 위해' 부모 형제 등의 시신을 그들이 사용하던 물건들과 함께 매장하였다. 이러한 매장 풍습은 죽은 자들의 영혼이 사는 내세를 믿었던 증거로서 종교적 믿음이 생겨났음을 보여주는 증거라고 한다.

현생 인류의 직접 조상인 크로마뇽인에게서도 발견되는 이런 매장 풍습을 내세를 인식했던 종교적 믿음의 증거로 본다면, 인간의 종교 본능은 호모 사피엔스, 즉 네안데르탈인인 구인(舊人)과 함께 나타난 것이라고 볼 수 있다. 그들은 죽은 자들이 사후에도 사용할 수 있도록 생전에 사용하던 물건 등 생활에 필요한 물건들과 함께 매장했다.

자연 숭배의 원시 종교

생각을 하고 기억을 간직하며 감정과 의식, 영혼 개념 등을 가지게 된 인류는 자연 환경의 영향을 크게 받으면서 해와 달, 별 등에 대한 경이로움을 느끼며 그것들을 숭배하였다. 그것들은 인간의 능력을 훨씬 초월하는 힘을 가지고 있어서 세상의 모든 것들과 죽은 자들의 영혼까지도 관장한다고 생각하고 그들을 절대자, 즉 신으로 생각한 것이다.

인류는 약 1만 년 전, 즉 기원전 8000년경에 지구 각지에서 농경 생활과 정주 생활을 하게 되면서 각 지역의 초기 문명을 형성하기 시작하였다. 농업 혁명 시대, 엘빈 토플러가 말하는 제1물결의 시대이다. 이 시기에 이르러 죽음, 영혼, 제의식(祭儀式), 내세, 그리고 신 등 원시 종교의 요소들이 더욱 구체화되었다. 그들은 태양과 달 등 자연의 위대함을 깨달음과 동시에 그것들에게 신의 지위를 부여했다.

죽은 자들에 대한 장례 의식과 함께 그들은 자신들이 믿는 태양신 등을 경외하며 풍요와 다산을 기원하는 제사 의식을 올리기도 했다. 그리고 이런 의식(儀式)은 오늘날 우리가 말하는 애니미즘, 토템이즘, 샤머니즘 등의 형태로 발전하여 인간과 자연과 신의 상호 관계에서 나타나는 원시 종교의 근간을 이루고 있다.

도구의 사용

인류가 도구를 사용한 것을 과학의 시초라고 볼 수 있을까? 나는 그렇다고 생각한다. 약 250만 년 전의 원시 인류인 호모 하빌리스는 손을 사용하였다는 의미이고 이는 곧 도구를 사용하였다는 뜻이다. 이 시대부터 구석기 시대가 시작되었다고 한다.

구석기 시대라고 하더라도 아주 원시적인 석기 도구를 사용하였을 것이다. 예를 들어 돌을 던져서 짐승을 잡고 돌을 사용하여 죽이거나 부수거나 찧거나 하였을 것이다. 여하튼 도구의 사용은 자신의 손과 발 등 몸만을 사용했을 때보다 훨씬 더 힘이 세고 효율적이었다.

맨손으로 짐승을 잡는 것보다 단단한 돌로 짐승을 때리면 훨씬 더 힘이 강하다. 그러나 그들이 지금 우리가 알고 있는 것과 같은 힘의 원리를 알고 돌을 사용하였을 것 같지는 않다. 비록 이해하지는 못했지만 구석기 시대의 인류는 자연의 힘, 즉 자연 법칙을 이용한 도구를 사용하였다.

현재 우리는 도구를 사용하지 않고 맨몸으로 하는 일은 거의 없다고 할 수 있다. 요리하기 위해 마늘을 빻을 때 부엌칼 손잡이 뒤를 사용하여 찧는 것이나 지구 밖으로 우주선을 내보내는 것이나 모두 우주 대자연에 도도히 흐르는 자연의 힘, 자연 법칙, 즉 과학의 원리를 이용한 것이다.

자연 관찰의 원시 과학

생각을 하고 도구를 사용하는 등 모르는 사이에 자연의 힘을 이해하고 이용하게 된 원시 인류는 주위 자연에 대해서도 생각을 하게 되었다. 그리하여 약 3만 년 전의 크로마뇽인들은 태양, 달, 별 등 천체들에 대하여 경외심을 가짐과 동시에 그들의 움직임을 관찰하였다.

그 결과 그들이 주기적으로 움직인다는 사실을 발견하고 그 움직임을 동물의 뼛조각에 표시하였다. 그들은 자신들도 모르는 사이에 '시간'을 발견하고 그 시간의 흐름을 측정하는 단위까지 만들었다. 즉 약 1만 년 전부터 정주 생활을 하게 된 그들은 태음력, 태양력 등 달력을 만들어 이를 농경 생활에 적용하는 방법도 알게 되었던 것이다.

또한 자연을 관찰한 원시 인류는 자연의 변화와 움직임 등을 알게 되면서 경외심을 가지고 숭배함과 동시에 왜 그런지 그 이유를 찾기 시작했다. 태양, 달, 별들은 어떻게 생겨나게 되었을까, 우주는 그 시작이 있는가, 얼마나 큰가, 저절로 생겼을까, 누가 만들었을까, 사람은 어떻게 태어났는가, 죽으면 어떻게 되는가, 사람은 영혼이 있는가 등 형이상학적인 의문들이다. 이러한 의문들에 대해 그들은 당시의 수준에서 합리적인 가설을 세우고 설명하였다. 이것이 신화로 발전했다.

신화, 그리고 종교와 과학

구석기 시대 인류는 돌이라는 도구를 생활에 사용하였으며 동료 인간이 죽자 그의 영혼이 잘 살기를 바라면서 시신을 매장했다. 그들은 자신들 주위에서 일어나는 비, 구름, 천둥, 번개 등 기상 변화와 계절의 변화에 두려움을 느끼며 경외심을 가지고 숭배하였다. 동시에 이 자연 현상들을 관찰하여 주기적 활동을 기록하기도 하였다.

그리고 두려움과 관찰의 결과를 그 당시의 시각으로 설명하기 시작했다. 신과 신화가 탄생하게 되는 과정이다. 물론 오랜 세월 동안 이런 절대자 또는 신의 인식과 숭배, 그리고 자연 현상의 관찰에 이은 설명 시도 등이 다음 세대로 이어져 전해졌고 문자 시대에 이르러 기록되기 시작했다. 이를 현대의 시각으로 보면 종교와 과학과 생활이 서로 분리되지 않고 합일되어 있는 하나의 문명이다. 사실 분리될 수도 없었다.

이제 문명이 탄생하게 되었다. 문명의 4대 발상지를 비롯해 세계 거의 모든 나라가 창조 신화, 건국 신화 등을 가지고 있다. 우리나라에는 단군의 건국 신화가 있으며, 중국에는 옥황상제와 삼황오제 등의 신화가 있으며 하늘을 숭상한다. 인도에는 브라흐마, 비슈누, 쉬바 등 삼신이 세상을 창조, 발전, 괴멸하는 성주괴공의 윤회론이 있고 메소포타미아 문명의 조로아스터교와 유다교는 유일신을 믿었다. 이집트에서는 태양신을 숭배하고 태양력을 만들어 사용하였다.

이들이 믿은 절대자 또는 초월자인 신은 이 세상 모든 만물과 내세도 관장한다. 즉 신 또는 신들이 모르거나 할 수 없는 것은 아무것도 없다. 인류는 이 신의 힘을 빌려 이해하기 힘든 자연 현상들을 설명하려 하였다. 초기 인류들이 품었던 이와 같은 의문들에 대한 대답이 신이고 신화이다.

모든 문명에서 발견되는 가장 기본적이고 보편적인 신화는 이 세상은 어떻게 만들어졌을까를 설명하는 창조 신화이다. 이 창조 신화는 거의 모든 신화와 종교에서 나타나고 있다. 가장 대표적인 것이 바로 유다교의 창조 신화이다.

모든 창조 신화는 그것이 만들어질 당시의 인류 입장에서 이 세상의 탄생을 설명하는 최선의 가설이었다. 현대 과학에서도 자연 현상들을 규명하기 위해 먼저 가설을 세우고, 이 가설을 규명하기 위한 연구가 진행되어 정확한 증거를 통하여 가설이 인정되거나 폐기되는 과정을 거쳐 정설이 된다.

신화는 원시 종교의 전신임과 동시에 초기의 인류가 자연 현상들을 설명하려 시도했다는 점에서 과학의 전신이라고도 할 수 있다. 신화에서 과학으로 전환은 기원전 5~6세기경 그리스에서 집중적으로 일어났다.

당시의 자연 철학자들은 이 세상을 신화보다 좀 더 철학적, 과학적으로 설명하려고 시도했다. 그들은 이 세상이 변화무쌍하게 돌아가는 것처럼 보여도 그 속에는 질서가 있고 세상은 이해 가능한 법칙들에 따라 움직인다는 확신에 이르렀다. 그들은 모든 것이 설명 가능하며 엄격한 합리적 탐구를 통해 그런 설명을 찾아낼 수 있다고 믿었다.[47] 역시 가설이다.

종교와 과학의 발전

유라시아 대륙 4대 문명 발상지에서는 기원전 500년을 전후로 동시다발적으로 지식의 대폭발이 일어났다. 중국에서는 공자, 노자, 장자를 비롯한 제자백가들이 등장하였으며 인도에서는 브라만교, 힌두교에 이어 붓다가 불교를 일으켰다. 메소포타미아 문명에서는 일신교인 페르시아의 조로아스터교와 유다교가 나타났고 그리스에서는 소크라테스를 비롯한 여러 학자들이 자연 철학에 몰두하였다. 이러한 지식의 대폭발에서 수많은 종교적 믿음이 동시다발적으로 나타났다.

현재 세계의 대표적 종교는 크게 보아서 절대자로서 신의 존재를 부정하는 불교와, 유일신을 주장하는 유다교와 가톨릭을 포함한 그리스도교, 이슬람교, 그리고 여러 신의 존재를 믿는 힌두교와 민족 종교, 신에 대해서 말하지 않는 유교, 도교 등으로 나눌 수 있다. 그 근원을 살펴보면 불교는 그보다 앞선 힌두교로부터, 그리스도교는 그보다 앞선 유다교로부터 나왔다. 유교, 도교는 중국 백가쟁명 시대의 산물이다.

한편 현대적 개념의 과학의 탄생은 기원전 5세기경 그리스의 탈레스가 자석의 힘을 발견한 것을 그 시초로 보고 있다.[48] 지금까지 신의 힘을 빌려 신화적으로 세상 모든 것을 설명하던 방식에서 시선을 돌려 철학적, 과학적으로 만물을 보기 시작한 것이다.

당시 그리스에서는 이 세상의 근원을 탈레스는 물, 헤라클레이토스는 불, 아낙시메네스는 공기, 데모크리토스는 원자로 보았다. 특히 엠페도클레스는 이 세상의 근원을 한 가지 원소가 아니라 흙, 물, 불, 공기 등 4원소로 보았는데, 엠페도클레스의 4원소설은 비슷한 시기에 인도에서 일어난 윤회론의 오온 중 색을 이루는 사대인 지·수·화·풍과 완전히 일치한다.

그리스의 아리스토텔레스는 월식 때 달에 나타나는 지구의 그림자를 보고 지구가 둥글다는 사실도 발견하였다. 기원후 2세기경 프톨레마이오스가 천동설, 즉 지구중심설을 제창하였는데, 이 지구중심설은 이후 약 1,500년 동안 유일신교의 창조 이론을 완벽하게 지원하였다. 유일신인 야훼가 이 세상을 창조할 때 지구를 중심에 두고 해, 달, 별 등과 동식물들, 그리고 인간을 창조했다고 보았기 때문이다.

그리고 코페르니쿠스가 태양중심설을 제기한 16세기 이후 일어나기 시작한 과학 혁명은 갈릴레이, 뉴턴, 다윈 등으로 폭발적으로 이어지며 현대 과학의 기반을 확립하였다.

3. 과학과 불교

불교의 우주론

붓다는 우주는 무한한가 유한한가, 영원한가 영원하지 않은가와 같은 우주의 공간적 한계, 시간적 한계, 그리고 영혼과 사후 세계의 존재 여부 등에 대해 대답하지 않고 침묵을 지켰다. 붓다는 힌두교의 브라흐마, 비슈누, 쉬바 등 세상 창조, 유지, 파괴의 삼신은 인정하지 않았지만 성주괴공하는 힌두교의 우주론은 받아들였다.

따라서 불교의 우주론에서는 무한히 반복되는 우주의 성주괴공이 신의 개입 없이 스스로 이루어진다. 이 우주가 공간적으로는 구산팔해로 이루어진 소세계를 기초로 하여 소세계가 천 개 모인 소천세계, 소천세계가 천 개 모인 중천세계, 중천세계가 천개 모인 대천세계, 그리고 이 대천세계가 삼천 개가 모인 삼천대천세계로 이루어져 있다고 한다.

시간적으로 우주는 80겁에 이르는 성주괴공을 되풀이하는 무한한 우주이다. 즉 삼천대천세계로 형성된 공간적 우주를 이루는 데 20겁, 이 우주가 유지되는 데 20겁, 붕괴되는 데 20겁, 빈 상태인 채로 있는 데 20겁 등 한 번의 성주괴공에 80겁이 소요된다. 이 한 번의 성주괴공에 삼천대천세계가 성장하고 발전하다가 붕괴된다. 이런 성주괴공이 무시무종(無始無終), 즉 시작도 끝도 없이 무한히 되풀이된다는 것이 불교의 우주론이다.

현대 과학과 불교

불교의 우주론은 공간적으로는 삼천대천세계이고 시간적으로는 성주괴공의 무한한 윤회이다. 따라서 불교의 시각에서 보면 빅뱅으로부터 시작한 현대의 우주는 성주괴공의 한 주기가 진행되고 있는 것에 불과하다. 이러한 우주의 탄생과 소멸은 과거에도 수없이 있었고 미래에도 수없이 있을 것이다.

이런 불교의 우주관은 현대 과학의 우주 이론 중 하나인 진동 우주론과 완벽하게 일치한다. 진동 우주론은 우주가 팽창과 수축을 무한히 되풀이한다는 것인데 어느 시점에서 대폭발을 일으킨 우주가 팽창하다가 다시 수축되기 시작해 최소한도로 축소되었다가 다시 대폭발을 일으키는 과정을 끝없이 되풀이한다는 것이다. 역시 무시무종(無始無終)이다. 이 진동 우주론 역시 지금까지는 가설이다.

불교의 윤회론에 의하면 인간과 축생, 신들을 포함한 모든 중생은 지옥, 아귀, 축생, 아수라, 인간, 천계 등 육도를 윤회한다. 윤회하는 중생은 인간도 축생도 신도 될 수 있어 모두가 평등하므로 인류가 원숭이로부터 진화했다는 진화론에 대해 거부감이 없다. 또한 중생들은 시작도 없고 끝도 없이 무한히 윤회하며 신에 의해 창조되지 않았으므로 진화론과 부딪칠 이유도 없다.

다만 모든 중생들은 한 주기의 성주괴공이 끝날 때 모두 죽어 색계의 광음천에서 살다가 다음 주기의 성주괴공이 시작될 때 화생하여 또 윤회를 시작한다. 화생(化生)이란 자취도 없고 의탁할 곳도 없이 홀연히 생겨난다는 뜻이다.

또한 우주와 생물이 진화하는 과정은 모두 어떤 원인이 있어서 그 결과가 있다는 불교의 연기론과도 완벽하게 일치한다. 따라서 구산팔해나 육도윤회 등이 종교적 표현임을 감안한다면 불교는 현대 과학과 다툴 일이 없다.

4. 과학과 가톨릭

중세의 지구중심설

　기원전 4년에 예수가 태어나 유다인들만의 율법을 뛰어넘어 이방인들까지 포함하는 가르침을 펼치자 사도 바오로가 이를 전 인류를 대상으로 하는 보편적 교회, 즉 가톨릭으로 확장시켰다. 가톨릭이란 용어는 그리스어 'katholikos'에서 유래된 말로서 서기 100년경 안티오키아의 성이냐시오가 처음 사용하였다.

　313년 로마제국의 콘스탄티누스 황제가 가톨릭을 공인한 이후 가톨릭은 유럽의 교회가 되었다. 프톨레마이오스의 지구중심설이 가톨릭의 창조 이론과 부합하였으므로 중세의 유럽에서 종교와 과학의 갈등은 없었으며 오히려 '과학이 바로 신앙이었다'. 당시 과학과 종교, 즉 가톨릭의 완전한 일치를 뒷받침한 것은 '당신께서는 모든 것을 재고 헤아리고 달아서 처리하셨습니다'라는 성경의 한 구절이었다(지혜 11,20).

　미국의 저술가 낸시 브라운은 그녀의 책 《주판과 십자가》에서 위의 성경 구절을 언급하며 중세의 역사적 사실로부터 과학과 종교가 한 몸이었음을 밝혔다.[49] 그녀는 서기 999년에 교황이 된 당시의 과학자 실베스테르 2세의 일대기를 재조명했다. 과학자이면서 교황이었던 실베스테르 2세는 인도 및 아라비아의 수학과 과학을 연구하고 유럽에 소개했다.

주판을 사용한 셈법을 개발하여 널리 퍼뜨렸고 천문학에 통달한 그는 별들의 움직임을 보고 시간을 예측할 수 있었다. 0을 포함한 아라비아 숫자를 유럽에 처음 소개하였다. 이 모든 학문적 연구는 가톨릭의 수도원에서 고대의 책들을 필사하고 공부한 수도사들에 의해서 끊임없이 계속되었다. 따라서 과학과 가톨릭이 다툴 일이 없었다.

근대의 태양중심설

17세기에 접어들어 가톨릭과 과학은 다투기 시작했다. 갈릴레오 갈릴레이가 그동안 가톨릭을 완벽하게 지원해 왔던 지구중심설 대신 태양을 중심에 둔 태양중심설을 주장함으로써 가톨릭의 창조론을 한꺼번에 무너뜨렸기 때문이었다. 즉 1610년경 갈릴레이는 망원경으로 별들을 관찰하여 코페르니쿠스가 제기한 태양중심설을 확실하게 뒷받침하였고 결국 갈릴레이는 1633년에 파문을 당했다.

2백여 년 뒤인 1850년에는 찰스 다윈이 인간은 원숭이의 후손이라는 진화론을 발표하자 인격신인 유일신 야훼가 이 세상과 인간을 창조했다고 믿고 있던 가톨릭교회는 다시 한 번 큰 충격을 받았다. 이후 가톨릭을 포함한 그리스도교계와 과학은 상호 극심한 반목이 지속되었고 가톨릭은 과학이 발전함에 따라 신자 수도 급감하는 위기에 접어들었다.

동시에 그리스도교계의 많은 과학자들은 창세기의 내용을 현재의 과학적 시각에 맞추려 부단한 노력을 기울였고 지적 설계론, 창조 과학 등으로 이를 합리화하려 시도하기도 했다. 미국에서는 초등학교 학생들의 교과서에 이를 삽입하려 시도하다가 미국 법원의 판결로 중단되기도 했다.

화해의 시작

과학과 가톨릭의 화해는 1936년 교황 비오 11세부터 시작되었는데, 그는 교황 클레멘스 8세가 1603년에 처음 설립했었던 교황청 과학원을 재설립했다. 아마추어 천문학자였던 후임 교황 비오 12세는 1929년 빅뱅 우주론이 탄생한 이후 1950년과 1951년 두 차례에 걸쳐 진화론과 빅뱅 우주론 등이 가톨릭 신앙과 모순되지 않는다고 역설하였다.

그는 1950년에 발표한 회칙에서 진화론을 '충분히 숙고할 만한 가치가 있는 하나의 진지한 가설'로 여기면서, 진화론과 가톨릭 신앙은 양립할 수 있다고 선언했다. 다만 한 가지 전제 조건을 분명히 하는데, 그것은 인간의 영혼에 관한 것이었다.

즉 인간의 육체는 그 이전의 생물체에 기원을 두고 있다 하더라도 그 영혼은 하느님이 직접 창조한 것이라는 점을 강조하였다. 이 점을 분명히 한다면 진화와 신앙 교리 사이에 아무런 대립도 없다고 규정했다. 사실 생명체 탄생의 궁극적 비밀은 아직 밝혀지지 않고 있다. 이어 1년 뒤인 1951년 비오 12세는 교황청 과학원에서 행한 연설에서 빅뱅 이론을 수용하면서 다음과 같이 말했다. "우주의 창조와 진화를 설명하는 현대 과학은 종교와 모순되지 않습니다. … 과거에 경솔하게 선언했던 것과는 달리, 진정한 과학은 진보할수록 그만큼 더 하느님을 발견하게 됩니다. 마치 과학이 새로운 문을 열 때마다 하느님이 그 뒤에서 기다리며 지켜보고 계신 듯합니다."[50] 빅뱅 우주론에서는 시간이 최초의 특이점에서부터 시작되었으므로 가톨릭의 입장에서는 이를 천지 창조와 결부시킬 수 있게 된 것이다.

현대 과학의 수용

비오 12세의 후임인 제261대 교황 요한 23세는 1962년에서 1965년까지 제2차 바티칸공의회를 개최하였다. 공의회는 교회 내에 이견이 있을 경우 이를 통일하기 위해 전 세계의 주교들이 모여 신앙과 윤리, 규범 등에 관해 결정하는 가톨릭교회의 최고 회의체로서 325년 니케아공의회를 시작으로 제2차 바티칸공의회까지 스물한 번 개최되었다.

이 제2차 바티칸공의회를 통하여 가톨릭교회는 현대 과학의 이론을 수용함으로써 과학과 가톨릭의 관계에 대변혁이 일어났다. 현대 과학에 대해 제2차 바티칸공의회의 문헌에서는 다음과 같이 말한다.

"현재의 가톨릭교회는 갈릴레이 이후 한때 성경을 근거로 과학적 지식을 경계한 적이 있었음을 부인하지 않는다. 그러나 모든 분야의 방법론적 탐구가 참으로 과학적인 방법으로 도덕 규범에 따라 이루어진다면 결코 신앙과 대립할 수 없을 것이다. 세속 사물이나 신앙의 실재는 다 똑같은 하느님에게서 그 기원을 이끌어 내기 때문이다. 오히려 겸허하고 항구한 마음으로 사물의 비밀을 탐색하려고 노력하는 사람은 의식하지는 못하더라도 만물을 보존하시고 있는 그대로 존재하게 하시는 하느님의 손에 인도되고 있는 것이다."⁵¹

진화론과 빅뱅 이론에 대한 가톨릭의 입장은 다음과 같다.
"우주는 팽창하고 있다. 그 시간을 거슬러 올라가면 언젠가는 태초, 과학자들이 이야기하는 특이점이 있을 것이다. 그들은 그 태초를 137억 년 전으로 계산했다. 빅뱅 우주론은 이 태초 이후 우주의 진화 과정을 설명한다. 교회는 그 신비에 잠긴 태초, 즉 특이점을 하느님의 창조 과정으로 본다.

진화 역시 마찬가지이다. 진화는 46억 년 나이의 지구 위에 펼쳐진 생명의 역사를 설명한다. 교회는 그 생명의 탄생이 바로 하느님의 작품이며, 하느님이 불어넣은 숨결임을 강조한다. 진화는 생명의 탄생 이후의 과정인 것이다. 결론적으로 가톨릭교회는 빅뱅 우주론이나 진화론을 포용하지만, 두 이론의 옳고 그름에 대한 어떤 판단을 내리는 것은 아니다. 다만 두 이론이 모두 창조를 전제로 하고 있기에 가톨릭 신앙과 배치되지 않는다는 점을 분명히 한 것이다."⁵²

다시 말하면 아직까지 과학이 밝혀내지 못한 빅뱅 우주론의 태초, 즉 특이점의 탄생과 생명체의 탄생을 하느님의 창조로 귀결시킨다.

분쟁의 끝⁵³

한편 1633년에 지동설, 즉 태양중심설을 주장해서 가톨릭으로부터 파면되었던 갈릴레오 갈릴레이는 1992년 교황 요한 바오로 2세에 의하여 359년 만에 공식적으로 복권되었다.

교황 요한 바오로 2세는 1979년에 자신이 발족시켰던 특별위원회의 최종 보고를 받는 교황청 과학원 공식 회의에서 갈릴레이에 대한 교적 회복을 공식 선언하면서 '지난날의 유죄 판결은 고통스런 오해와 다시 되풀이되어서는 안 될 가톨릭교회와 과학 간의 비극적인 상호 이해 부족에서 비롯된 것'이라고 강조했다. 이로써 과학과 가톨릭 사이에 벌어졌던 역사적 분쟁은 종지부를 찍었다.

교황은 20명의 추기경이 참석한 특별 위원회에서 갈릴레이가 최초로 망원경을 사용해 지구의 공전과 자전을 확인하는 업적을 세웠다고 칭찬했다. 교황은 또한 갈릴레이를 파문한 심문관들도 당시 알려져 있던 일반적 지식에 따라 행동한 것이라고 옹호하면서 '지구가 우주의 중심이라는 것을 확신한 당시 신학자들의 잘못은 물질 세계 구조에 대한 이해를 성서적 해석에만 의존한 데 있었다'고 덧붙이기도 했다. 이와 관련해 요한 바오로 2세는 '정기적으로 새로운 과학적 지식을 받아들여 검증하고 교육에 반영하는 일이 신학자의 의무'라면서 '과학적 발견이 신앙과 충돌할 때 목자들은 불확실한 태도와 우유부단이라는 이중의 함정에 빠지지 말고 진정한 대담성을 보여 줄 준비를 해야 한다'는 지침도 강조했다.

5. 종교, 과학, 종교인

종교가 종교인 이유

　종교(宗敎), 즉 으뜸 가르침의 사전적 의미는 신 또는 초자연적인 존재를 우주와 사람의 지배자이며 인도자로 믿고 복종하면서, 일정한 의식을 통하여 예배하며 일정한 윤리나 철학의 기본으로 삼는 것이다. 우주와 인간을 지배하는 신 또는 초자연적인 절대자를 믿는다는 것이다. 그리고 이 신 또는 초자연적인 절대자는 인간의 윤리적 삶과 영혼의 삶인 내세까지도 관장한다.

　종교라는 단어는 1869년 독일과 일본이 통상 조약을 맺을 때 조약문에 들어있는 렐리기온(religion)이라는 용어를 개념을 풀이해 번역한 것이다. 이 단어는 라틴어의 '다시 연결하다'라는 뜻을 지닌 'religio'에서 파생된 것인데 초기 가톨릭 신학자였던 락탄티우스가 해석하였다고 한다.

　당시는 가톨릭교회가 로마로부터 공인받은 이후였으므로 락탄티우스의 해석은 당연히 신과 인간 사이의 단절된 관계를 다시 이어준다는 가톨릭을 지칭한 것이었다. 이후 서구 사람들은 세상에 올바른 종교란 오로지 가톨릭밖에 없는 줄로 알았으며 18세기가 되어서야 비로소 religion을 다른 종교까지 포함하는 개념으로 사용하게 되었다.

한편 한자 문화권인 동북아에서는 인도에서 전래된 불교와 함께 유교, 도교를 합쳐 삼교(三敎)라고 불렀는데, '중요한 가르침' 또는 '으뜸 가르침'이라는 의미의 종교(宗敎)라는 말이 나타난 것은 송대(宋代)였다고 한다.[54]

이와 같이 종교란 동서양을 포함하는 으뜸 가르침으로서 현생 인류 때부터 우리 인간의 삶의 한 부분이 되어왔다. 자연을 경외한 현생 인류는 그들의 생활 자체가 신화와 종교와 과학이 혼재되어 함께 하는 것이었으나 문명의 발달과 함께 신화 속에서 함께 나타난 종교와 과학이 점차 분리되기 시작하였다.

또한 종교 자체도 힌두교와 같은 다신교, 유다교와 가톨릭 같은 유일신교, 불교와 같은 무신교 등 발생 지역에 따라 다양하게 나타났다. 그러나 16세기경부터 발전하기 시작한 과학 혁명으로 신과 종교의 영역은 점차 좁아지는 반면 과학의 영역은 크게 늘어나게 되었고 급기야는 종교와 과학이 앙숙처럼 다투며 종교인의 수가 급격히 줄어드는 상황에 이르렀다.

그럼에도 불구하고 종교가 종교인 이유는 종교의 가장 핵심인 사후 세계와 신과 영혼의 존재 유무 등의 가설에 대해서 과학이 증명할 수 있는 것이 없기 때문이다. 그리고 현재까지 과학이 사실로서 확인할 수 없는 신의 존재와 영혼의 존재, 그리고 내세를 믿으며 윤리적으로 인생을 경건하게 삶으로써 사후에는 신을 만나겠다는 많은 종교인이 있기 때문이다.

오늘날까지 현생 인류 시대의 원시 생활을 하고 있는 몇몇 부족들을 연구한 결과, 그들에게는 최고신이 존재한다는 관념이 있으며, 또 그 신에게 예식을 드리며 상당히 높은 윤리 생활을 하면서 종교를 신봉하고 있는 사실이 발견되기도 했다.[55]

과학이 과학인 이유

도구를 사용하기 시작한 호모 에렉투스 이래 호모 사피엔스로 불리는 현생 인류는 자연을 경외함과 동시에 자연 현상을 당시의 수준에서 합리적으로 설명하기 위하여 가설을 세웠다. 그러나 그들은 그 가설을 실험하고 증명하고 증거를 찾을 수는 없어서 그대로 믿었다. 신화를 만든 것이다.

과학과 함께 태어난 종교가 힌두교에서 불교, 유다교에서 그리스도교로 거듭 태어나 중국과 로마제국의 정신적 지주로 발전하는 동안 과학은 숨을 죽이고 있었다. 드디어 16세기경 과학 혁명이 폭발적으로 일어났다. 그러나 가톨릭을 포함한 유일신교는 과학을 받아들이지 않았다.

코페르니쿠스에 이어 지동설을 주장한 갈릴레오 갈릴레이는 파문을 당하고 연금되었으며 독실한 신자였던 뉴턴은 자신의 머리 위에 떨어진 사과에서 힌트를 얻어 만유인력의 운동 법칙을 발견하였지만 이 모든 것을 신의 영광으로 돌려야 했다.

인간은 원숭이에서 진화했다는 다윈의 주장에 그리스도교는 큰 충격을 받았고 과학과 다투기 시작했다. 그러나 우주가 한 특이점에서 대폭발을 일으켜 지금까지 팽창해 왔다는 빅뱅 이론은 가톨릭의 창조론을 뒷받침하기에 충분했다.

마침내 가톨릭은 빅뱅 우주론과 진화론을 받아들이고 과학과 화해하였다. 다만, 과학이 아직 밝히지 못한 빅뱅 우주론의 특이점과 진화론의 생명의 기원은 하느님의 작품으로 돌린다.

그러나 과학은 이 순간에도 특이점과 생명의 기원을 밝히기 위하여 최선을 다하고 있다. 그것이 바로 과학이 과학인 이유이다.

종교와 과학의 미래

호모 사피엔스인 현생 인류 시대부터 함께 해온 과학과 종교는 미래에도 영원히 함께 할 것인가?

위대한 물리학자 아인슈타인은 종교와 과학에 대해 이런 말을 했다. '종교 없는 과학은 불구이고 과학 없는 종교는 장님이다.'[56] 이 말은 종교가 제시하는 윤리적 기준이나 가이드라인이 없다면 과학은 제 역할을 할 수 없고 자연에 대한 과학의 실체적 규명이 없으면 종교는 방향을 잃을 것이라는 의미인 것 같다. 과학이 발전하지 못했을 때 종교가 미신적 상태일 때도 있었음을 떠올리면 이해가 될 듯하다.

히브리대학교 역사학과 교수인 유발 하라리는 그의 책《호모 데우스》에서 미래의 역사를 예측했다. 호모 데우스란 신적 인간이란 의미로 호모 하빌리스, 호모 에렉투스, 호모 사피엔스에 이어 앞으로 진화할 인간의 모습을 예측한 것이다.[57] 호모 데우스, 즉 신적 인간, 신과 같은 인간이란 현재의 인간 기대 수명 백 세를 훨씬 넘어 오백 세까지 살거나 또는 불멸하는 인간을 의미한다. 신적 인간이라고 해서 그리스도교의 하느님처럼 전지전능한 인간을 의미하는 것은 아니다. 그리스 신이나 힌두교, 불교의 신처럼 감정도 있고 사랑도 하고 질투도 하는, 그러나 오래 살면서 좀 더 업그레이드된 인간을 의미한다. 인간을 신으로 업그레이드하는 방법에는 세 가지가 있는데 그것은 바로 생명공학과 사이보그 공학(인조인간 만들기), 그리고 비유기체 합성이다.[58]

그러면서 유발 하라리는 인류의 다음 목표는 불멸, 행복, 신성이 될 것이라고 예측한다. 우리는 생명이 있는 것은 모두 죽는다고 알고 있다. 하루살이부터 인간까지 하루를 살거나 백 년을 살거나 다 죽는 것이다. 그러나 유발 하라리에 의하면, 현대 의학과 생명과학과 인공지능 및 사이보그 공학 등 각종 기술의 발달로 인하여 인간의 수명은 백 세를 넘어 오백 세, 아니 영원히 살 수도 있을 것이라고 예측한다. '현대인에게 죽음은 해결할 수 있고 해결해야만 하는 기술적 문제'가 되었다고 그는 말한다. 이 기술적인 문제를 해결하기 위하여 미국의 인터넷 검색 엔진 회사인 구글은 2012년에 '죽음 해결하기'를 창립 목표로 하는 '칼리코(Calico)'라는 자회사를 설립했다.[59]

오늘날 우리가 병원에서 매년 건강 검진을 받듯이 인간은 대략 10년마다 한 번씩 병원에서 개조 시술을 받을 것이라고 한다. 즉 단순히 질병을 고치는 데에 그치지 않고 노화하는 조직을 재생시키고 손, 눈, 뇌 등의 성능을 높일 것이다.

노화한 장기는 인공 장기로, 사고를 당한 인간의 수족은 인공지능으로 제어하는 대체 수족으로 교체될 것이다. 호모 데우스, 즉 신과 같이 영원히 사는 것도 불가능하지 않을 것이다. 이것이 유발 하라리가 예상한 '미래의 역사'이다.

그러나 아무리 과학 기술이 발전해도 죽은 사람을 되살리지는 못한다. 사후 세계에서 그들을 다시 데려올 방법이 없기 때문이다. 여기서

부터 종교가 개입하게 된다. 종교는 하느님이 입김을 불어넣어 창조한 인간들이 사는 동안의 윤리적 목표를 제시할 뿐만 아니라 사후 세계를 살아가는 인간의 영혼 문제를 다루기 때문이다. 신화 속에서 종교와 과학이 함께 태어났듯이 인간의 죽음이라는 문턱에서 종교와 과학은 다시 영원히 함께할 것이다.

종교의 과학 수용, 과학의 종교 존중

그러므로 종교는 현실 세계의 자연 현상을 규명하는 과학에 대하여, 증거로 확인된 과학적 결과를 받아들여야 한다. 초기 인류 시대에 신화로 설명한 자연 현상들이 당시에는 최선의 설명이었다. 현 시점에서는 과학이 증명한 자연 현상들이 신화와 다르다 하더라도 증명된 과학적 결과에 대해서는 인정하고 받아들여야 한다. 종교적 관심은 현실 세계에 있는 것이 아니라 죽음 후의 영혼과 내세와 신에 있기 때문이다.

과학은 논리적, 합리적으로 증거를 가지고 이 세상의 자연 현상들을 설명하는 것이다. 과학이 지금처럼 발전하지 못했던 초기 인류도 당시의 수준에서 논리적, 합리적으로 자연 현상들을 설명했다. 그것이 종교적 신화이다. 후세에 과학의 급속한 발전으로 과거의 신화들이 가설을 벗고 확실한 증거로 확인된 실체가 나타나기 시작했다. '신이 세상을 창조했다'거나 또는 '신이 이렇게 만들었다' 하는 신의 역할이 대폭 줄어들었다. 아니, 신의 존재를 부정한다. 그럼에도 불구하고 과학은 종교의 주 대상인 죽음 이후의 세계에 대해서 아직 어떠한 증명도 하지 못하고 있다. 신과 영혼, 내세의 존재 유무는 과학의 영역이 아니다.

초기 인류 시대부터 그래왔듯이 앞으로도 종교와 과학은 영원히 함께 할 것이다. 그러므로 종교와 과학은 서로 상생하여야 한다. 종교는 초기 인류 시절의 신화를 과학이 확실한 증거로 새로이 증명하였다면 이를 수용하여야 한다. 과학은 종교가 믿고 있는 신과 영혼, 사후 세계를 과학으로 증명하지 못하는 한 종교를 존중하여야 한다. 종교와 과학은 서로 관심 분야가 다르기 때문이다.

보편타당한 종교는 없다

나는 종교를 통합하는 방법에 대해서 고민한 적이 있다. 종교는 죽음과 영혼과 내세와 신을 믿는다고 했다. 2015년 기준 전 세계 인구의 84%가 종교인이라고 하는데 그들의 종교는 다양하다. 그리스도교 32%, 이슬람교 25%, 힌두교 15%, 불교 7%, 기타 종교인이 5%라고 한다. 종교가 없는 사람은 16%이다.

이들 종교의 공통점은 초월자의 존재를 믿는 것이다. 그리고 그 초월자에 대한 예배 의식이 있다. 세상에서 윤리, 도덕적으로 착하게 살면 죽어서 영혼이 초월자의 도움으로 영생을 얻게 된다. 영혼이 사는 내세가 있다. 불교는 초기불교 시대에는 붓다를 완전한 인간으로 보고 존경하고 붓다에 귀의하였지만 대승불교 시대에 와서는 붓다를 초월자로 신격화하는 경향이 있다.

그러면 차이점은 무엇인가? 숭배하는 초월자를 달리 정의한다. 가톨릭을 포함한 그리스도교는 인격신인 유일신을 믿고 이슬람교는 알라를 유일신으로 숭배하며, 힌두교는 다신교로서 여러 신을 숭배한다. 불교에서는 초월자로서 신을 배격하는 대신 각 개인이 깨달음에 이르면 모두 붓다가 된다고 한다.

또한 초월자에 대한 예배 의식이 다 다르다. 가톨릭에서는 미사를 드리고 개신교에서는 예배를 본다. 불교에는 법회가 있고 이슬람교는 매일 다섯 번씩 메카를 향해 절을 한다. 숫자가 적어 앞의 종교 분류에는 기타 종교로 분류되었지만 우리에게 익숙한 유교에서는 조상들에게 제사를 지낸다.

초월자의 존재를 믿으며 영혼과 내세를 인정하는 공통점이 있음에도 수천 년 동안 다른 문화권에서 발달해온 종교를 통합하기는 어려울 것 같다. 아니, 인류가 존속하는 한 종교의 통합은 불가능하다. 오히려 세상의 종교는 통합이 아니라 계속 분파되어 왔다.

브라만에서 힌두교, 힌두교에서 불교, 불교는 다시 대승불교, 소승불교, 원불교 등으로 나뉘었다. 유다교에서 발전한 가톨릭이 로마 가톨릭과 동방정교회로 나뉘고 로마 가톨릭에서 개신교가 분파되고 개신교는 루터교, 감리교, 장로교, 침례교, 성결교 등 또 수많은 갈래가 있다.

종교인들은 자신이 믿는 종교만이 바른 종교이고 다른 종교는 모두 이단이라고 생각하는 경향이 있다. 그래서 다른 종교를 폄훼하고 다른 종교의 성물이나 성전을 훼손하는 일이 가끔 일어나기도 한다. 그러면 과연 어느 종교가 보편타당한가?

앞에서 '보편적'이란 의미는 '모든 사람이 모든 시대에 모든 장소에서 믿어온 것'이라고 정의했다. 이런 기준으로 볼 때 지구상의 현재 73억 인류를 대상으로 모든 사람이 모든 장소에서 모두 함께 믿는 '보편타당'한 종교는 없다.

앞의 정의에 맞는 '보편적'인 것이 있다면, 나는 그것은 생명체의 '죽음'이라고 생각한다. 그야말로 말 그대로 '모든 시대와 모든 장소에서 모든 사람에게' 적용되기 때문이다. 예외는 없다.

또 하나 '보편적'인 것이 있다면 그것은 '자연 법칙'이라고 생각한다. 사과를 땅으로 떨어지게 하고 물이 아래로 흐르게 하는 만유인력이나 우주선을 태양계 밖으로 날려 보내는 자연 법칙은 우주 탄생 이래 지구상의 모든 인류뿐만 아니라 전 우주에 모두 공통적으로 적용되기 때문이다.

이웃 종교 존중

이처럼 수많은 종교 중 '보편타당'한 종교는 없으니 어느 종교인이 "나의 종교는 보편타당하니 다른 사람들이 나의 종교를 믿게 해야 한다"고 주장하는 것은 아닌 것 같다. 어느 종교도 '보편타당'하지 않은 이상, 나의 종교가 중요한 만큼 다른 사람의 종교도 중요하므로 서로 존중하는 것이 중요하다. 물론 종교를 가지지 않은 사람이나 무신론자도 그들의 신념을 존중해야 한다.

초등학교 시절, 친구들과 서로 집을 오가면서 놀았다. 친구 집에 놀러 가면 우리는 먼저 친구의 아버님께 인사를 드리고 난 뒤에 본격적으로 놀기 시작했다. 친구 아버님께 드리는 인사는 친구들이 우리 집에 놀러 왔을 때에도 마찬가지였다.

이렇게 친구 집을 방문해보면 친구네 집은 집의 위치나 모양이나 아버지의 직업, 집의 크기나 방의 배치, 화장실 위치, 가구 배치 등등이 우리 집과 달랐다. 할머니 할아버지가 계신 집도 있고 아버지가 안 계신 친구도 있었다. 그러나 그 누구도 '우리 집은 이런데, 너네 집은 왜 그러냐?' 하면서 친구를 타박하는 사람은 없었다. 그냥 친구네 집과 우리 집은 가족이 생활하는 곳이라는 것은 같지만 집의 형태는 서로 다르기 때문이다.

종교인들도 마찬가지이다. 대상으로 모시는 초월자가 다르고 예배 의식이 다르다 할지라도 인간의 윤리적, 도덕적 삶을 중시하고 영혼의 존재와 사후 세계를 믿는 신앙은 같다. 친구 아버님께 절을 드리듯이 이웃 종교를 존중하고 인사를 드리는 것이 전혀 죄가 되거나 자신의 종교 교리를 위반하는 것은 아닌 것 같다.

이웃 종교와 대화

종교 간 대화를 주제로 하는 단체도 있고 각 종교의 고위 성직자들은 화합을 위해 정기적으로 모이기도 한다. 그리고 환경 문제에 공동 대응하는 등 종교 이외의 공통 주제로 여러 종교인들이 모여 합동 행사를 하기도 한다. 각 종교 대표자들의 이런 모임이 자주 개최되고 종교인들이 함께하는 행사가 자주 열릴수록 종교인들의 사이는 더 가까워질 것이다.

각 개인인 종교인들도 서로 존중하는 방법이 있다.
일단 나의 종교만이 옳은 종교이고 보편타당한 종교라는 생각을 바꿀 필요가 있다. 다른 종교는 옳지 않은 종교가 아니라 신앙은 같지만 신앙의 형태가 다른 이웃 종교일 뿐이다. 수천 년 전통을 이어 온 여러 명문 가문과 같다고 할 수 있다.

또한 종교적 입장에서 현대 과학이 이룬 성과를 수용하는 것이 바람직하다. 인터넷으로 지구촌이 하나가 되고 호모 사피엔스가 호모 데우스로 발전할 것이라고 예측할 정도로 현대 과학이 발전했는데, 우주론과 진화론이 틀렸다고 주장하는 것은 아닌 것 같다.

이웃 종교와 대화하기 위해서는 우선 자신의 종교에 대한 신앙을 더 충실하게 확립하고 이웃 종교에 대해서도 믿지는 않더라도 자신의 종교 못지않게 공부할 필요가 있다. 서로 알고 나면 이해하고 대화하기가 훨씬 쉬워질 수 있다.

그리고 다른 종교에서 신성시하는 성물이나 성전, 전례에 대해서 기본 예의를 갖추는 것이 필요하다. 가톨릭 신자가 사찰에 들러 스님을 만난다면, 합장 인사를 한다고 해서 그것이 나의 종교에 대한 결례가 될까? 상대 종교에 대해 예의를 지키는 것이 이웃 종교 존중의 기본이다.

혹시 종교적 주제로 얘기를 할 경우에는 용어 선택을 신중히 해야 할 것이다. 단어 하나로 상대편에게 큰 상처를 줄 수 있기 때문이다. '절대로', '아주', '완전히', '지극히' 등과 같은 극단적인 부사 하나가 상대편을 자극하게 된다. 또한 서로 같은 부분, 다른 부분을 비교한다고 하면서 은연중에 비판적 단어를 사용할 수도 있으니 상대 종교와 대화하고 싶다면 단어 선택에도 주의할 필요가 있다.

각 개인은 각자가 하나의 소우주인 것처럼 모두 다르다. 모두 다르지만 이웃한 두 집안이 서로 사이좋게 살아가는 것처럼, 이웃 종교들도 서로 사이좋게 각자 신앙을 지키며 살아가기를 바라는 마음이다.

닫으며

나는 어릴 때 가톨릭 신자가 되어 있었다. 부모의 영향으로 유아세례를 받았기 때문이다. 초등학교에 들어가기 전 어린 나이에 눈이 내린 겨울에도 형들을 따라 2㎞ 정도 떨어진 성당으로 매일 새벽 미사를 다녔다. 손발이 시려 동동 구르면서도 가야만 하는 줄 알았다. 초등학교 때부터 중학교 때까지 성장하면서는 집과 학교와 성당 왕복이 나의 주된 생활이었다.

등교하기 전 순서에 따라 새벽 미사에 복사를 섰고 주말이면 학생 교리반과 학생 미사에 참석하였다. 교리 교사 수녀는 우리에게 다른 종교에 대해 불교는 이웃 종교이고 개신교는 우리와 갈라진 형제라고 했다. 비록 생각이 달라서 갈라졌지만 같은 부모에게서 태어난 형제라고 배웠으니, 어릴 때부터 나는 이웃 종교와 갈라진 형제 등 다른 종교에 대한 거부감은 없었다.

고향에서 중학교를 마치고 개신교 재단 고등학교로 진학을 했다. 매일 아침 조회 시간에 개신교식 기도를 드리는 것으로 일과가 진행되었다. 기도 인도는 번호순으로 돌아가며 맡았는데, 차례가 되면 나도 개신교식 기도를 인도했다. 가톨릭에서 기도 전후에 성호경 긋는 것을 제외한다면, 하느님께 기도 드리는 것은 가톨릭이든 개신교든 같지 않은가?

타 종교에 대한 이러한 나의 생각은 이후에도 변하지 않았다. 친척이나 직장 동료, 친구의 자녀 결혼식이 개신교식으로 진행되면 나는 같이 기도하고 찬송가도 부르며 결혼 예배에 참여했다. 친구들과 등산을 함께 가 사찰에 들렀을 때, 불교를 믿는 친구가 붓다에게 절을 하면 나도 함께 오체투지를 하며 붓다에게 절을 했다. 이웃 종교의 어른에게 존경을 표하는 마음이다.

그 후 나는 혹시 가톨릭 신부는 그에 대해 어떻게 생각하는지, 내가 죄를 지은 것은 아닌지 고해성사를 본 적이 있다. 신부는 붓다를 믿는 것이 아니라 존경하는 마음으로 절을 했다면 그것은 죄가 되지 않는다고 했다. 신부도 나와 같은 생각이었던 것이다.

내가 붓다에게 오체투지 절을 한 것은 신앙으로서 붓다에게 귀의한다는 의미가 아니라 이웃 종교의 어른께 그 종교의 예법에 따라 드린 인사이다. 어릴 적 친구 집에 놀러갔을 때 친구 아버님께 절을 드린 것과 같은 것이다. 그리고 초기불교에서 얘기하듯이 붓다는 신이 아니고 인간이므로 나 이외의 신을 섬기지 말라는 하느님의 말씀을 거스른 것도 아니다.

많은 교양 과학 서적들을 읽고 학교에서 배운 과학적 사실들을 받아들임에도 불구하고, 그리고 수많은 이웃 종교가 있음에도 불구하고, 내가 현재 나의 종교를 가지고 있고 신의 존재를 믿는다면 그것은 나의 선택이다. 그리고 내가 나의 선택을 한 것처럼 다른 사람의 선택도 존중한다.

가톨릭을 믿었던 부모님의 영향으로 어렸을 때 유아세례를 받았지만 지금 현재 내면의 내 자아가 나에게 신, 즉 하느님을 믿으라고 말하므로 나는 하느님을 믿는다.

　내가 신을 믿는 것은 내가 신이 존재한다고 느끼기 때문이고 신이 있다고 내 가슴이 말하기 때문이고 신이 가르쳐 준 대로 살고 싶기 때문이다. 이 세상에서 가장 '보편타당'한 육신의 죽음 뒤에는 영혼이 사는 내세도 있다고 믿는다.

　그러므로 내 무덤의 비문을 지금 쓴다면 나는 이렇게 쓰겠다.

　"영원한 행복, 지금부터 시작이다!"

미주

1 와타나베 쇼코, 《불타 석가모니》, 법정 옮김, 문학의숲(2010), 32쪽
2 와타나베 쇼코, 《불타 석가모니》, 법정 옮김, 문학의숲(2010), 17쪽
3 와타나베 쇼코, 《불타 석가모니》, 법정 옮김, 문학의숲(2010), 17~25쪽 〈1. 전생 이야기〉를 자유롭게 요약하였음
4 한국천주교주교회의, 《주석 성경 신약 1 : 마태오 복음서》, 한국천주교중앙협의회(2013), (마태 1,21)의 주석
5 케네스 첸, 《불교의 이해》, 길희성·윤영해 옮김, 분도출판사(2009), 27~29쪽
6 한국천주교주교회의, 《주석 성경 신약 3 : 루카 복음서》, 한국천주교중앙협의회(2013), (루카 3,1)의 주석
7 피터 왓슨, 《생각의 역사 I》, 남경태 옮김, 들녘(2009), 351~352쪽
8 와타나베 쇼코, 《불타 석가모니》, 법정 옮김, 문학의숲(2010), 40~42쪽
9 와타나베 쇼코, 《불타 석가모니》, 법정 옮김, 문학의숲(2010), 319, 376, 379쪽
10 한국천주교주교회의, 《주석 성경 신약 1 : 마태오 복음서》, 한국천주교중앙협의회(2013), (마태 1,17)의 주석
11 한국천주교주교회의, 《주석 성경 신약 1 : 마태오 복음서》, 한국천주교중앙협의회(2013), (마태 1,17)의 주석
12 '동방박사, 그들은 누구인가?' 〈가톨릭신문〉 2014-01-05. [제2877호, 9면] https://m.catholictimes.org/mobile/article_view.php?aid=258950&params=page%3D5%26acid%3D12%26top%3D9
13 와타나베 쇼코, 《불타 석가모니》, 법정 옮김, 문학의숲(2010), 53~54쪽
14 고익진, 《한글 아함경》, 담마아카데미(2017), 57~64쪽
15 붓다의 수행 이야기는 와타나베 쇼코, 《불타 석가모니》, 법정 옮김, 문학의숲(2010), 122~139쪽을 재구성하였음
16 와타나베 쇼코, 《불타 석가모니》, 법정 옮김, 문학의숲(2010), 151~160쪽을 재구성하였음
17 와타나베 쇼코, 《불타 석가모니》, 법정 옮김, 문학의숲(2010), 171~173쪽을

재구성하였음

18 와타나베 쇼코, 《불타 석가모니》, 법정 옮김, 문학의 숲(2010), 187~207쪽을 재구성하였음
19 한국천주교주교회의, 《주석 성경 신약 2 : 마르코 복음서》, 한국천주교중앙협의회(2013), (마르코 1,15)의 주석
20 한국천주교주교회의, 《주석 성경 신약 1 : 마태오 복음서》, 한국천주교중앙협의회(2013), (마태 3,2)의 주석
21 조반니 파피니, 《무신론자를 위한 예수 이야기》, 음경훈 옮김, 메디치미디어(2014), 103쪽
22 마성, 《잡아함경 강의》, 인북스(2018), 49~54쪽
23 마성, 《잡아함경 강의》, 인북스(2018), 25쪽
24 비구 범일, 《여시아독 수트라》, 김영사(2018), 285쪽
25 카렌 암스트롱, 《신을 위한 변론》, 정준형 옮김, 웅진 지식하우스(2010), 196쪽
26 한국천주교주교회의, 《주석 성경 신약 1 : 마태오 복음서》, 한국천주교중앙협의회(2013), (마태 7,21)의 주석
27 한국천주교주교회의, 《주석 성경 신약 1 : 마태오 복음서》, 한국천주교중앙협의회(2013), (마태 5,1)의 주석
28 한국천주교주교회의, 《주석 성경 신약 1 : 마태오 복음서》, 한국천주교중앙협의회(2013), (마태 6,9-13)의 주석
29 붓다의 기적들은 와타나베 쇼코의 《불타 석가모니》, 고익진의 《한글 아함경》, 마성의 《잡아함경 강의》 및 기타 불교 관련 자료들에서 발췌한 것들임
30 붓다의 비유들은 와타나베 쇼코의 《불타 석가모니》, 고익진의 《한글 아함경》, 마성의 《잡아함경 강의》 및 기타 불교 관련 자료들에서 발췌한 것들임
31 와타나베 쇼코, 《불타 석가모니》, 법정 옮김, 문학의 숲(2010), 226~231쪽
32 십대 제자(증일아함경 제자품), 나무위키, https://namu.wiki/w/%EC%8B%AD%EB%8C%80%EC%A0%9C%EC%9E%90
33 한국천주교주교회의, 《주석 성경 신약 4 : 요한 복음서》, 한국천주교중앙협의회(2013), (요한 1,48)의 주석
34 12사도, Good News 성경. http://maria.catholic.or.kr/bible/bbs/bbs_view.asp?num=203&id=1848738&ref=8333&menu=4772 (12명의 사도 모두 동일

출처임)

35 와타나베 쇼코, 《불타 석가모니》, 법정 옮김, 문학의 숲(2010), 275~290쪽을 자유롭게 재구성하였음
36 소 야고보, Good News 성경. http://maria.catholic.or.kr/bible/bbs/bbs_view.asp?num=203&id=1848738&ref=8333&menu=4772
37 이 장은 와타나베 쇼코의 《불타 석가모니》와 기타 불교 관련 자료들에서 발췌 요약한 것임
38 육사외도, 한국민족문화대백과사전 http://encykorea.aks.ac.kr/Contents/Item/E0078343
39 부처님을 음해한 여자들, 순다리와 친차. 미디어 조계사(2015.03.28.) http://m.jogyesa.kr/news/articleView.html?idxno=5783
40 이 장은 한국천주교주교회의 《주석 성경 신약》 해당 부분의 본문 및 주석과 기타 가톨릭 관련 자료에 저자의 생각은 덧붙인 내용임
41 조반니 파피니, 《무신론자를 위한 예수 이야기》, 메디치미디어(2014), 507~510쪽
42 디스마 기본 정보, 가톨릭인터넷 굿뉴스. http://maria.catholic.or.kr
43 고익진, 《한글 아함경》, 담마아카데미(2017), 477~478쪽
44 안양규, 〈창조주 브라흐마 신에 대한 붓다의 비판〉, 불교학보, 동국대학교 불교문화연구원(2003, 40권 40호), https://academic.naver.com/article.naver?doc_id=11499836&dir_id=0&page=0&query=%EB%B8%8C%EB%9D%BC%ED%9D%90%EB%A7%88%28Brahma%29&ndsCategoryId=10108&library=52
45 낸시 마리 브라운, 《주판과 십자가》, 최정모, 김유수 옮김, 자연과 사람(2015), 151쪽.
46 스티븐 호킹, 《시간의 역사》, 현정준 옮김, 삼성출판사(1990), 33쪽
47 카렌 암스트롱, 《신을 위한 변론》, 정준형 옮김, 웅진 지식하우스(2010), 102쪽
48 야마모토 요시타카, 《과학의 탄생》, 이영기 옮김, 동아시아(2005), 27쪽
49 낸시 마리 브라운, 《주판과 십자가》, 최정모, 김유수 옮김, 자연과 사람(2015), 138~163쪽
50 가톨릭 평화방송·평화신문, 2015. 8. 17. http://m.pbc.co.kr/news/view.

51 제2차 바티칸공의회 문헌, 사목헌장 36.
52 가톨릭 평화방송·평화신문, 2015. 8. 17. http://m.pbc.co.kr/news/view.php?cid=587769&path=201508 cpbc
53 가톨릭신문, 1992-11-08 (제1829호, 4면). https://m.catholictimes.org/mobile/article_view.php?aid=285723
54 최종석, 《불교의 종교학적 이해》, 민족사(2017), 6~7쪽
55 박양운, 《비교 종교 연구 : 그리스도교와 힌두교·불교》, 가톨릭출판사(1997), 23쪽
56 리처드 도킨스, 《만들어진 신》, 이한음 옮김, 김영사(2007), 28쪽
57 유발 하라리, 《호모 데우스》, 김명주 옮김, 김영사(2017), 39쪽
58 유발 하라리, 《호모 데우스》, 김명주 옮김, 김영사(2017), 69쪽
59 유발 하라리, 《호모 데우스》, 김명주 옮김, 김영사(2017), 44쪽

참고서적

1. 와타나베 쇼코, 《불타 석가모니》, 법정 옮김, 문학의 숲(2010)
2. 나카무라 하지메, 《최초의 불교는 어떠했을까》, 원영 옮김, 문예출판사(2016)
3. 비구 범일, 《여시아독 수트라》, 김영사(2018)
4. 고익진, 《한글 아함경》, 담마아카데미(2017)
5. 최종석, 《불교의 종교학적 이해》, 민족사(2017)
6. 케네스 첸, 《불교이 이해》, 길희성, 윤영해 옮김, 분도출판사(1994)
7. 천명일, 《절로 가는 길》, 지혜의 나무(2008)
8. 법상, 《반야심경과 마음공부》, 무한(2009)
9. 법상, 《금강경과 마음공부》, 무한(2008)
10. 황혜천 외 편저, 《불교 철학 이야기 100》, 송준남, 송종서 옮김, 서책(2011)
11. 석영산, 《불교 예절》, 홍진북스(2011)
12. 조계종출판사 편집부, 《불교 상식》, 조계종출판사(2008)
13. 가와이 하야오, 나카자와 신이치, 《불교가 좋다》, 김옥희 옮김, 동아시아(2008)
14. 이시우, 《붓다의 세계와 불교 우주관》, 민족사(2010)
15. 대한불교조계종 교육원 불학연구소, 《세계불교사》, 불광출판사(2012년)
16. 가빈 플러드, 《힌두교, 사상에서 실천까지》, 산지니(2008)
17. 한국천주교주교회의, 《주석 성경―구약 16권, 신약 10권》, 한국천주교중앙협의회(2013)
18. 가별 신부, 《생활 성경》, 분도출판사(2017)
19. 《The New American Bible》, 바오로딸(revised edition 2011)
20. 가톨릭대학교 교리사목연구소, 《가톨릭 예비신자 교리서》, 가톨릭대학교 출판부(2012)
21. 김경식 엮음, 《생활 교리》, 대건출판사(1991)
22. 정진석, 《우주를 알면 하느님이 보인다》, 가톨릭출판사(2003)
23. 엔리코 갈비아티, 필리포 세라피니, 《성경 역사 지도》, 분도출판사(2017)

24. 조반니 파피니, 《무신론자를 위한 예수 이야기》, 음경훈 옮김, 메디치 미디어(2014)
25. 박양운, 《그리스도교와 힌두교·불교》, 가톨릭출판사(1997)
26. 야기 세이이치, 레너드 스윈들러, 《불교와 그리스도교를 잇다》, 이찬수 옮김, 분도출판사(1996)
27. 김승혜·서종범·전해주·길희성·양은용·이정배·최일범, 《불교와 그리스도교의 수행》, 바오로딸(2005)
28. 주교회의 교회일치와 종교간 대화 위원회, 《한국 천주교와 이웃 종교》, 한국천주교중앙협의회(2019)
29. 길희성 외, 《불교와 그리스도교의 만남 – 종교 간의 대화》, 현암사(2009)
30. 이영석, 《성경과 무문관의 우연한 만남–예수처럼 부처처럼》, 성바오로(2018)
31. 최현민, 《불교와 그리스도교, 영성으로 만나다》, 운주사(2013)
32. 프레데릭 르누아르, 《소크라케스 예수 붓다》, 장석훈 옮김, 판미동(2015)
33. 케네스 C. 데이비스, 《세계의 모든 신화》, 이충호 옮김, 푸른숲(2008)
34. 요시다 아츠히코 외, 《세계의 신화 전설》, 하선미 옮김, 혜원(2011)
35. 타임라이프, 《천지창조–세상이 열리던 날의 비밀》, 이문희 옮김, 분홍개구리(2004)
36. 강건일, 《진화론 창조론 – 논쟁의 이해》, 참·과학(2009)
37. 존 호트, 《과학과 종교, 상생의 길을 가다》, 구자현 옮김, 들녘(2003)
38. 신재식, 김윤성, 장대익, 《종교 전쟁》, 사이언스북스(2009)
39. 앤터니 플루, 《존재하는 신》, 청림출판(2011)
40. 최춘식, 《종교를 넘어선 종교》, 사계절(2005)
41. 제시 베렝, 《종교 본능》, 필로소픽(2012)
42. 발터 케른, 《무신론, 마르크스주의, 그리스도교》, 김진태 옮김, 가톨릭대학교출판부(2011)
43. 카렌 암스트롱, 《신을 위한 변론》, 정준형 옮김, 웅진 지식하우스(2010)
44. 크리스토퍼 히친스, 《신은 위대하지 않다》, 김승욱 옮김, 알마(2008)
45. 알랭 드 보통, 《무신론자를 위한 종교》, 박중서 옮김, 청미래(2011)
46. 리처드 도킨스, 《만들어진 신》, 이한음 옮김, 김영사(2007)

47. 알리스터 맥그라스, 조애나 맥그라스, 《도킨스의 망상》, 전성민 옮김, 살림(2008)
48. 스티븐 호킹, 《시간의 역사》, 현정준 옮김, 삼성출판사(1990)
49. 피터 왓슨, 《생각의 역사 I》, 남경태 옮김, 들녘(2009)
50. 앨빈 토플러, 《제3물결》, 이규행 옮김, 한국경제신문사(1992)
51. 낸시 마리 브라운, 《주판과 십자가》, 최정모, 김유수 옮김, 자연과 사람(2015)
52. 야마모토 요시타카, 《과학의 탄생》, 이영기 옮김, 동아시아(2005)
53. 유발 하라리, 《호모 데우스》, 김명주 옮김, 김영사(2017)
54. 스티븐 와인버그 외, 《우주와 생명》, 장회익 외 옮김, 김영사(1996)
55. 리처드 도킨스, 《조상 이야기》, 이한음 옮김, 까치(2005)
56. 칼 짐머, 《진화》, 이창희 옮김, 세종서적(2004)
57. 스티브 존스, 《진화하는 진화론》, 김혜원 옮김, 김영사(2008)
58. 박문호, 《뇌, 생각의 출현》, 휴머니스트(2009)
59. 마이클 토마셀로, 《생각의 기원》, 이정원 옮김, 이데아(2017)
60. 브라이언 페이건, 《크로마뇽》, 김수민 옮김, 더숲(2012)
61. 스티븐 제이 굴드, 《인간에 대한 오해》, 사회평론(2003)
62. 에른스트 캇시러, 《인간이란 무엇인가》, 최명관 옮김, 창(2008)
63. 마빈 해리스, 《작은 인간》, 김찬호 옮김, 민음사(2003)
64. 아이블 아이베스펠트, 《야수 인간》, 이경식 옮김, Human & Books(2004)
65. 에른스트 페터 피셔, 《인간》, 박규호 옮김, 들녘(2005)

붓다와 예수, 상생의 길을 가다

발행일 : 2020년 12월 12일

지은이 : 김유수
감　수 : 범일 스님, 신윤섭 신부
펴낸이 : 최경애
펴낸곳 : 도서출판 자연과 사람
홈페이지 : www.nature-human.co.kr
편집디자인 : 다락방 안소라

주　소 : 경기도 양평군 서종면 소구니2길40번길 50-2
전　화 : 070-7548-5429
팩　스 : 031-774-7486

정　가 : 19,000원

ISBN : 978-89-969197-6-6　03210

ⓒ 김유수 2020
* 이 책의 일부 혹은 전체 사진과 내용을 김유수와 자연과 사람의 허락 없이 복사·전재하는 것은 저작권법에 저촉됩니다.
* 파본 및 낙장본은 교환하여 드립니다.